Jürgen Sehring

„Erzähl' uns was von Deutschland!"

von Germanien bis Germany und was so dazugehört

Jürgen Sehring

„Erzähl' uns was von Deutschland!"

Das Buch führt uns - ohne ausschweifend zu werden - durch unsere circa zweitausendjährige Geschichte, beginnend in der römischen Zeit Germaniens und endend bei der Wiedervereinigung und ihren unmittelbaren Folgen. Dabei werden gelegentlich auch Bezüge zu unserer Gegenwart hergestellt. Außerdem beschäftigt sich das Buch ansatzweise mit dem dazu gehörigen geistig-moralischen Hintergrund der Entwicklung Deutschlands, nämlich dem Christentum und der Aufklärung, da über diese Themen oft nur noch sehr oberflächliches Wissen besteht. Die Rolle der Kirche wird in diesem Zusammenhang ebenfalls beleuchtet. Auch der Islam, der uns in Deutschland zwar erst seit einigen Jahrzehnten sehr nahegekommen ist, dafür aber unsere Gesellschaft heute umso mehr beschäftigt, wird hier in gleicher Weise thematisiert. Mit einigen Gedanken zu aktuellen Themen schließt das Buch. Der Autor scheut sich übrigens nicht, seine Sicht der Dinge gelegentlich darzulegen und Stellung zu beziehen.

Der Autor, Deutscher des Jahrgangs 1961 und damit für manche Menschen wohl ein „alter, weißer Mann", hat zwar schon so manches opulente Werk zu geschichtlichen, kulturellen, politischen und sogar philosophischen und theologischen Themen gelesen, fand es aber immer genauso spannend, Geschichte und das Drumherum sozusagen hautnah zu erfassen. Interessante Bauwerke, geschichtsträchtige Orte und Städte sowie diverse Museen zu besuchen und von sachkundigen Menschen mehr als nur Zahlen, Daten und Fakten zu erfahren war für ihn stets inspirierend, aber auch die Auseinandersetzung mit den unterschiedlichen Sichtweisen auf die vielerlei Geschehnisse der Vergangenheit. Es geht dem Autor nicht einfach nur um eine Zusammenfassung all dieser Dinge, sondern auch darum, aus der Geschichte etwas zu lernen und Denkanstöße für die Zukunft zu geben.

Bibliografische Information der Deutschen Nationalbibliothek:
Die Deutsche Nationalbibliothek verzeichnet diese Publikation in der Deutschen
Nationalbibliografie; detaillierte bibliografische Daten sind im Internet über
http://dnb.dnb.de abrufbar.

© 2022 Jürgen Sehring

Verlag: BoD · Books on Demand GmbH, In de Tarpen 42, 22848 Norderstedt,
bod@bod.de
Druck: Libri Plureos GmbH, Friedensallee 273, 22763 Hamburg

ISBN: 978-3-7693-7826-9

Inhaltsverzeichnis

I

„India Is Great"

… stand auf dem hinten angebrachten Schild des bunt geschmückten Lastwagens, dem der Van unserer kleinen Reisegruppe schon eine ganze Weile auf dem Weg von Delhi nach Jaipur hinterherzuckeln mußte. Außerdem war da noch ein zweites Schild mit der Aufforderung, vor dem Überholen zu hupen. Ein in Indien eigentlich überflüssiger Hinweis. Bei der Betrachtung der oft museumsreifen Transporter, die bei uns größtenteils kaum über den TÜV kommen würden, und der Tatsache, daß auf den Straßen sich nicht nur Autos und Zweiräder, sondern alle nur denkbaren Verkehrsteilnehmer tummeln, muß man den Eindruck gewinnen, daß das einzige Kriterium, um am Straßenverkehr motorisiert teilnehmen zu dürfen, eine funktionierende Hupe ist. Erschwert wird das Fahren zusätzlich durch die sich völlig unbeeindruckt vom Verkehr auf den Straßen laufenden Kühe. Manche liegen auch einfach nur dort herum. Mittlerweile sind Lasten tragende Elefanten auf den Verkehrswegen selten geworden. Wahrscheinlich weil ein LKW ohne Benzin einfach nur stehen bleibt, wohingegen ein Elefant mit leerem Magen eher unwirsch reagiert.

Von der Hupe machte auch Mr. Singh, unser Fahrer, reichlich Gebrauch. Im Übrigen bugsierte er unseren kleinen Van durch das auch für uns Deutsche manchmal kaum vorstellbare Gewühl auf den Straßen, ohne sich einen Kratzer am Auto einzuhandeln. So wie es auf Kreuzungen großer Verkehrsadern in Indien zugeht, würden deutsche Autofahrer ziemlich sicher ein Massaker veranstalten oder einfach verzweifeln. Üblicherweise fahren Menschen ja um von hier nach dort zu kommen. Der Deutsche, so formulierte es Kurt

Tucholsky einmal, fährt, um Recht zu haben. Sagen Sie nicht, daß das nicht stimmt! Jüngst lief ich in meiner Heimatstadt über einen gut fünf Meter breiten Gehweg, der sinnvollerweise zur Hälfte als Radweg ausgewiesen wurde. Ich schlenderte gemächlich und lief dabei auch ein paar Schritte auf dem Radweg der Straße zu, um sie zu überqueren. Es war weit und breit niemand da bis auf eine hinter mir herankommende ältere Dame auf dem Rad. Zum Vorbeifahren war auf der Fußgängerseite also wahrlich Platz genug. Trotzdem konnte Sie es sich nicht verkneifen, mich zurechtzuweisen: *„Sie wissen schon, daß das der Radweg ist!"*

Letztlich konnten wir dann den LKW doch noch überholen, unter Einsatz der Hupe natürlich. Vermutlich hatten wir dadurch den Fahrer aus seinen Träumen vom fernen Zuhause gerissen, vielleicht träumte er aber auch von Indiens Größe. Wie ich im Laufe unserer Reise feststellen konnte, war praktisch an allen Lastwagen dieses Schild hinten angebracht. Ein so unbefangen zur Schau gestelltes Bekenntnis zum eigenen Land sind wir hierzulande nicht gewohnt. Daher fiel mir das auf.

2016 gewann Donald Trump die Wahl zum US-Präsidenten mit dem Slogan: „Make America Great Again!" Es schien, daß die Fähigkeit, außer China, Rußland oder Indien praktisch jedes Land auf dieser Erde ungestraft vermittels des eigenen Atomwaffenarsenals in die Steinzeit zurückbomben oder durch die gewaltige Finanz- und Wirtschaftsmacht ökonomisch strangulieren zu können, zumindest für Trumps Wählerschaft nicht mehr Größe genug war. Lange davor schon war in den USA die Menge der Menschen, die sich für derlei Fähigkeiten natürlich nichts kaufen konnten, stetig angestiegen. Der Unmut dieser „Abgehängten" verhalf zunächst Obama zum

Wahlsieg, der aber leider zu wenig bewirken konnte, dann für viele überraschend dem Außenseiter Trump. Inwieweit nun die Wirtschaft durch Trumps Eigenwilligkeiten nachhaltig gestärkt wurde und ob es den Leuten dann besserging, kann ich nicht sagen. Daß dieser dann aber binnen weniger Jahre die Demokratie im eigenen Land untergrub, die Spaltung der Gesellschaft bis hin zu Ausschreitungen befeuerte, sich mit Partnern und Verbündeten überwarf und die USA international zum Gespött machte, sprich das Geschäft Wladimir Putins und Xi Jingpings betrieb, und als Sahnehäubchen der amerikanischen Chaostage noch das Kapitol durch einen von ihm angefeuerten Mob demolieren ließ, fanden die Trumpisten offensichtlich „really great". Nachdem Trump - für ihn völlig unverständlich – 2020 tatsächlich nicht mehr weitermachen durfte, versprach er seiner Anhängerschaft, die Bewegung weiterzuführen. Leider mit Erfolg, denn nach vier Jahren wildem Herumzetern hat er es tatsächlich noch einmal geschafft. So ziemlich alles, wofür die USA einmal standen, scheint er nun über den Haufen schmeißen zu wollen. Oder zeigen die USA jetzt einfach nur ihr wahres Gesicht? Man darf gespannt sein wohin das führen wird.

Nun neigen viele US-Amerikaner, unabhängig von ihren politischen Präferenzen, gerne dazu, ihr Land für alle sichtbar zu glorifizieren, was bei der Geschichte dieses Landes auch nicht immer nachvollziehbar ist. *„Wissen ist Macht"*, schrieb Joachim Fernau schon vor Jahrzehnten etwas boshaft in seinem Buch über die USA[1], *„aber Nichtwissen erleichtert das Leben ungemein und letzteres ist der berühmte American way of life."* Leider grassiert auch hierzulande die

---

[1] Halleluja – die Geschichte der USA

Unkenntnis über unsere Geschichte und damit verbundene Themen seit langer Zeit. Das hat allerdings andere Gründe.

Hatte man uns nach dem letzten Krieg den leider meist zum Fanatismus mutierten Patriotismus gründlich ausgetrieben, galten im Westen offene Bekenntnisse zu Deutschland daher eher als obszön, während man im Osten nur auf das neue Deutschland sozialistischer Prägung stolz sein durfte, besser gesagt mußte. Entsprechend war auch der jeweilige Unterricht an den Schulen ausgerichtet und der Blick auf unsere Geschichte sehr verkürzt. Das war und ist für das Geschichtsverständnis jedenfalls nicht förderlich. Es kommt dazu, daß nun vermehrt Menschen mit nichtdeutscher Herkunft unter uns leben, die sich mit unserer Vergangenheit wohl kaum intensiv auseinandergesetzt haben dürften.

Mit diesem Buch möchte ich Lesern einen Einblick in unsere sicher sehr interessante Geschichte verschaffen, darstellen, was uns geprägt hat und was dieses Land in den letzten Jahrhunderten zum Guten, aber auch zum Schlechten für die Menschheit beigetragen hat. Vielleicht können wir alle so besser verstehen und lernen, unser Land zu schätzen oder es einfach „great" zu finden, ohne Schaum vor dem Mund zu haben. Das könnte uns möglicherweise auch helfen, die Zukunft dieses Landes besser zu gestalten.

Es gibt natürlich auch wieder Leute, die propagieren, daß man stolz sein müßte Deutscher zu sein. Als ob das ein Verdienst wäre! Ich kann jedenfalls nichts dafür, als Deutscher geboren worden zu sein, freue mich aber trotzdem genauso über unsere gemeinsamen Erfolge oder die einzelner Landsleute, wie ich über Schwächen, Fehler und Niederlagen traurig bin.

Ich lade Sie nun zu einer hoffentlich kurzweiligen Reise durch unsere Geschichte ein. Für manchen mag das vielleicht einer „tour de force" durch zweitausend Jahre gleichkommen, aber so schlimm wird es nicht. Wir wollen dabei allerdings auch Bezüge zu unserer Gegenwart nicht übersehen, zu welcher dann auch noch einiges zu sagen sein wird, und wir kommen auch nicht umhin, uns mit dem geistig-moralischen Hintergrund der Entwicklung Deutschlands ansatzweise auseinanderzusetzen. Für uns wie für ganz Europa war zunächst das Christentum, dann die Aufklärung und ihre Folgen durchaus prägend. Leider wissen viele heute über diese Dinge nur noch sehr oberflächlich Bescheid, wenn überhaupt, weswegen wir uns mit dem christlichen Glauben, der Kirche im allgemeinen und der Philosophie der Aufklärung auch kurz beschäftigen müssen. Ähnliches gilt übrigens auch für den Islam, der uns zwar erst vor einigen Jahrzehnten sehr nahegekommen ist, dafür aber unsere Gesellschaft heute umso mehr beschäftigt.

Bevor wir nun aber richtig loslegen können, müssen wir unbedingt noch einer für diese Themen wichtigen Frage nachgehen.

„Was ist Wahrheit?"[2]

… fragte vor etwa zweitausend Jahren Pontius Pilatus wohl mehr sich selbst als den von der jüdischen Priesterschaft vor ihn gebrachten Delinquenten, den diese des Aufruhrs gegen die römische Obrigkeit bezichtigt hatte. Der Angeklagte hatte ihm auf die Frage, ob er nun dieser selbsternannte König der Juden wäre,

---

[2] Zitat aus dem Evangelium nach Johannes Kap.18, 38

13

geantwortet, daß er durchaus ein König sei, dessen Reich aber nicht von dieser Welt sei. Aber er sei in eben jene gekommen, um <u>die</u> Wahrheit zu bezeugen. Vermutlich hatte der römische Statthalter in Judäa schon so manchen Angeklagten, Kläger oder auch Zeugen befragt und mußte sich, wie es auch heute Polizisten, Staatsanwälten oder Richtern ergeht, aus vielerlei und sich manchmal widersprechenden Aussagen zu einem Sachverhalt letztlich ein Bild formen, was tatsächlich vorgefallen war. Vielleicht war Pilatus aber auch nicht nur einfach ein alter Haudegen, den man eben zur Befriedung einer für Unruhen bekannten Provinz des Imperiums abkommandiert hatte, sondern ein gebildeter Römer, der sich irgendwann etwas ausführlicher mit den damals bekannten griechischen Philosophen und diversen Religionen, die im Römischen Reich anzutreffen waren, befaßt hatte. Von daher war er möglicherweise wie wir heute sicher auch skeptisch gegenüber Menschen, die für sich beanspruchen, die Wahrheit schlechthin zu kennen. Am liebsten hätte er sich gar nicht mit dergleichen innerjüdischen Querelen befaßt, aber da die Priesterschaft drohte ihn beim Kaiser in Rom anzuschwärzen, mußte er halt etwas unternehmen.

Sie werden vermutlich schon erraten haben, wer der eingangs erwähnte Delinquent war: Jesus von Nazareth, der üblicherweise mit dem Beinamen Christus[3] versehen wird. Bestimmt wissen Sie auch, wie die Sache ausging.

Jesus hatte <u>sich selbst</u> als den Weg, die Wahrheit und das Leben oder, in anderer Übersetzung, als den (einzigen) Weg, der zur Wahrheit und zum (ewigen) Leben führt, bezeichnet, also nicht die mosaischen

---

[3] griechische Übersetzung des aus dem Hebräischen abgeleiteten Messias, sprich der gottgesandte Erlöser

Gesetze und ihre traditionellen Auslegungen, auch nicht eine bestimmte Philosophie oder wissenschaftliche Erkenntnis. Das konnte man nun glauben oder nicht beziehungsweise annehmen oder ablehnen. Für die Juden war es natürlich nicht hinnehmbar, geradezu ein Sakrileg, daß er diesen Anspruch erhoben hatte. Dafür sollte durch den römischen Statthalter die Todesstrafe verhängt werden, um das Thema so für die jüdische Priesterschaft endgültig zu erledigen. Deshalb versuchte man ja auch den eigentlich theologischen Streit zu einem „Aufruhr" gegen die römische Obrigkeit zu machen.

Indem Jesus, als Gottessohn[4], nun sich (und damit natürlich auch Gott) als eine für uns letztlich nicht zu durchdringende, absolute Wahrheit setzte, relativierte er im Grunde unsere menschlichen Wahrheiten. Unser Wissen bliebe demnach Stückwerk, wie es Paulus später einmal schrieb. Auf das Thema Christentum werden wir an anderer Stelle zwangsläufig noch einmal zurückkommen müssen. Aber auf der Suche nach Wahrheit spielt das im Römischen Reich und später darüber hinaus sich ausbreitende Christentum eine interessante Rolle. (Darüber schrieb der herausragende Theologe Joseph Kardinal Ratzinger, der spätere Papst Benedikt XVI., in seinem 2007 erschienenen Buch „Gott und die Vernunft"[5].) Da die Christen dem allem Existierenden zugrundeliegenden, wirklichen Gott huldigten und sich daher der Anbetung der diversen antiken Gottheiten, aber eben auch dem aufkommenden Gott-Kaiser-Kult verwehrten, wurden sie in ihrem Umfeld quasi als „Atheisten"

---

[4] Diese tatsächlich aus den jüdischen Schriften entnommene Bezeichnung hat nichts mit der Bedeutung dieses Wortes in der Mythologie der Griechen oder Germanen gemein, wo Götter in Menschengestalt mit Frauen Kinder zeugten, sogenannte Halbgötter wie Herakles oder die Wälsungen.
[5] Im Kapitel „Kann der Mensch die Wahrheit erkennen?"

angesehen. (So auch die Juden, die allerdings, im Gegensatz zu den Christen damals, gegen die römische Besatzung rebellierten, was ja dann letztlich zur Vertreibung der Juden aus Israel führte und zur Umbenennung der Provinz in Palästina.)

Das Christentum entmythologisierte letztlich diese auf Machtpolitik oder Poesie basierenden Kulte und wurde so für die verschiedensten Völker im römischen Machtbereich, später auch darüber hinaus, zu der „religio vera", oder etwas anders ausgedrückt: Aufklärung wurde Religion, die deswegen auch für Völker unterschiedlichster Kultur attraktiv werden konnte. Leider hat die Kirche, zumindest im Römischen Reich und den späteren europäischen Staaten, sehr bald den Weg zur Staatsreligion eingeschlagen, wurde selbst ein politischer Machtfaktor und versuchte spätestens im Mittelalter allzu oft aus Sorge, ihren Einfluß zu verlieren, überholte Anschauungen „mit Klauen und Zähnen" gegen reformatorische Ansätze, aber auch gegen neue wissenschaftliche Erkenntnisse zu verteidigen. Vergeblich, wie wir wissen. Es war die Folge davon, daß einerseits kirchliche Würdenträger ein mehr als fragliches Amtsverständnis entwickelt hatten und andererseits biblische Texte irgendwann wie wissenschaftliche Abhandlungen genutzt wurden und das dann daraus resultierende Weltverständnis als unumstößlich galt, weil es eben „Gottes Wort" war. Auf diese Weise hatte die Kirche letztlich ohne Not das Ansehen verspielt, das sie eigentlich erhalten wollte.

Aber auch „die Wissenschaft" hatte sich alsbald verrannt. (Eigentlich die Philosophie, denn Wissenschaftler sind eher noch religiös als moderne Philosophen.) Die ab dem 18. Jahrhundert oft verbreitete Gewißheit, daß man irgendwann einfach alles wissenschaftlich würde erklären können, stellte sich im Laufe der Zeit als Trugschluß, zumindest als eine angesichts der Größe und Komplexität des gesamten Kosmos für uns nicht erfüllbare Aufgabe heraus. Schon der große Philosoph Immanuel Kant war gedanklich zu dem gleichen Schluß gekommen wie die heutige evolutionäre Erkenntnistheorie, die auch biologische Aspekte mit einbezieht. Da wir alle Teil dieser stofflichen Welt oder biblisch ausgedrückt der Schöpfung sind, können wir, mit unseren fünf Sinnen schon gar nicht, mit Wissenschaft, Mathematik und allen technischen Hilfsmitteln, ja selbst mit unserer kühnsten Phantasie absolut nichts darüber sagen, was über eben diese stoffliche Welt mit all ihren vielleicht noch nicht einmal entdeckten oder errechneten Dimensionen hinausgeht. Wenn jetzt jemand sagt, es gibt nichts, was darüber hinausgeht, dann formuliert er einen Glaubenssatz ebenso wie derjenige, der sagt, daß es einen Gott und Schöpfer gibt. Und Ersterer wäre uns darüber hinaus immer noch die Erklärung schuldig, wie und warum die Welt in dieser Perfektion entstanden ist oder wie es sein kann, daß Stoffliches eben einfach schon immer existierte. Da sich das All nachweislich ausbreitet, ist es mit dem „schon immer" ohnehin so eine Sache. Haben Sie sich vielleicht auch schon einmal gefragt, warum überhaupt irgendetwas existiert? Es gibt Fragen, auf die wir hier keine Antworten bekommen werden und Sachverhalte, die eben einfach sind, wie sie sind. Darüber hinaus bleibt alles Spekulation, im wissenschaftlichen Sinne, oder eben Glaubenssache.

Genauso unsinnig sind deshalb natürlich die sogenannten Gottesbeweise. Wäre Gott für uns irgendwie wissenschaftlich oder auch nur gedanklich (philosophisch) nachweisbar, wäre er ja Teil der Schöpfung und könnte deshalb logischerweise nicht ihr Schöpfer sein.

Was hat das jetzt alles mit dem Inhalt dieses Buches zu tun? Nun, wir sollten zum einen diese Gedanken im Hinterkopf behalten, wenn wir uns an geeigneter Stelle noch etwas näher mit Religionen und der Aufklärung beschäftigen werden. Dies ist deshalb nötig, weil unsere Geschichte, die europäische insgesamt, erheblich von beidem beeinflußt wurde. Was das Christentum betrifft, findet an unseren Schulen seit Jahrzehnten leider kaum noch fundierter

Religionsunterricht statt. Durch oft subjektive Berichterstattung der Medien und reißerische Bücher oder Filme haben wir, bei aller berechtigter Kritik an Institutionen und Vertretern von Religionsgemeinschaften, oft nur noch Zerrbilder der Religionen selbst im Kopf. Hierbei geht es jetzt nicht einmal darum etwas zu glauben, sondern einfach um eine sachliche Darstellung und Wissensvermittlung.

Eingedenk der Tatsache, daß heute jeder gern seine eigene Sicht verabsolutiert und wir mit mehr oder minder „wahren" Nachrichten von vielen Seiten förmlich bombardiert werden, möchte ich gleich denen den Wind aus den Segeln nehmen, die bei der Lektüre garantiert diesen oder jenen Aspekt vermissen, andere Bewertungen für zutreffender halten, mir diesen oder jenen Autor „dringend" empfehlen möchten oder meinen, über mich aus einem dieser oder auch anderer Gründe verbal oder in Schriften herfallen zu müssen. Auch ich erhebe nicht den Anspruch alles zu wissen oder alles bis ins letzte Detail ergründet zu haben. Und natürlich gilt, was Georg Christoph Lichtenberg einmal so schön formulierte: Es gibt kein Ding, das man nicht besser machen könnte.

Ich hatte durchaus nicht vor, einen alles umfassenden Wälzer zu schreiben, den dann doch niemand liest. Alternativ einfach zusammenhanglos und unkommentiert Daten und Fakten aufzulisten, wäre letztlich nur scheinbar informativ, dafür aber bestimmt langweilig. Geschichte soll nicht das Gedächtnis beschweren, sondern den Verstand erleuchten, so drückte es einst Gotthold Ephraim Lessing aus. Das darf sicherlich auch ein wenig Spaß machen. Trotz ehrlich versuchter größtmöglicher Objektivität, man möge mir verzeihen, schreibe ich natürlich aus meiner und sicherlich als Deutscher eben oft aus deutscher Sicht über die Dinge, aber nicht aus „teutscher Sicht", wohlgemerkt!

So, und jetzt kann es endlich losgehen!

1. Furor Teutonicus

Wir brauchen sicher nicht mit Adam und Eva anzufangen, was die deutsche Geschichte betrifft, vielleicht aber mit Wotan oder Siegfried und Brunhilde. Ja, auch die alten Germanen hatten ihre Götter und Helden, aber verglichen mit der griechischen Mythologie zum Beispiel war das alles vergleichsweise prosaisch, zumindest bevor sich Richard Wagner dieser Sagenwelt annahm (- das ist der mit den vierstündigen Opern in Bayreuth). Wir wollen uns doch lieber handfesteren Dingen zuwenden, werden uns aber mit Siegfried und den Nibelungen später noch einmal beschäftigen müssen.

Wenn wir uns zunächst den Schauplatz unserer geschichtlichen Betrachtungen vor Augen führen, fällt auf, daß er ungefähr zu Beginn unserer Zeitrechnung im Wesentlichen aus bewaldetem Gebiet bestand, der Süden und Westen zum Imperium Romanum gehörten und daß viele unserer Vorfahren gar nicht hier lebten, sondern noch etwas weiter nordöstlich. Zum Teil gab es auch noch keltische Bevölkerung. Die Römer hatten bereits etliche große Städte gebaut (zum Beispiel Köln, Mainz, Trier, Konstanz oder Augsburg) und außerdem, nachdem verschiedene Versuche gescheitert waren, den Machtbereich dauerhaft in die nördlichen Germanengebiete auszudehnen, quer durch „Deutschland" eine Mauer errichtet, genauer gesagt einen meist hölzernen Grenzwall mit Wachtürmen und Kastellen: den Limes. Aber im Gegensatz zum vielen noch bekannten „Antiimperialistischen Schutzwall" sollte beim Limes niemand einfach hereinkommen können. Den Handel mit und innerhalb der germanischen Bevölkerung behinderte er natürlich nicht. Die Römer selbst aber mieden die Gebiete jenseits des Limes nach den Erfahrungen mit den Germanen im Teutoburger Wald und anderer verlustreicher Unternehmungen. Was war geschehen?

In Jahre 9 unserer Zeitrechnung befand sich das Römische Reich noch in seiner Blütezeit und „General" Varus, der durch seine zu forsche Art als Statthalter einen Aufstand mehrerer germanischer Stämme provoziert hatte, machte sich mit seinen Legionären auf, um deren Region endgültig zu „befrieden", so wie das Generale nun einmal zu tun pflegen. Das vor allem für offene Feldschlachten bestens ausgebildete Heer wurde aber in den sumpfigen Waldgebieten völlig unerwartet durch germanische „Guerilleros" völlig aufgerieben. Die Germanen drängten die römischen Truppen in den Jahren danach langsam hinter die Rhein-Main-Donau-Linie (Limes) zurück, verschiedene Strafexpeditionen anderer römischer Feldherren endeten ebenfalls erfolglos.

Hinter den ersten überraschenden Erfolgen der Germanen steckte ein genialer Kopf: ein Cheruskerfürst namens Arminius. So nannten ihn die Römer; ob sein germanischer Name tatsächlich Hermann war, ist nicht sicher. Er war bei den Römern gut bekannt, da er wie etliche andere Germanen vom römischen Militär ausgebildet war, ja sogar einen Offiziersrang trug. Er kannte also die römische Taktik bestens. Auxiliare, also nichtrömische Soldaten (oft ganze Verbände), gab es viele im römischen Heer, in der spätrömischen Epoche umso mehr, da diese einfach billiger zu haben waren. Nicht wenige der eigentlichen Römer sahen sich mittlerweile auch als zu fein an, um sich im Militärdienst zu üben, oder hatten schlicht keine Lust mehr („panem et circenses"[6]). Der Niedergang des Imperiums hatte auch nicht wenig damit zu tun, daß sich solche Auxiliare später nur ungern für römische Interessen totschlagen ließen. Bis in unsere

---

[6] Brot und Spiele

Tage hinein neigen Großmächte dazu, daß sie gerne andere die Kastanien aus dem Feuer holen lassen, die sie selbst da hineingeworfen haben, wenn sie nicht sogar selbst die Brandstifter waren. Von fremdländischen Hilfstruppen würde man heute natürlich nicht mehr sprechen. Man spricht lieber von Alliierten (Verbündeten), in westlichen Ländern auch von einer Wertegemeinschaft. Diese Werte können so schöne Begriffe wie „Demokratie" oder „Freiheit" sein, gerne aber auch die Aktienwerte großer Unternehmen. Und dann gibt es noch die mancherlei „privaten" Söldnertruppen für die wirkliche Drecksarbeit.

Zurück zu Arminius, dessen Genialität allerdings nun nicht so sehr darin bestand, daß er zunächst einmal seinen Dienstherrn, besagten Varus, verriet, zu den Aufständischen überlief und ihnen beibrachte, wie sie erfolgreich gegen ein römisches Heer vorgehen mußten. Genial war, daß er es fertigbrachte, mehrere germanische Stämme zu vereinen und auf ein gemeinsames Ziel einzuschwören. Das haben in unserer Vergangenheit nicht so viele geschafft, und es waren nicht immer die Besten. Der Quell der Uneinigkeit und des Lokalpatriotismus sprudelte bei uns schon immer kräftig, nicht selten zur Freude anderer Völker. Und das tut er noch heute.

Das Denkmal für Arminius steht heute hoch über dem Teutoburger Wald. Daß er es dereinst so weit bringen würde, hätte damals niemand gedacht, denn zunächst einmal wurde er, nach etlichen innergermanischen Auseinandersetzungen, von seinen cheruskischen Verwandten ermordet.

Es kam die Zeit der sogenannten Völkerwanderung, das römische Imperium zog sich mehr und mehr zurück. Etliche germanische Gemeinschaften durchzogen Zentraleuropa, manche blieben, viele zogen weiter. Ostgoten errichteten ein Königreich in Nordostitalien (um Ravenna), die Langobarden siedelten in der Gegend von Mailand (Lombardei), die Burgunden zogen aus ihrer ostpreußischen Heimat bis in das nach ihnen benannte Gebiet im heutigen Frankreich, die Westgoten kamen bis Spanien, die Vandalen sogar bis ins heutige Tunesien, wo sie dem „Vandalismus" abschworen und recht brave Bürger des römischen Imperiums wurden. (Ab dem 8. Jahrhundert verheerten die Wikinger (Nordmänner) noch bis ins frühe Mittelalter hinein viele Gegenden, die sie mit ihren Booten erreichen konnten, bevor sie als die berühmten Normannen in Frankreich siedelten und später England eroberten, beziehungsweise auf Sizilien ein beachtliches christliches Königreich errichteten.) Zum Christentum bekannten sie sich übrigens irgendwann alle, sei es aus Überzeugung, Kalkül, auf Druck eines Stammesfürsten oder weil es alle halt so machten. Slawische Stämme rückten übrigens auch weiter nach Westen vor.

Im 5. Jahrhundert tauchten auch noch die nichtgermanischen Hunnen unter ihrem sagenumwobenen König Attila (Etzel) auf, die so manchem angeblich wilden Germanenstamm, was Vandalismus betraf, locker den Rang streitig machten. Sie waren unter anderem für die Ausrottung der Burgunden verantwortlich, die später in das Nibelungenlied eingegangen ist, wenn auch anders dargestellt.

So ganz nebenbei: Wer bis dahin aufmerksam gelesen hat und einmal Revue passieren läßt, welche Völkerschaften wir bis hierhin schon haben in unseren Breitengraden auflaufen sehen, der wird zustimmen müssen, daß es mit dem gerne behaupteten reinrassigen Germanentum schon damals nicht so sehr weit her gewesen sein konnte. Nachweisbar gab es hier in spätrömischer Zeit auch jüdische Enklaven in vielen großen Städten. Es ist bei den damaligen

Verhältnissen kaum anzunehmen, daß diese Völker beim Zeugen von Nachkommen alle streng unter sich geblieben sind.

Übrigens, nach Mischa Meiers interessantem Buch „Geschichte der Völkerwanderung" darf man sich diese eben nicht einfach als ein plötzliches Auftauchen wilder, raffgieriger Horden vorstellen, die alles plattmachten. Viele Germanen kamen wohl in kleinen Gruppen schlicht als Flüchtlinge (aufgrund von klimatischen Ereignissen oder Hungersnöten, als Opfer räuberischer Überfälle oder Vertreibung durch andere Völker). Es war eher ein langsames Einsickern in den als sicherer geltenden römischen Machtbereich bei gleichzeitig auftretenden Auflösungserscheinungen des Imperiums. Auch die Bezeichnungen der Gruppen als Franken, Goten oder Alemannen sind meist römischen Ursprungs und spiegeln ein Stammesgefüge vor, das so streng wohl nicht existierte.

Wie auch immer, die Frage, warum sich diese vielen Menschen aufgemacht haben um sich woanders niederzulassen, werden sich die Römer sowie andere Alteingesessene genauso gestellt haben wie wir uns heute anhand der Bilder von Schlauchbooten voller Afrikaner im Mittelmeer oder mit Arabern und Afghanen gefüllter Sporthallen - und bestimmt mit den gleichen Gefühlen. Nun, das reiche, kultivierte Römische Reich hatte eben damals genau die gleiche Anziehungskraft auf die vielen Völker Nord- und Osteuropas wie Europa heute auf die Armen Afrikas und von Krieg und Verfolgung gezeichneten Menschen der arabischen Welt. Unsere heutige Situation unterscheidet sich allerdings von der damaligen in einem wesentlichen Punkt. An den himmelschreienden Zuständen in Afrika und Nah-/Mittelost, welche die Menschen außer Landes treiben, trägt unsere westliche Außen- und Wirtschaftspolitik eine gravierende Mitschuld, und machen wir uns nichts vor: Wenn sich diese Politik nicht ändert, wird auch der Migrationsdruck nicht geringer werden. Neue Zäune und höhere Mauern werden uns dabei auf Dauer wohl nicht helfen. Darüber hinaus gilt es eine neue europäische Gesellschaft zu formen. Wenn Integration nicht gelingt, werden wir dauerhaft Probleme haben. Wir müssen dabei aber auch für unsere Werte einstehen. Haben wir, vom Kontostand abgesehen, überhaupt noch welche?

Das große Römische Reich war während der Zeit der sogenannten Völkerwanderung untergegangen. Aber nicht Fremde haben es zerstört, die meisten Zugewanderten übernahmen sogar römische Sitten und Gebräuche. Das alte Rom ist aufgrund der Dekadenz der Römer selbst gescheitert, vor allem an der seiner Eliten. Warum hat man sie nicht rechtzeitig entmachtet oder ersetzt? Nun, wenn man sich das Rom jener Tage anschaut, stellt sich die berechtigte Frage, wie und vor allem durch wen man sie hätte ersetzen sollen. Wenn der Fisch vom Kopf her erst einmal so kräftig stinkt, muffelt der Rest auch schon deutlich.

Das alte Römische Reich existierte also nach dieser Epoche definitiv nicht mehr. Aber es ist erstaunlich, wie sehr es bis in unsere Zeit Europa in vielfältiger Weise geprägt hat. Was kam danach? Im Südosten Europas, bis nach Vorderasien hineinreichend, hatte sich aus dem Oströmischen Reich zunächst das Byzantinische Reich mit der Hauptstadt Konstantinopel entwickelt. Der Namensgeber der Stadt, Kaiser Konstantin, dem der Westen seines Reiches samt Hauptstadt offenbar nicht mehr zusagte, zog im 4. Jahrhundert nach Byzanz um und baute sich da ein „neues Rom". Diese neue Hauptstadt nahm in dem Maße an Bedeutung zu, wie das alte Rom nun abnahm. Pro forma herrschten zwar die in Byzanz residierenden

Kaiser zunächst noch über das gesamte Reich, de facto aber über den Westen immer weniger bis zuletzt gar nicht mehr.

Nicht mitumgezogen, zwangsläufig, waren die jeweiligen Aufseher (Bischöfe) der großen römischen Christengemeinde, die sich erst um diese Zeit herum Päpste zu nennen begannen. Neben der neuen Hauptstadt lagen viele kulturell bedeutenden Großstädte und christliche Zentren mit entsprechend einflussreichen Metropoliten im Osten. Daß nun die sich mittlerweile Päpste nennenden Bischöfe der alten Hauptstadt, sich dabei auf Petrus als den angeblich ersten Papst und die später als Fälschung erkannte Konstantinische Schenkung berufend, deswegen die Herrschaft und die Lehrhoheit über die gesamte Christenheit hätten, sah man im Osten anders. Vordergründig führten Dispute über einige Lehrfragen zur Trennung von den östlichen (orthodoxen) Kirchen (1054), eigentlich war es aber eine innerkirchliche Machtfrage. Man bannte sich gegenseitig mit im Nachhinein dramatischen Auswirkungen für die Kirche, die Christenheit und letztlich auch das byzantinische Reich.

Wir haben aber ein wenig vorgegriffen. Zurück zum achten Jahrhundert, in dem die Franken längst der größte und mächtigste germanische Stamm waren. Sie hatten sich, beginnend im fünften Jahrhundert mit dem Merowingerkönig Chlodwig, ein Reich erschaffen, das ungefähr die Gebiete des heutigen Deutschlands, Frankreichs und der Benelux-Länder umschloss. Seit sich besagter Chlodwig taufen ließ, sei es aus Überzeugung und/oder Machtkalkül, huldigten die Franken dann auch dem christlichen Glauben. Die Karolinger übernahmen später die Führungsrolle, sodaß Ende des achten Jahrhunderts schließlich Karl, dem man später den Titel „der Große" verlieh, mit nicht ganz redlichen Mitteln alleiniger Herrscher dieses Frankenreiches wurde. Karl ist beliebt bei uns, wie auch in Frankreich, wo er Charlemagne genannt wird (aus dem lateinischen Carolus Magnus). So gern wir ihn für uns wie auch die Franzosen für sich vereinnahmen: Er war weder Deutscher noch Franzose (beides gab es damals so noch nicht), sondern Germane. Er sprach Thiotisk (oder auch Diutisk), wie viele Germanen, natürlich den fränkischen Akzent. Das Wort „Deutsch" kommt übrigens daher.

So beliebt und groß dieser Karl uns in der Geschichtsschreibung auch dargestellt wird (die Menschen dachten damals natürlich in anderen Kategorien als wir heute), man darf sich nicht darüber hinwegtäuschen lassen, daß er und seine Vorgänger dieses fränkische Reich mit reichlich Blut und Eisen gegründet haben, um einen bismarckschen Terminus zu gebrauchen. Auch Karl führte fast jedes Jahr seiner Herrschaft Krieg, um das Reich zu erweitern oder zu erhalten. Der Gedanke an ein Imperium war ja seit der Römerzeit vorhanden, sodaß viele in Karls Bestrebungen schlicht die notwendige Restauration des alten Reiches sahen. Besonders hart waren die Auseinandersetzungen mit den Sachsen, die im Nordosten des Reiches lebten bis ins Westfälische hinein. Sie widersetzten sich Karl, da sie nicht unbedingt Christen werden wollten. Die „Bekehrung" folgte wortwörtlich dem Muster: Willst du nicht mein Bruder sein, schlag' ich dir den Schädel ein. Die Vorstellung, daß es in seinem Reich nur eine Religion geben durfte, setzte Karl rigoros durch.

Immerhin, das Reich wurde straff, aber recht gut geführt. Infrastruktur wurde geschaffen, Klöster wurden gestiftet und Schulen gegründet (Klosterschulen, also nicht für jedermann). Zum ersten Mal gab es unter Germanen sogar etwas wie geschriebenes

Recht, Grafen als örtliche Vertreter des Herrschers wurden eingesetzt. Karl förderte die Kirche und die Wissenschaft. Er ließ seine Pfalzen (Paläste) kunstvoll ausstatten und brachte so wieder ein Stück römischer Pracht nach Germanien. Karl, selbst ein stattlicher Krieger, lernte in seinen späteren Jahren sogar noch leidlich lesen, eine Kunst, die man sonst nur „Weicheiern" überließ wie Mönchen, Gelehrten oder Hofbeamten.

Den größten Coup landete man im Jahre 800 zu Weihnachten in Rom. In der Weihnachtsmesse ernannte Papst Leo III. Karl überraschend zum Kaiser des weströmischen Reiches, das ja noch nominell existierte, und setzte ihm eine Krone auf, die er sozusagen „aus dem Hut zauberte". In Byzanz war man natürlich „not amused", hatte aber andere Probleme und konnte es nicht ändern. Ob diese glorreiche Idee nun vom Papst, von Karl oder von beiden gemeinsam ersonnen wurde, läßt sich wohl nicht mehr mit Bestimmtheit sagen, aber gewonnen hatten beide. Die Stellung des Papstes wurde gestärkt und nebenbei wurde Leo seinen ihm feindlich gesonnenen lombardischen Nachbarn los, indem Karl dort - vom Papst ermuntert - einmarschierte und sich die lombardische Krone dazu eroberte. Karl erweiterte so seinen Machtbereich und war nun Inhaber des glanzvollen Titels „Römischer Kaiser". Germanen wurden so die Nachfolger der römischen Cäsaren, zumindest in Westeuropa. Mit diesem aus römischem Gedankengut entsprungenen, das Imperium umfassenden Kaisertitel konnten Germanen zunächst nicht viel anfangen, sie kannten Könige oder auch Stammesfürsten. Daher wurde der Titel zunächst nach dem Tode des Herrschers einfach weitergereicht oder nach fränkischem Erbrecht sogar auf mehrere Nachfolger übertragen, ohne daß der Papst oder die Kirche damit zwingend etwas zu tun haben mußten. Aber auch die Päpste ernannten mal diesen, mal jenen zum Kaiser. Erst später, nachdem das Kaisertum fest im Ostreich (Hl. Röm. Reich Deutscher Nation) verankert war, wurde für den gewählten deutschen König die Krönung zum Kaiser des (west-)römischen Reiches durch einen Papst Voraussetzung. Weigerte sich der, ließ man notfalls einen neuen, willigen Papst wählen (Gegenpäpste).

Karls Reich war aber noch nicht das, was man später das „Heilige Römische Reich Deutscher Nation" nennen sollte, denn sein Reich zerfiel oder besser gesagt, wurde zerrissen. Das fränkische Erbrecht sah vor, daß das Erbe unter den Söhnen aufzuteilen war. Drei Söhne - aus verschiedenen Ehen - waren Karl geblieben. Der Krach war vorprogrammiert (mit Auswirkungen bis ins 20. Jahrhundert). Es gab dann das West- und das Ostreich (bitte nicht mit Österreich verwechseln, das kommt später) und eines in der Mitte (ungefähr das heutige Belgien, Luxemburg, Lothringen, über das Elsaß und Burgund bis hinunter in die Lombardei). Der Erbe dieses hatte außerdem Anspruch auf die Kaiserkrone. Man fiel bald übereinander her. Nach etlichen kriegerischen Auseinandersetzungen wurde in den Verträgen von Verdun (843) und Meersen (870) die Teilung festgelegt. Nachdem das mittlere Reich (nach Karls Sohn Lothar entsprechend „Lotharingen" genannt) ohne Erben war, wurde auch dieses aufgeteilt. Die Kaiserkrone ging letztlich an den Herrscher des Ostreiches, Ludwig, den man später „den Deutschen" nannte.

Gebietsmäßig sind wir nun endlich beim Heiligen Römischen Reich Deutscher Nation angekommen. Inhaltlich fehlt aber noch etwas. Nachdem das ostfränkische Herrscherhaus keinen akzeptablen Nachfolger mehr hatte, wählten die Stammesfürsten aus ihren Reihen den Sachsen(!) Heinrich zum König. Mit diesem ersten Heinrich nahm die Sache Fahrt auf. Daß er sich nicht die Kaiserkrone in Rom abholte mag auch daran gelegen haben, daß er zu sehr mit anderem beschäftigt war, nämlich mit ungarischen Reiterhorden, die sporadisch auftauchten und Land und Leute heimsuchten. Einmal hatte er Glück und fing mit seinem kleinen Heerhaufen einen der ungarischen Anführer. Mit diesem Faustpfand handelte er einen Vertrag aus, über den die anderen Stammesfürsten zunächst heftig die Köpfe schüttelten. Der Ungar kam frei und Heinrich bezahlte obendrein noch einen jährlichen Tribut, um sich die räuberischen Horden fernzuhalten.

Sollten Sie, verehrte Leserschaft, sich über lediglich kopfschüttelnde Herzöge wundern, dann sei dazu gesagt: Der gewählte König war zunächst nur ein gemeinsamer Heerführer, den man, wenn einen der Krieg nicht unmittelbar betraf, nicht zwingend unterstützen zu müssen glaubte. Politische Macht hatte er in den anderen Stammesgebieten ohnehin kaum.

Zurück zu Heinrich, der das wohl oder übel so hinnahm, denn er hatte andere, dringlichere Pläne. Er befestigte Marktflecken und große Klöster, ließ Fluchtburgen bauen und Vorräte anschaffen. Für diese Burgen - meist kleine, dunkle Wehranlagen - wurden ständige Besatzungen („Bürger") rekrutiert. Zeitgleich schuf Heinrich ein schlagkräftiges, gepanzertes Reiterheer, die uns bekannten Ritter. Als er nach vielen Jahren wieder einmal die ungarische Abordnung empfing, die den gewohnten Tribut einstreichen wollte, soll er ihnen einen toten Hund vor die Füße geworfen haben. Jedenfalls gab es nichts mehr, woraufhin die Ungarn wieder ihre Raubzüge aufnahmen. Aber das Land hatte sich verändert und schließlich wurden sie erstmals in einer Reiterschlacht von Heinrichs neuer Streitmacht geschlagen und mußten sich zurückziehen.

Nun schüttelte keiner der anderen deutschen Fürsten mehr den Kopf, im Gegenteil, sie wählten Heinrichs Sohn Otto zum neuen

König, nachdem Heinrich diesen noch vor seinem Tod empfohlen hatte. 936 wurde Otto, nunmehr der Erste genannt, zum König, 962 in Rom zum Kaiser gekrönt (durch den Papst). Mit ihm begann unsere große mittelalterliche Kaiserzeit und das, was man im Laufe der Zeit dann Heiliges Römisches Reich Deutscher Nation nannte. Wie man das Reich nennen würde, spielte für Otto damals keine so große Rolle. Der Begriff „regnum francorum" wurde in vielen Chroniken noch lange genutzt, im Ost- sowie im Westreich.

Im Gegensatz zu unseren Tagen war das Wesen einer Sache noch viel wichtiger als seine Bezeichnung.

Einschub: Das Christentum

Kennen Sie den? Der Sohn eines Einödbauern hatte in Religion eine glatte Sechs. Der Bauer wird deshalb zum Pfarrer zitiert, der die Schulklasse unterrichtet hatte. *„Ihr Sohn weiß ja garnix, nicht mal daß unser Heiland gestorb'n ist!"* echauffiert sich der Geistliche. *„Ja schaun's, Hochwürden,"* sagt der Bauer: *„Wir leben ja scho' lang da oben auf der Alm, ham keine Zeitung und kein Radio. Wir ham ja noch nicht mal gehört, daß er krank war!"*

Das ist - kaum übertrieben - die Situation im sogenannten christlichen Abendland, wie Ihnen jeder Reporter bestätigen kann, der für Radio oder Fernsehen gelegentlich Passanten auf der Straße zum Beispiel nach dem Sinn oder Ursprung eines bestimmten christlichen Feiertages befragt. Die grassierende Unkenntnis, auch aus Interesselosigkeit geboren, hat natürlich vielfältige, oft „hausgemachte" Gründe. Da ist zunächst die seit Jahrzehnten mangelnde Verkündigung des Evangeliums von den Kanzeln und im wenn überhaupt noch stattfindenden Religionsunterricht zu nennen, an deren Stelle meist nur noch gesellschaftspolitisches, moralisierendes Gerede getreten ist. Daß sich auch deswegen über Jahrzehnte gerade in den „etablierten" Kirchen die Mitglieder scharenweise zurückgezogen haben, ist nicht neu. Die seit ein paar Jahren geführten Diskussionen um die Mißbrauchsfälle oder die Stellung von Frauen, speziell in der Katholischen Kirche, sind da für viele wohl eher willkommene Anlässe, den Austritt endlich zu vollziehen. Ein Blick in die - außer vielleicht an Weihnachten - meist leeren Kirchen zeigt, daß selbst unter Kirchenmitgliedern der Sonntag schon lange kein besonderer Tag mehr ist. Selbst wenn nur die sich weitgehend in kirchlichem Dienst befindlichen Mitglieder die sonntäglichen Gottesdienste besuchen würden, müßten die Teilnehmerzahlen deutlich höher sein. Das läßt tief blicken!

Taufe, Erstkommunion, Konfirmation oder Hochzeit sind meist nur noch ein Event. Es gehört eben dazu, hat aber offenbar keine tiefere Bedeutung mehr. Und an Gräbern fragen sich dann die leider zu wenigen Geistlichen, die ihren Beruf noch ernst nehmen, nicht selten, was sie, neben Gemeinplätzen, über die ihnen zu Lebzeiten kaum zu Gesicht gekommenen Menschen eigentlich sagen sollen.

Wie man nun zu diesen Dingen steht, muß jeder für sich selbst entscheiden. Darüber doch einmal nachzudenken, wäre sicher ein schönes Ergebnis dieser Lektüre, aber zunächst geht es in diesem Kapitel einfach um das Verstehen des christlichen Glaubens. Auf das Thema Kirche kommen wir an anderer Stelle natürlich auch noch zu sprechen. Ich möchte nun zunächst auf die praktisch allen Christen gemeinsamen Grundlagen des Glaubens eingehen und lasse die für das Verständnis letztlich nebensächlichen Unterschiede zwischen den verschiedenen Konfessionen außen vor.

An der Bibel, den alten jüdischen und etwas neueren christlichen Schriften, kommen wir dabei natürlich nicht vorbei. Wer diese schlicht für ein Märchenbuch hält, irrt gewaltig. Längst haben

Historiker und Archäologen bewiesen, daß diese oft weit über zweitausend Jahre alten Texte zumindest seit Beginn ihrer Aufzeichnung durchaus auf Fakten beruhen, zum Teil natürlich auch Niederschriften mündlicher Überlieferungen noch älterer Geschehnisse sind, bei denen die Faktenlage zwangsläufig dünner wird. Es gibt natürlich auch Erzählungen, die bestimmte Themen einfach veranschaulichen sollen, wie zum Beispiel die Entstehung der Welt oder das Buch Hiob. Die Bibel andererseits nun generell wortwörtlich zu nehmen, was Kreationisten und andere christliche „Hardliner" sogar heute noch tun, bedeutet im Grunde, sich genauso lächerlich zu machen wie die großen Kirchen bis vor gar nicht so langer Zeit. Die Bibel ist nicht, sondern enthält Gottes Wort aus christlicher Sicht. Das ist ein gewaltiger Unterschied! Man spricht deshalb von durch den Heiligen Geist inspirierten Schriften. Laut Jesus weist die Schrift auf ihn, den Erlöser, hin, enthält aber nicht das ewige Leben (Johannes 5, 39). Sie soll also lediglich den glaubenden oder Gott suchenden Menschen ansprechen.

Die Autoren der biblischen Bücher waren keine Historiker im heutigen Sinn oder Wissenschaftler[7], sondern wollten mit ihren Schriften von ihrem Glauben und den Taten Gottes, so wie sie überliefert wurden oder wie sie diese zu ihrer Zeit erlebt hatten,

---

[7] Selbst wenn sie wissenschaftliche Kenntnisse stand ihrer Zeit besessen hätten, was könnten sie uns, geschweige denn ihren Zeitgenossen wohl über die Entstehung der Welt und der ersten Menschen sagen? Wie hätte eine göttliche Offenbarung oder Eingebung aussehen müssen, um vor mehr als 3000 Jahren verstanden zu werden, wenn nicht so? Von den vielerlei Weltentstehungsmythen ist die biblische Schöpfungsgeschichte immerhin die einzige, die mit unseren heutigen Erkenntnissen, wie der Evolutionstheorie zum Beispiel, überhaupt noch in Einklang zu bringen ist (siehe u.a. die Bücher von Pierre Teilhard de Chardin „Der Mensch im Kosmos" oder Hoimar von Ditfurth „Wir sind nicht nur von dieser Welt"). Es ist aber für den christlichen Glauben letztlich unwichtig, wie genau die Welt erschaffen wurde, sondern wer sie zu welchem Zweck gemacht hat. Darum geht es in der Genesis. Der Anfang des Johannesevangeliums bringt es noch besser auf den Punkt.
Nebenbei: Aus den Schöpfungserzählungen eine höhere Wertigkeit des Mannes abzuleiten geschah zwar in allen Buchreligionen, ist aber nicht haltbar. Die neuere christliche Theologie jedenfalls rückt davon ab. Der Mensch ist sowohl als Mann und auch als Frau geschaffen, unterschiedlich, aber gleichrangig und eben auch aufeinander bezogen.

berichten. Darüber hinaus haben sie die entweder von ihren geistigen Vorbildern übernommenen oder für die jeweilige Zeit gegebenen Verhaltensweisen weitergetragen und vor allem in den prophetischen Büchern auch Zukünftiges zu beschreiben versucht. Die so entstandenen Heiligen Schriften waren für die Menschen damals übrigens sakrosankt. Es wurde schon öfters behauptet, daß darin gelegentlich herumgeschrieben und manches verändert wurde. Durch die Qumran-Funde einerseits und die aus frühchristlicher Zeit stammenden neutestamentlichen Schriften im Katharinenkloster auf dem Sinai andererseits wissen wir, daß - von erstaunlich wenigen Schreibfehlern und Wortänderungen abgesehen - früher nichts anderes in der Bibel stand, als es heute der Fall ist. Auch wenn Dan Browns Buch „Sakrileg" (als Film: Der Da-Vinci-Code) sehr gut und spannend geschrieben ist, es bleibt nicht nur diesbezüglich blühender Blödsinn. Ich empfehle deshalb nicht nur den Dan-Brown-Fans das mindestens ebenso spannende Buch „Das Wahre Sakrileg" von Alexander Schick. Darin beschreibt der Autor übrigens auch, welche Schriften durch die Kirchenväter in die Bibel, so wie wir sie heute kennen, aufgenommen wurden und warum andere, von zweifelhafter Autorenschaft verfaßten oder der damals aufkommenden Gnosis beeinflußten Texte eben nicht. Gerade die geduldete Existenz von vier etwas unterschiedlichen Evangelien zeigt, daß die Kirchenväter nie eine „Glättung" oder Vereinheitlichung der Berichte über Jesus im Sinne hatten. Alle Evangelien entstanden ja noch zu Lebzeiten von Augenzeugen Jesu.

Daß Menschen irgendwann über den Tellerrand ihrer eigenen Existenz hinausschauen wollten und konnten, hat – zumindest nach christlichem Verständnis - mit der ihnen (wie und wann auch immer) gegebenen, über das rein Biologische hinausragenden Natur (Geist und Seele) zu tun[8]. Im Laufe der Menschheitsgeschichte begann man irgendwann, über diverse okkulte Praktiken (Sterndeuterei und dergleichen) mehr über das erfahren zu wollen, was man nicht ergründen oder erklären konnte. Unterschiedlichste Kulte und Mythen entwickelten sich bei der Frage nach dem Woher und Wohin. Dabei erdachten und erschufen sich die Menschen zunächst auch vielerlei Götter und Fabelwesen, denen sie huldigten und die sie sich mit Opfergaben meinten gewogen machen zu können. In diesem Zuge entwickelte sich die bis in unsere Tage weit verbreitete Ansicht, daß der Mensch etwas tun könne, ja sogar müsse, um sich den „höheren Mächten" anzunähern oder diese gar beeinflussen zu können, sei es mit Meditation, Opfern, rituellen Handlungen, guten Taten oder dem Befolgen von irgendwelchen Geboten. Daß das aus christlicher Sicht so einfach nicht funktioniert, klingt zunächst einmal überraschend. Sicher auch für viele, die sich Christen nennen.

Die biblischen Quellen beschreiben, daß sich die alten Israeliten nicht einfach einen eigenen Kult ausgedacht hatten, um ein spirituelles Vakuum zu füllen. Um sie herum gab es etliche Religionen, denen sie zeitweise ja auch anhingen. Es war der einzige, wirkliche Gott selbst in seiner Souveränität und Allmacht, der sich den Menschen (wieder[9]) zugewandt, sprich offenbart hatte. Er griff für die Menschen erfahrbar in die Geschichte ein. Mit Abraham (arab.: Ibrahim) begann quasi die Geschichte der drei Buchreligionen. Juden und Araber sehen ihn als biologischen Stammvater an, denn Abrahams Sohn Isaak hatte zwei Söhne, einer davon, Jakob (mit späterem Beinamen Israel, deutsch: Gottesstreiter), hatte deren 12.

---

[8] Man kann das alles freilich auch anders sehen, wie z.B. der berühmte französische Biologe Gounod. Ich verweise in dem Zusammenhang aber nochmals auf die in der Einleitung niedergelegten Gedanken zu dem Thema Wahrheit.

[9] Die biblische Überlieferung nennt als Grund der Gottferne die Sündhaftigkeit des Menschen (Erzählung von Adam und Eva im Paradies), sprich die selbstgewählte Nichtbefolgung göttlichen Willens, da man glaubte alles selbst besser zu wissen. Die Erlösung aus diesem Zustand wurde angekündigt und gipfelte in der Erwartung des Messias.

Von diesen leiten sich die 12 Stämme Israels ab. Juden sind demnach die Nachkommen des Sohnes Juda. Die anderen Stämme sind quasi verschollen, nachdem das israelitische Nordreich erobert und zerstört wurde. Es könnten Vorfahren der Palästinenser oder sonstiger Völker des Nahen Ostens sein. Araber beziehen sich aber auf den ersten, allerdings „unehelichen" Sohn Abrahams Ismael, den sie statt Isaak für den verheißenen Sohn Abrahams halten. Für die Christen ist Abraham eher der Patriarch des Glaubens an den einen Gott (Monotheismus).

Abraham folgte dem Ruf Gottes, der ihn aus seinem Umfeld im chaldäischen Ur herausrief und in das Land führte, das wir heute als Israel kennen. Glauben hat in diesem Zusammenhang übrigens nichts mit Unwissenheit zu tun, sondern mit Vertrauen! Paulus beschreibt ihn als eine gewisse Zuversicht.

Noch etwas zur Geschichte Israels und der Juden: Grundlage des Judentums ist also der Glaube an den einen biblischen Gott und dessen berühmte zehn Gebote, die Moses vom Sinai mitbrachte. Dieses göttliche Gesetz wurde mit einer Unzahl „Durchführungsbestimmungen" erweitert, in denen so ziemlich alles geregelt war, was das Leben und den Umgang untereinander, aber auch den mit Fremden betraf. Die peinlich genaue Einhaltung dieser Dinge aber wurde erst viel später als der Weg zum Heil des Menschen angesehen. Nachdem sich die Israeliten, von Ägypten kommend, wieder in ihrem einstmals verheißenen Land etabliert hatten, bildete sich zunächst ein kleines Königreich[10]. Dabei scheuten sie auch keine kriegerischen Auseinandersetzungen. Das Gebot, daß man nicht töten (eigentlich morden) solle, wurde auf diese nicht bezogen. Erst Jesus nannte schon allein den Haß auf andere einen Verstoß gegen das 5. Gebot.

---

[10] Die Könige Saul, David und Salomo, überhaupt das Reich Israel, wurden und werden oft verklärt. Die wirklichen Großmächte in dieser Region und zu jener Zeit waren die Ägypter, Hethiter, Babylonier und später die Perser.

Die zunächst mobile Kultstätte wurde später durch den berühmten Salomonischen Tempel in Jerusalem ersetzt. Die Priesterkaste und das Opferwesen gewannen dadurch an Bedeutung. Nach dem Zerfall in zwei Reiche im Anschluß an Salomos Herrschaft, wurde nach einiger Zeit zunächst das Nordreich (Samaria), später das südliche, jüdische Reich um Jerusalem erobert und zerstört. Die jüdische Oberschicht wurde nach Babylon verschleppt. Man sah das als Folge (Strafe) für die zunehmende Abkehr von Gott und dem mosaischen Gesetz sowie der Zulassung anderer Kulte in Israel an.

Unter den Persern durften die Juden, angeführt von Rückkehrern aus Babylon, wieder Jerusalem aufbauen. Der Tempeldienst wurde wiederaufgenommen. Die Priesterschaft beanspruchte nun bis zur römischen Besetzung des Landes (63 v.Chr.) zeitweise auch die politische Führung. Der durch die Propheten angekündigte Messias wurde dabei mehr und mehr mit der Erwartung der Wiederaufrichtung des Reiches Davids verknüpft[11]. Die zuletzt herrschenden Könige in Judäa, wie der berühmte Herodes, waren ja zum einen nicht einmal echte Juden (er hatte griechische und nabatäische[12] Vorfahren, die zum Judentum konvertiert waren) und zum anderen letztlich nur Könige von Roms Gnaden, also Vasallen der ungeliebten Besatzungsmacht.

Der Glaube der Israeliten war zunächst ein sehr auf das Irdische bezogener, denn man ahnte zwar, daß es über den Tod hinaus irgendwie weitergehen könnte, hatte aber keine genauen Vorstellungen. Begrifflichkeiten dafür fand man erst später unter dem Einfluß griechischer Philosophie, vor allem die Platons. Die Auferstehung der Toten war stets ein Streitpunkt innerhalb des Judentums. Erst Christus und dann seine Nachfolger sprachen ausführlicher über das Jenseits und was dort zu erwarten wäre.

---

[11] Da das heute immer noch so gesehen wird, lehnen viele ultraorthodoxe Juden den heutigen Staat Israel und seine Vertreter sogar ab, ähnlich wie unsere „Reichsbürger" die BRD und ihre Organe. Nur die Motive unterscheiden sich.
[12] U. a. in der berühmten Felsenstadt Petra in Jordanien lebten die Nabatäer.

Noch in der Regierungszeit des römischen Kaisers Augustus wurde Jesus in Bethlehem geboren. Seine Mutter Maria war ein einfaches, junges Mädchen und einem Handwerker namens Joseph versprochen. Beide lebten in Nazareth, aber aufgrund einer Volkszählung mußten sie dann in die Heimatstadt Josephs ziehen. Daher krähte kein Hahn danach, wann genau Jesus das Licht der Welt erblickt hatte. Der heutige Weihnachtstag als Geburtstag ist eine Festlegung aus späterer Zeit. Aber es ging ja nie um ein exaktes Datum, sondern daß Jesus zu dieser Zeit geboren wurde! Und zwar als der vom Heiligen Geist gezeugte, durch die (damalige) Jungfrau Maria[13] (in die Schöpfung) eingeborene Sohn Gottes, wahrer Mensch und wahrer Gott. Das, was ich hier gerade hingeschrieben habe, stand natürlich nicht auf einem Dokument, das dem Baby bei der Geburt quasi beigegeben war. Es ist das, was Menschen (mit Jesus) erlebt hatten und von ihnen (oder durch christliche Chronisten zusammengefaßt) in den Evangelien oder den Pastoralbriefen darüber aufgeschrieben wurde. (Die Evangelien sind keine Biographien, also nüchterne Lebensbeschreibungen. Daher sind sie auch unterschiedlich verfaßt, denn sie wenden sich an unterschiedliche Leserschaften. Ein historisch genauer Ablauf von Geschehnissen brauchte deshalb nicht dargestellt zu werden, was eben die Unterschiede ausmacht.) Daraus wurde letztlich durch die Kirchenväter auf den Konzilien in Nicäa und Konstantinopel das allgemeine Glaubensbekenntnis der Christenheit geformt, denn viele, vor allem die Obrigkeiten, wollten einmal genau wissen, was die Christen eigentlich glaubten. Die unmittelbaren Zeugen der Lehrtätigkeit Jesu und deren direkte Nachfolger lebten nicht mehr und es war an der Zeit die von ihnen übermittelte Botschaft und

---

[13] Ist die Jungfrauengeburt Faktum oder Darstellungsmittel? Wenn ein Faktum, dann nicht um ihrer selbst willen, sondern um der Darstellung Christi willen. Als Faktum mag man sie glauben. Als das, was sie darstellt, nämlich die Einzigartigkeit (Andersartigkeit) Jesu Christi, muß man sie glauben. (aus: Neues Glaubensbuch)

Lehraussagen für die Zukunft festzuhalten, gerade auch, um Verfälschungen entgegenzuwirken.

Es geht im Christentum tatsächlich nicht einfach um eine neue Lehre, sondern zunächst um eine Person! Jesus sagte ausdrücklich, daß er das (mosaische) Gesetz nicht aufheben, sondern erfüllen wolle. Allerdings tat er es nicht in der buchstabengetreuen Weise der jüdischen Schriftgelehrten[14], sondern inhaltlich! „Liebe Gott über alles und deinen Nächsten wie dich selbst" war die Quintessenz aller Gesetze, der Wille Gottes, den er verkündete und radikal lebte. Das Doppelgebot der Liebe war nicht einmal neu, stand schon in den alten Schriften und fließt auch in das bekannte jüdische Gebet Sch'ma Israel ein. Offensichtlich hatte man hier aber andere Vorstellungen. Wäre es jetzt nur um eine andere Auslegung oder eine neue Ethik gegangen, könnte man ihn vielleicht einfach als einen weiteren Propheten[15] oder ungewöhnlichen Gesetzeslehrer bezeichnet haben. Jesus hätte dann das jüdische Establishment sicher nicht in bekannter Weise gegen sich aufgebracht. Selbst die vielen Wunder, die er tat, daß er ganz anders predigte als die Gesetzeslehrer, immer mehr Anhänger um sich versammelte und sogar Gemeinschaft mit Armen, Ausgestoßenen und Fremden suchte, hätte man ihm - grün vor Neid oder mit der Faust in der Tasche - wahrscheinlich noch durchgehen lassen. Nicht aber, daß er, wie behauptet, der Messias, geschweige denn der Sohn Gottes war. Ersteren hatte man sich als einen mächtigen Mann vorzustellen, der die Römer vertreiben und auch sonst alles wieder ins Lot bringen würde. Letzteres war für die Juden

---

[14] Diese bestanden größtenteils aus der Gruppe der sogenannten Pharisäer (Theologen, Rabbiner). In der Priesterschaft gab es hingegen vorwiegend Sadduzäer, die vieles etwas anders sahen als die Erstgenannten. Durch die Zerstörung des Tempels, das Ende des Tempeldienstes, damit der Priesterkaste, und die Vertreibung der Juden in die Diaspora überlebte das Judentum letztlich in der pharisäischen Prägung (Synagogen).
[15] Als solcher gilt er ja im Islam. Wie übrigens die Juden, stolz auf ihre alten Propheten, zu deren Lebzeiten aber mit ihnen umgegangen waren, kann man in der Bibel nachlesen und hatte Jesus den Schriftgelehrten ja auch unter die Nase gerieben.

eine Gotteslästerung. Daher lehnen die Juden bis heute Jesus und seine Aussagen ab.

Daß aber dieser Mensch Jesus der Messias (Christus) war (und ist) und die Erlösung der Menschheit aus der Gottferne (Sünde) bewirken sollte, ist für die Christenheit von zentraler Bedeutung. Denn es war Gott, der sich in seinem „Sohn" (im Prolog des Johannesevangeliums als das ewige Wort (logos) bezeichnet), mit den Menschen quasi solidarisierte, sogar bis in den Tod hinein. Durch den Opfertod versöhnte er nicht nur die Menschheit mit sich selbst, sondern setzte auch ein Zeichen seiner Liebe zu den Menschen. In Christus hat uns Gott explizit <u>den</u> „neuen Menschen" vorgestellt. Dieser geht - bei aller menschlichen Individualität - völlig im Willen Gottes auf. Nicht aus Unterwürfigkeit, sondern aus Liebe macht er sich Gottes Willen zu eigen. Durch die Auferstehung Christi[16] und auch die Himmelfahrt hat Gott außerdem bewiesen, daß für ihn der Tod nicht das letzte Wort hat und ein „neuer Leib" ein ewiges Leben in anderen Dimensionen ermöglicht. Daher bilden die Geschehnisse an Ostern und Himmelfahrt den Kern der christlichen Hoffnung, nicht so sehr das Weihnachtsfest. Übrigens: Für die Auferstehung gab es mehrere Hundert Zeugen (siehe 1. Brief des Paulus an die Korinther, Kapitel 15).

Durch Jesus entstand aber auch endlich ein „legitimes", eben nicht von Menschen gemachtes Bild, anders gesagt eine profunde Vorstellung von Gott. Er beschrieb Gott nicht als den fernen, strengen Gott, der einfach Unterwerfung verlangt. Das war (und ist) im Prinzip die Vorstellung der Juden, die dann, noch einmal verstärkt, der Islam übernommen hat. Wir werden auf diesen an anderer Stelle noch eingehen. Jesus beschrieb uns einen zwar über allen Dingen stehenden, unfaßbaren, aber nicht fernen Gott, der aus

---

[16] Nicht zu verwechseln mit einer Reanimation, wie zum Beispiel den Totenerweckungen durch Jesus. Diese Leute sind irgendwann wieder gestorben. Der Auferstehungsleib Jesu war zwar sichtbar und fühlbar für Menschen, aber nicht den irdischen Dimensionen unterworfen.

Liebe von sich aus die Nähe zu den Menschen sucht. Man sollte ihn deshalb „Vater" nennen. Ein Vater in der orientalischen Vorstellung ist allerdings kein Weichei oder vernachlässigbarer Tattergreis, den man, falls er nervt, einfach beiseiteschiebt. Was Jesus meinte, drückte er beispielhaft in dem allen Christen bekannten Gebet aus, das man landläufig das „Vaterunser"[17] nennt. Allen, die hier schlicht ein patriarchalisches Denken vermuten, möchte ich Jesaja 66,13 ans Herz legen, wo Gott durch den Propheten sagt, daß er sein Volk wie eine Mutter trösten will. Gott hat kein Geschlecht, nicht einmal einen * oder Doppelpunkt. Gott ist anders, größer und eben nicht auf eine menschliche Ebene zu bringen, sprich heilig.

Warum man dann <u>der</u> Gott oder Vater sagt, soll hier nicht mein Thema sein. Aber wie man es auch damit hält, menschliche Worte und Vorstellungen werden Göttlichem niemals gerecht werden. Der Liederdichter Paul Gerhardt faßte es in die Worte: *„Ach, daß mein Herz ein Abgrund wär' und meine Seel' ein tiefes Meer, daß ich Dich könnte fassen."* Das sollte man auch berücksichtigen, wenn von der Dreieinigkeit Gottes (Vater, Sohn und Heiliger Geist) die Rede ist. Der Vorwurf, speziell des Islam, daß Christen im Grunde drei Götter anbeten, ist unsinnig. Einem <u>all</u>mächtigen, unfaßbaren Gott sollte man schon etwas zutrauen, daß man nicht wirklich erklären kann. Von Personen oder Erscheinungsformen Gottes zu reden, kommt der Sache schon näher. Die Muslime zum Beispiel haben neunundneunzig Namen für den einen Gott. Vielleicht ist das ein Schlüssel zum gegenseitigen Verständnis. Wer da etwas tiefer einsteigen will, dem empfehle ich das Buch „Wie ist Gott" von Pater Karl Josef Wallner oder auch - zum christlichen Glauben generell - das Werk „Neues Glaubensbuch", das von den Theologen Johannes Feiner und Lukas Vischer herausgegeben wurde.

---

[17] Aus dem lateinischen „Pater noster". Da heißt es u.a. „Dein Name werde geheiligt" oder „Dein Wille geschehe auf Erden wie im Himmel".

Zurück zu Jesus und was er nun eigentlich von seinen Nachfolgern erwartet beziehungsweise wie das ewige Leben bei Gott erreicht werden kann. Das geht letztlich nur durch den Glauben an die Person Jesus Christus als Sohn Gottes, die Hinwendung zu ihm (Buße, sprich Umkehr) und die Annahme der durch ihn erwirkten göttlichen Gnade. Die (im Sinne Jesu) natürlich zu befolgenden Gebote zeigen uns aber auch klar die Unmöglichkeit auf, ihnen in allen Facetten gerecht zu werden[18]. Gott schenkt deshalb Gnade, der Mensch braucht sie nur anzunehmen. Daraus folgt dann aber auch die Tat[19], sprich die Nachfolge, das stetige Bemühen so zu werden und zu handeln wie Jesus, also ein neuer, geistlich gesinnter Mensch zu werden. Jesus kam ja nicht, um die Welt (politisch) zu verändern, deshalb lehnten ihn die meisten damals schlußendlich ab. Es geht beim Christentum primär um die Veränderung des inneren Menschen aus Liebe zu Gott und aus Dankbarkeit für sein gnädiges Handeln. Trotzdem ist den Christen die Welt, in der wir alle leben, nicht egal. Sie ist - aus christlicher Sicht - den Menschen anvertraut. Dem Leid, Elend und der Ungerechtigkeit, in aller Regel menschengemacht, sollen Christen Frieden, Barmherzigkeit und Nächstenliebe entgegensetzen und auch die Schöpfung zu bewahren suchen. Gebote sind hier natürlich eine Richtschnur. Die uneigennützige Liebe zum Nächsten fragt aber immer, was dem Gegenüber in einer bestimmten Situation wirklich dient.

Darüber hinaus erwarten Christen letztlich den für alle dann sichtbaren Anbruch des ewigen Reiches Gottes, wenn Christus in aller Herrlichkeit erscheint, den Seinen zur Rettung, später aber auch

---

[18] „Ich sage aber von solcher Gerechtigkeit vor Gott, die da kommt durch den Glauben an Jesum Christum... Denn es ist hier kein Unterschied: sie sind allzumal Sünder... und werden ohne Verdienst gerecht aus seiner Gnade durch die Erlösung, so durch Jesum Christum geschehen ist..." (Römer 3, 22-24, sog. Rechtfertigungslehre nach Paulus)
[19] „Der Glaube ohne Werke ist tot." (siehe Jakobus 2,26)

zum Gericht[20] über Lebende und Tote. Mit dieser Erwartung ist natürlich das Leben im Evangelium, der frohen Botschaft, verknüpft und das Weitertragen derselben zu allen Menschen und in zukünftige Generationen hinein. Wie diese erwartete Zukunft nun genau aussieht und wann was geschieht, haben schon viele aus den prophetischen Büchern der Bibel herauszulesen versucht. Es ist zwecklos, denn das geben diese Texte nicht her, so wenig wie die Schöpfung Himmels und der Erden oder die Entstehung der Menschen in der Genesis exakt beschrieben werden. Letztendlich drücken diese Prophetien nur die ewige Treue und Liebe Gottes zu seiner Schöpfung aus, denn die Menschen haben Freiheiten, diese Zukunft im Positiven wie im Negativen mitzugestalten. ER wird dann alles zu einem wirklich guten Ende führen[21], trotzdem, auch wenn Menschen weiterhin Fehler begehen.

Soweit erst einmal zu den allgemeinen Grundlagen des christlichen Glaubens, die ich hoffe verständlich gemacht zu haben. Ein theologisches Werk soll das hier nicht werden.
Wir haben das Kapitel mit einer Anekdote begonnen, die den Wissensstand der Allgemeinheit bezüglich des Christentums aufs Korn nahm. Ich möchte es mit einer kleinen Geschichte beenden, mit der sich alle, die zumindest sagen, daß sie an Gott und seine Wegweisung glauben, einmal selbst diesbezüglich überprüfen können. Ich habe diese einmal in einer Predigt gehört und sie hat mir durchaus zu denken gegeben.
In einer kleinen Stadt hatte ein Akrobat sein Seil zwischen zwei Häusern hoch über dem Marktplatz gespannt und führte diverse Kunststücke darauf vor. Nachdem er sogar mit einem Schubkarren von links nach rechts über das Seil gelaufen war, fragte er die Menge der applaudierenden Zuschauer,

---

[20] Auch das ist ein in der Bibel genutztes Bild und steht für die letztlich nicht zu umgehende Gerechtigkeit Gottes, dem man nichts vormachen kann.
[21] siehe Psalm 37, 5. Die Bibel spricht in der Offenbarung von einer Neuschöpfung, wenn die alte ihre Aufgabe erfüllt hat.

ob sie glauben würden, daß er diesen auch beladen über das Seil bugsieren könne. Alle riefen begeistert: „Ja, na klar doch! Mach mal!". Da sprach der Seiltänzer: „Nun gut, wer von euch kommt herauf und setzt sich in den Karren?"

2. Es war einmal…

Mit dem Namen Otto der Große können heute viele unserer Landsleute gar nichts mehr anfangen. Viele denken da vielleicht an einen erfolgreichen Fußballtrainer oder möglicherweise an Otto von Bismarck, der allerdings nie so genannt wurde und den die heutigen Geschichtsschreiber erst recht nicht so nennen würden. Während im Aachener Dom, wo Karl der Große bestattet wurde, richtig was los ist, wissen viele nicht einmal, daß im ebenfalls sehenswerten Magdeburger Dom das Grabmal unseres Reichsgründers und seiner Gattin steht (kreiert von dem bedeutenden spätmittelalterlichen Künstler Tilman Riemenscheider!).

Es ist der Mühe wert, sich mit Otto I. etwas ausführlicher zu beschäftigen. Ich persönlich halte ihn für „größer" als Karl den Großen, denn das Reich, das er schuf, war stabiler, hatte eine gute Reichsverfassung und überdauerte Jahrhunderte. Daß es nach der Stauferzeit an Bedeutung verlor und letztlich in der napoleonischen Zeit unterging, ist nicht Ottos mangelnder Weitsicht geschuldet, sondern dem unheilvollen Zusammenspiel späterer schwacher oder besser gesagt geschwächter Kaiser, größenwahnsinnig gewordener Päpste und geldgieriger, egozentrischer Reichsfürsten, die sich ausgiebig für ihre Pfründe interessierten, aber kaum noch bis gar nicht für das Reich.

Otto führte nicht dauernd Krieg wie Karl. Nur einmal mußte er eine große Schlacht schlagen, nämlich als es die Ungarn 955 noch einmal wissen wollten. Nachdem sie auf dem Lechfeld bei Augsburg Ottos gepanzerten Reitern begegnet waren, wußten sie es und kamen niemals wieder. Aufstände hingegen innerhalb des Reiches gab es einige (allerdings erfolglose), was meist damit zu tun hatte, daß Otto anfing, die Machtstrukturen zu verändern. Er dämmte den übergroßen Einfluß der Stämme, damit vor allem der Stammesfürsten ein, indem er unbotmäßige Fürsten entmachtete und durch „Amtsherzöge" seiner Wahl ersetzte. Auch sein Bruder Heinrich (mehrmals) und einer seiner Söhne waren unter den Rebellen. Otto mußte Heinrich sogar einmal aus dem Westfränkischen Reich herausholen, als dieser floh und Unterschlupf dort suchte. Beiden verzieh er, nachdem sie sich ihm zu Füßen geworfen hatten. Andere Mitverschwörer schickte er ins Exil. Nachdem Heinrich irgendwann begriffen hatte, was Otto eigentlich erreichen wollte, wurde ihm später sogar Bayern anvertraut.

Neben den weltlichen Kurfürsten wurden zunächst die drei bedeutenden Bischöfe aus Köln, Mainz und Trier ebenfalls zu Reichsfürsten ernannt. Damit durften sie unter anderem auch den König mitwählen. Nicht wenige dieser Fürstbischöfe fungierten später auch als Reichskanzler oder Berater der Kaiser. Die Bischöfe, die damals vom Kaiser ernannt wurden, hatten freilich nicht nur einen weltlichen Herrn, sondern auch noch ein geistliches Oberhaupt in Rom. Otto betrachtete sich - wie die spätrömischen Kaiser - als Herrscher über das Reich und daher auch als Hüter der Kirche. Könige konnte es viele geben, der Kaiser aber war einzigartig, erhaben und hatte eine gottgegebene Stellung im Reich[22]. Das Papstamt war zu Ottos Zeiten aber längst zum Spielball der römischen Adelsfamilien geworden. Also nicht nur um die Kaiserkrone abzuholen, sondern auch um in Rom Präsenz zu zeigen, den Papst zu stützen oder gegebenenfalls auch einen neuen einzusetzen(!), mußten Otto und die späteren Kaiser gelegentlich nach Rom reisen, was damals sehr beschwerlich (Alpenüberquerung) und auch gefährlich war. In Italien konnte man sich damals zum Beispiel noch die Malaria einfangen.

Italien und Rom bedeuteten aber auch Kultur und Wissenschaft. Otto, wie Karl vor ihm, war sehr daran interessiert, von diesem Schatz zu profitieren. Ein neuer Baustil, die Romanik, hielt in Deutschland Einzug. Die Kirche Sankt Michael in Hildesheim ist ein schönes Beispiel dafür oder auch der unter den Saliern gebaute Dom in Speyer, der vor dem Bau der Abteikirche Cluny sogar die größte Kirche in Westeuropa war.

Otto festigte nicht nur das Kaisertum. Seine Reputation wuchs, sodaß sein Sohn Otto (II.) und sein Enkel (Otto III.) fast automatisch zu Nachfolgern gewählt wurden. (Diese sächsische Kaiserdynastie nennt man wegen der vielen Ottos auch die Ottonen.) Otto der Große konnte für seinen Sohn sogar eine byzantinische Prinzessin gewinnen. Die spätere Kaiserin Theophanu war zwar keine „Porphyrogenetos", also nur eine Prinzessin 2. Klasse, aber trotzdem bestens erzogen. (Im byzantinischen Kaiserpalast gab es einen mit purpurnem Marmor ausgeschmückten Raum speziell für Geburten

---

[22] Das Wort Kaiser (wie auch Zar) leitet sich von Caesar ab, wobei man da gern an Julius Caesar denkt, der aber gar kein römischer Kaiser war. Erst sein Nachfolger, Neffe Octavian (der später berühmte „Kaiser" Augustus), wurde das. Dieser und seine Nachfolger bezogen sich zwar namentlich auf Caesar, aber der eigentliche Herrschertitel war Augustus (der Erhabene).

der Kinder des Herrscherpaares.) Sie kam als junges Mädchen aus der Metropole Konstantinopel ins für sie sicher noch sehr barbarische Germanien. Da Otto II. früh starb und beider Sohn noch sehr klein war, blieb sie in der damaligen Männerwelt - man staune! – noch etliche Jahre unangefochten Kaiserin. Daß dies möglich war, ist den guten kaiserlichen Beratern und sicher auch dem Ansehen des sächsischen Kaiserhauses geschuldet. Diese bemerkenswerte Frau hat es aber offensichtlich auch recht gut gemacht. Sie liegt in St. Pantaleon in Köln begraben.

In Otto III. Amtszeit fiel auch das Jahr 1000 n.Chr., in dem viele das Jüngste Gericht erwarteten. Wir können uns heute sicher nicht mehr vorstellen, was damals los war: Bußprediger allenthalben, reiche Leute warfen ihren Schmuck aus dem Fenster, Kirchen und Klöster hatten Hochbetrieb und wer sich keine Chancen vor Gottes Richterstuhl erhoffte, ließ es noch einmal richtig krachen, da es jederzeit ja schon endgültig vorbei sein konnte. Das Jahr kam und verging überraschend wieder ohne daß die himmlischen Posaunen erschallt waren. Man ging schnell wieder zur Tagesordnung über. Es hatte aber Auswirkungen auf die wir noch zu sprechen kommen.

In seinem jugendlichen Leichtsinn unterliefen Otto III. (er wurde mit 13 Jahren Kaiser) manche politischen Schnitzer, die - bis auf einen - sein Nachfolger wieder ausbügeln konnte. Dieser eine, sehr gravierende war die Loslösung der slawischen Bevölkerung vom Magdeburger Bistum, indem er den Polen ein eigenes Erzbistum in Gnesen zubilligte und den polnischen, bis dato dem Kaiser untergeordneten Herrscher Boleslaw zu einem - zumindest nach polnischer Lesart - unabhängigen König erhob. So lösten sich die Polen alsbald aus dem Reichsverband mit Folgen, die sich bis in unsere Tage zeigen.

Apropos jugendlicher Leichtsinn: Die Forderung eines Wahlrechts bereits für Minderjährige wird ja schon länger immer wieder einmal erhoben, nicht selten unterstützt von linken Politikern aus naheliegenden Gründen. Jugendliche haben Ideale und Visionen und zu Recht bemängeln wir Politiker, die offensichtlich keine mehr haben und immer mehr Verwaltungsangestellten ähneln. Am Beispiel Ottos III. sei aber darauf hingewiesen, daß das Unterscheidungsvermögen zwischen Wunsch und Wirklichkeit, Überblick, (außen)politische Erfahrung sowie Kompromißfähigkeit jungen Menschen in der Regel noch fehlen. Kommt hinzu, daß sie leichter manipulierbar sind, was in unseren Tagen durch die kaum regulierten „sozialen" Medien kaum noch zu verhindern ist.

Das deutsch-polnische Verhältnis blieb übrigens lange relativ ungetrübt trotz kleinerer Grenzscharmützel, die es gelegentlich gab, und trotz des Themas der Deutschordensritter. Läßt man die beiderseitige Gräuelpropaganda späterer Zeiten einmal beiseite, bleibt, daß durch den Ordensstaat (1230-1561) in Nordosteuropa nebst der Christianisierung der Bevölkerung viel Landwirtschaft entwickelt, Burgen und Städte gebaut und einige kulturelle Errungenschaften in diese Landstriche transportiert wurden. Die Hybris der Ritter sowie deren Christianisierungsmethoden haben ihnen verständlicherweise auch viel Feindschaft eingebracht. Zunächst orientierten sich viele polnische Fürsten sogar an ihren deutschen Nachbarn. Praktisch alle großen Städte wurden nach dem „Magdeburger Stadtrecht" aufgebaut, entwickelt und verwaltet. Es gab sehr viel (gewollte) deutsche Zuwanderung, vor allem nach Schlesien und Pommern. Polens heutige Nationalheilige Hedwig (Jadwiga) war eine Prinzessin von Andechs (in Bayern) und heiratete im 12.Jh. in ein polnisches Fürstenhaus ein.

Erinnert sei hier auch an die zweite Belagerung Wiens durch die Türken (1683). Ein polnisches Entsatzheer unter dem König Jan Sobieski kam gerade noch rechtzeitig um die Türken zurückzuschlagen. Sachsen und Polen waren einige Zeit sehr miteinander verbandelt durch die Wahl August des Starken zum polnischen König. August und auch sein Sohn waren dort beliebte, wenn auch nicht sehr erfolgreiche Könige. Schlecht wurde das Verhältnis erst durch die Aufteilung Polens durch Rußland, Preußen und Österreich. Dabei machte man sich innerpolnische Auseinandersetzungen zunutze, um sich polnische Gebiete einzuverleiben. Immerhin, die knapp 20% Protestanten Polens, die staatlicherseits diskriminiert wurden, freute es. Sie lebten hauptsächlich in den Gebieten, die dann zu Preußen kamen. Dort gab es Religionsfreiheit. Eine Wiedergründung Polens hatte vor allem Rußland, allerdings in Übereinstimmung mit Preußen, immer zu verhindern gesucht. Auf die Verwerfungen im 20. Jahrhundert kommen wir noch an geeigneter Stelle.

Zurück zu Otto III. Er starb jung und hinterließ keine Nachkommen. Aber noch einmal wurde mit Heinrich II. ein Ottone Kaiser, nämlich der damals amtierende Bayernherzog und Nachkomme des „Rebellen" Heinrich. Dieser Kaiser, samt seiner Gattin Kunigunde, schaffte es tatsächlich heiliggesprochen zu werden. Es gab aber auch in jenen Tagen ein paar deutsche Päpste (also aus dem damaligen deutschen Reichsgebiet stammend), die aber meist nur sehr kurz amtierten, oft nicht einmal ein Jahr. Dabei wurde in Rom beim Ableben auch gerne einmal nachgeholfen, wenn es durch die Malaria nicht schnell genug ging. Nach Papst Stephan IX. dauerte es bekanntlich dann circa 1000 Jahre, bis wir endlich wieder einmal Papst wurden, um es wie die Bildzeitung in 2005 auszudrücken (den

Niederländer, also damals eigentlich noch deutschen Hadrian IV. (15.Jh.) nicht berücksichtigt).

Nach Heinrich II., der ebenfalls kinderlos blieb, und einem kurzen Interregnum zweier Kaiser, die wir uns wegen ihrer Bedeutungslosigkeit sparen können, bestieg 1027 mit Konrad II. der erste Salier (ein ostfränkisches Geschlecht) den Kaiserthron. Ihm folgte sein Sohn Heinrich III. und dann dessen Sohn … -, aber jetzt müssen wir erst einmal schauen, wie sich mittlerweile das Umfeld verändert hatte.

Das „tolle Jahr" 1000 hatte natürlich Spuren hinterlassen. Das bis dahin germanisch geprägte Verhältnis zu Gott, sozusagen von Mann zu Mann, war einer Angstfrömmigkeit gewichen, die natürlich Geistlichen einen größeren Einfluß auf die einzelnen Gläubigen und die Gesellschaft insgesamt bescherte. Die große Reform des geistlichen Lebens, die aus dem burgundischen Kloster Cluny hervorging, zielte unter anderem auch darauf ab, daß die Kirchenoberen entsprechend „heilig" leben sollten. Heinrich III. fand das gut und ließ alles laufen. Man stelle sich aber nun die damaligen Kirchenfürsten vor. Oft Söhne von Herzögen oder Grafen waren sie nebst ihrem hohen Kirchenamt vom Kaiser mit weltlicher Macht ausgestattet, Gebieter über Streitkräfte, Lebemänner, Erzeuger einer stattlichen, gegebenenfalls auch erbberechtigten Kinderzahl (das damals noch nicht so streng ausgelegte Zölibat galt nicht einmal überall als verbindlich) und wollten auch sonst den weltlichen Reichsfürsten in nichts nachstehen. Diejenigen, die auf den Kaiser schimpfend sich in ihre Weinkeller zurückzogen, waren dabei sogar noch das kleinere Übel.

Die anderen, die ein bescheidenes Leben in Keuschheit auch für gut und richtig befanden, wurden natürlich mehr und mehr ihrem geistlichen Oberhaupt in Rom hörig. Und dann bestieg 1073 - vom cluniazensischen Geist und Schlimmerem durchdrungen - Gregor VII. den Papststuhl. Manche nannten ihn später den „Heiligen Satan". Das römische Volk hatte ihn laut Überlieferung per Akklamation berufen. Eine geordnete Papstwahl, in welcher der deutsche König als amtierender oder auch nur designierter römischer Kaiser ein Mitspracherecht gehabt hätte, fand nicht statt. Daraufhin geschah erst einmal nichts, denn Besagter war weit weg, hieß mittlerweile Heinrich IV. und war ein verzogenes Jüngelchen. Während Heinrich noch ein schönes Lotterleben führte und seine Mutter mit ihren Beratern (im Gegensatz zu Theophanu) mehr schlecht als recht herumregierte, sich bei den Fürsten zunehmend unbeliebt machend, beanspruchte Gregor die Herrschaft über alle Regenten und machte das Papsttum dadurch zu einem politischen Amt[23]. Sein „dictatus papae" ist Ausdruck reinen Größenwahns und steht im krassen Widerspruch zur paulinischen Forderung: Seid der (weltlichen) Obrigkeit untertan, denn sie ist von Gott verordnet

---

[23] Tatsächlich gab es eine Landschenkung des Frankenkönigs Pippin an den Papst im 8. Jh. (ehemals lombardische Gebiete). Damit begann der „Kirchenstaat". Die „Konstantinische Schenkung", auf die sich die Kirche aber berief und die weit mehr umfaßte, oder genauer gesagt die Urkunde dieser Schenkung, wurde schon im Mittelalter als Fälschung entlarvt. Das blieb aber ohne Konsequenzen, da man wohl „übereinkam", daß die Schenkung stattgefunden hatte, bloß die Originalurkunde verloren gegangen war. Deshalb behalf man sich quasi mit einer „Kopie". Der Kirchenstaat weitete sich aber noch beträchtlich aus, hatte im 15. Jh. unter Papst Julius II. seine größte Ausbreitung und verschwand erst in der napoleonischen Zeit fast vollständig. Nach dem Wiener Kongress (1815) noch einmal installiert, wurde er 1870 in den italienischen Staat eingegliedert. Der Vatikan als Staat wurde in seiner heutigen Form 1929 gegründet. Nebenbei: So wie der derzeitige Papst Franziskus mit seinem Namen ein Programm verbindet (Hinwendung zu den Armen), machte das auch besagter Julius II. Es wäre aber müßig, die Liste der Heiligen und Kirchenlehrer jetzt diesbezüglich durchzugehen. Sein Vorbild war Julius Caesar und entsprechend war sein Auftreten.

(siehe Römerbrief Kap.13, Verse 1-5), und wie überhaupt zur christlichen Demut. Hatte Jesus noch seinen Jüngern die Füße gewaschen, sollten jetzt alle Fürsten die mehr oder damals vermutlich minder sauberen Füße des Papstes küssen. (Gregors unmittelbare Nachfolger intensivierten sogar noch die politische Einflußnahme. Sie alle wurden Feinde des Reichs, sobald sie auf dem Papstthron saßen.)

Bereits um 500 n. Chr. gab es zwei Rechtsauffassungen: manche Päpste meinten, daß weltliche Herrscher nicht das Recht hätten, sich in kirchliche Dinge einzumischen beziehungsweise daß „päpstliches Recht" sogar über dem der Fürsten stünde. Demgegenüber war die fränkisch-salische Auffassung (seit Karl Martell), daß der Herrscher eines Landes auch über die jeweilige Landeskirche und deren Oberhirten zu gebieten habe. So hielten es dann auch die Ottonen im Ostreich und erst recht die ihnen nachfolgenden Kaiser der Salierdynastie. Die Kurie unter Papst Eugen II. hatte zwar 826 das fränkische „Eigenkirchenrecht" für verbindlich erklärt, aber Gregor ignorierte das einfach. Nun wurden aber auch in der Regel von den Kaisern oder Königen ihnen genehme Adlige zu Bischöfen gesetzt, die bei Amtsantritt oft nicht einmal priesterliche Weihen hatten (Laieninvestitur). Das wurde zunächst in Frankreich und England, dann im Wormser Konkordat schließlich auch im Reich untersagt. Wie es im Reich dazu kam, sehen wir gleich.

Gregor bestand also ab sofort darauf, daß alle Bischöfe nur noch von ihm eingesetzt werden durften und diese, wie auch alle Priester, nun auch zölibatär (so wie wir das heute kennen) leben sollten. Nun gut, das hatte aber den gewollt nützlichen Nebeneffekt, daß der Papst seine Finger ständig in der Reichspolitik haben konnte. Heinrich, mittlerweile die Regierungsgeschäfte innehabend, machte erst einmal wie gewohnt weiter und setzte auch fleißig Bischöfe ein. Der nun entstandene „Investiturstreit" führte dazu, daß Gregor den Kirchenbann (= Exkommunikation) über Heinrich verhängte. Das war ein Paukenschlag und eine Katastrophe für den König, da er so zu einem „Aussätzigen" wurde, mit dem eigentlich kein Gläubiger Umgang pflegen durfte.

Heinrich wollte sich das natürlich nicht gefallen lassen und setzte den Papst per Dekret ab, so wie seine Vorgänger wohl auch mit Päpsten umgegangen wären, die etwas dergleichen auch nur erwogen hätten. Aber nun rächten sich die Fehler, die er und seine unmittelbaren Amtsvorgänger gemacht hatten. Gregor blieb stur auf dem Papstthron sitzen und die allermeisten Reichsfürsten ließen Heinrich einfach im Regen stehen. Man wählte sogar schon einen Gegenkönig und der Papst machte sich auf, diesen zu treffen und anzuerkennen. Bis Canossa war er schon gekommen.

Viele Fürsten hätten Heinrich gerne dingfest gemacht, aber er hatte die Chuzpe und den Mut, sich im Winter „zwischen den Linien" mit wenigen Getreuen durch die Alpen bis nach Canossa durchzuschlagen. Vielleicht war er auch nur verzweifelt genug, ein solches Unterfangen zu wagen. Dort stand er mehrere Tage im Büßergewand barfuß vor dem Burgtor, was von einer offensichtlich robusten Natur zeugt. Nun blieb Gregor, wollte er sich als christlicher Oberhirte nicht völlig disqualifizieren, nichts weiter übrig, als Heinrich zu verzeihen, den Bann zu lösen und nach Rom zurückzukehren. Heinrich rettete so erst einmal seine Regentschaft, aber der „Gang nach Canossa" (1077) wurde zu einer großen Zäsur für die Machtverhältnisse im Reich. Freunde wurden die beiden übrigens nicht mehr. Heinrich gelang es später sogar Gregor aus Rom zu vertreiben, allerdings ohne daß dieser abdankte. Ein auf

Heinrichs Betreiben neu gewählter Papst (Gegenpapst aus kirchlicher Sicht) krönte ihn dann zum Kaiser. Gregor starb im Exil.

Aber es wurde nichts Rechtes mehr mit Heinrich IV. Sein eigener Sohn (Heinrich V.) ließ ihn ab- und sogar festsetzen. Dieser stabilisierte die Kaisermacht im Reich wieder und mit dem „Wormser Konkordat" einigte man sich mit dem Papst dahingehend, daß die Kurie die Bischöfe hinfort aussuchen konnte, sie aber vom Kaiser „belehnt", sprich für ihre weltliche Funktion ausgestattet würden. Dabei ist es im Prinzip bis heute geblieben. Mit der staatlich erhobenen Kirchensteuer finanzieren wir unter anderem die kirchlichen Würdenträger, die von Päpsten oder Synoden ernannt beziehungsweise gewählt werden.

3.   Und wenn sie nicht gestorben sind …

Nach Heinrichs V. Tod übernahm mit Konrad III. das Haus der Staufer (Schwaben) das Ruder im Reich. Bekanntester Sproß dieses Geschlechts wurde der 1152 zum König gekürte Friedrich I., genannt Barbarossa (Rotbart). In einer Thronrede sprach er davon, „des Reiches Herrlichkeit" wieder erstehen zu lassen. Gewollt hatten das vor ihm manche, er aber legte Hand an, zunächst in Italien. Dort hatte sich lange kein Kaiser mehr blicken lassen und vieles hatte sich gewandelt. Der Kapitalismus, in seinem eigentlichen Sinne, hatte Einzug gehalten, sprich das Geld übernahm oder besser gesagt ersetzte die (Reichs-)Politik. Städte und Kaufleute waren mächtig geworden und bekriegten sich untereinander aufs Schärfste. Man pfiff auf Reich und Kaiser, die Päpste pfiffen mit, während gleichzeitig die Kurie immer mehr verlotterte - nicht wegen des Pfeifens.

In diese neue Welt stieß Friedrich mit seinem Ritterheer (in mehreren Feldzügen) und legte sich mit einigen Städten an, vor allem Mailand, und räumte auch in Rom gelegentlich auf (Kaiserkrönung dort 1155), was meist nichts nutzte. Friedrich erreichte nach zähem Ringen zwar ein Abkommen mit den lombardischen Städten, die sich so viele ihrer (zunächst angemaßten) Rechte sicherten und als Gegenleistung seine Oberhoheit als Kaiser (zähneknirschend) anerkannten. Die Zeit konnte er aber letztendlich nicht zurückdrehen. Aus heutiger Sicht würden man sagen: Viel Lärm um nichts. Aber dieses „nichts" beurteilten unsere Vorfahren in jener Zeit ganz sicher anders. Wir sind doch alle irgendwie Krämerseelen geworden.

Zuhause hatte Friedrich auch manches zu klären gehabt. Sein Jugendfreund Heinrich (aus Braunschweig), genannt der Löwe, war über die Zeit Herzog von Sachsen und Bayern geworden und herrschte de facto über noch viele andere Gebiete. (In dieser Zeit übrigens entstand „Österreich" als eigenes Herzogtum, es war vorher Teil des bayerischen.) Er wurde zu mächtig und vor allem zu unverschämt. Als er für seine Beteiligung an den Italienfeldzügen die Stadt Goslar mit den zugehörigen Silberbergwerken verlangte, obwohl er als Lehnsmann des Kaisers zur Teilnahme verpflichtet war, entmachtete ihn Friedrich und schickte ihn ins Exil. Das altehrwürdige, noch heute existierende Geschlecht der Welfen stellte nur einmal einen kurz regierenden, nicht allseits anerkannten Kaiser (Otto IV. um 1210).

Barbarossas letzter Coup (er war schon ein Graubart) sollte sein Kreuzzug nach Jerusalem werden. Mit viel Pomp brach man auf. Im Fluß Saleph im heutigen Anatolien ertrank er überraschend. Die

Leiche wurde nie gefunden, daher gab es schnell viele Legenden. Die heute noch bekannteste, aber ursprünglich über seinen Enkel verbreitete, ist die, daß er im Kyffhäuser schläft, bis das Reich wieder in ganzer Herrlichkeit steht. Dort hat ihn schon mancher vergeblich gesucht, zuletzt wohl einige Herren der AfD. Aber selbst, wenn er dort wäre und sie ihn gefunden hätten,- welche Vorstellung! Da stehen nun ein ehemaliger Schullehrer und seine Spießgesellen vor dem erwachenden kaiserlichen Recken. Was er ihnen wohl sagen würde?

Nebenbei: Die Männer, mit denen sich die Kaiser wie Friedrich Barbarossa oder später sein Sohn Heinrich VI. umgaben und denen sie restlos vertrauen konnten, waren andere Kaliber als es heute die meist „weichgespülten" Politiker sind. Die Kanzler Rainald von Dassel beziehungsweise Markward von Annweiler waren echte Hagengestalten und keine Redenschwinger oder G'schaftlhuber, wie man in Bayern sagen würde. Sie mußten allerdings auch nicht dem „Volk" gefallen. Bauern, Handwerker, Kaufleute und was eben das „Volk" war, machten keine Politik. Sie hätten auch gar nicht gewußt, was das ist, geschweige denn, wie das geht. (Wissen wir es heute oder bilden wir es uns nur ein?) Es war aber auch nicht so, daß die einfachen Leute komplett rechtlos und unterdrückt waren. Es gab hie und da bereits geschriebenes Recht wie zum Beispiel den für Analphabeten zusätzlich bebilderten Sachsenspiegel aus dem frühen 13.Jahrhundert, und daß die Bauern alle darben mußten, damit es den hohen Herren gutging, ist ein Zustand späterer Epochen, als die Herrschaften wesentlich luxuriöser leben wollten und infolgedessen oft als Parasiten wahrgenommen wurden. Ein Ritter damals war eben nicht bloß Herr über mehr oder minder viel Land und Leute, oft mußte er auch selbst mit anpacken. Vor allem war er natürlich auch Schutzherr, der im Falle kriegerischer Auseinandersetzungen zunächst einmal seine eigene Haut zu Markte tragen mußte.

Die Zeit des Mittelalters ist auch durch die Kreuzzüge geprägt, weswegen wir uns an dieser Stelle kurz damit beschäftigen müssen. Bereits im 7. Jh. entrissen muslimische Eroberer Jerusalem (und das „Heilige Land") dem Oströmischen Reich (Byzanz). Unter den hochkultivierten und vergleichsweise toleranten frühen arabischen Herrschern lebten die Christen - wie die Juden - zwar nicht wie im Paradies, aber einigermaßen unbehelligt. Die Kirchen wurden kaum angetastet, zu den Pilgerstätten gab es meistens Zugang. Das änderte sich um das Jahr 1000, als ein neuer Kalif, der den Koran ähnlich dem heutigen IS interpretierte, verschärft gegen die Christen vorging. Er zerstörte u.a. die Grabeskirche (zum Teil), was sich sehr bald herumsprach. Bis die Nachricht dann in Rom ankam, hatte man natürlich noch allerhand weitere Gräuelmärchen angefügt. Da allerdings durch die neuen Machthaber in Palästina auch der durchaus florierende Handel mit der arabischen Welt fast zum Erliegen kam, gibt es auch die Version, daß vor allem die venezianischen Kaufleute an einer militärischen Lösung interessiert waren. Es ging um sehr viel Geld und von Venedig nach Rom hatte man Zeit genug, Meldungen noch einmal tüchtig aufzubauschen. Jedenfalls rief Papst Urban II. 1095 zum Kreuzzug ins Heilige Land auf (mittels Kreuzzugsprediger, u.a. auch Bernhard von Clairveaux, der trotzdem heiliggesprochen wurde), versprach Sündenerlaß und sonst noch manches, woraufhin viele sich aufmachten. Es gab völlig irrsinnige Unternehmungen, die entsprechend im Desaster endeten, z.B. einen Kinderkreuzzug. Erfolgreich waren - zumindest zunächst - nur die Feldzüge der Ritterheere, wobei anfangs sogar Jerusalem unter entsetzlichem Gemetzel eingenommen wurde. „Gott will es!", riefen die Kreuzritter und nahmen ihr teuflisches Werk in Angriff.

Es entstanden vier kurzlebige Kreuzfahrerstaaten, die gebietsmäßig ungefähr das heutige Israel, Jordanien, den Libanon und Teile Syriens umfaßten. Viele zweit- und drittgeborene Adelssöhne, die zuhause nichts zu erben hatten, versuchten hier ihr Glück zu machen.

Einer der Kreuzzüge übrigens wurde durch die Venezianer nach Byzanz „umgeleitet" (1202-04), es gab da seit einiger Zeit Konflikte. Der Papst mißbilligte offiziell zwar den Krieg gegen Christen, verhinderte aber die Einnahme und Plünderung Konstantinopels nicht. Byzantinische Kunst schmückt seitdem den Dogenpalast wie z.B. der Markuslöwe den gleichnamigen Platz. Viele wertvolle Kunstschätze und Reliquien wurden durch die Kreuzfahrer in ganz Westeuropa verteilt.

Während der Kreuzzüge entstanden vier Ritterorden, die zunächst den Pilgern Schutz geben respektive sie versorgen sollten, aber später immer mehr zu Kampfeinheiten wurden. Der bekannteste waren die sogenannten Templer, die irgendwann dem französischen König und dem Papst (zu jener Zeit in Avignon) zu mächtig wurden, sodaß sie die Ordensritter zu Ketzern erklärten, sie verfolgten, töteten und den Orden auflösten. Das Vermögen, weit weniger als erwartet, strichen sie ein. Noch heute glaubt mancher den Legenden von einem großen versteckten Schatz.

Der zweite große Orden waren die sogenannten Johanniter, die im Wesentlichen Hospitäler unterhielten und nach der Zerschlagung der Templer auch deren Kampfaufträge erhielten. Den Orden gibt es heute noch, er beschränkt sich allerdings wieder auf wohltätige Aufgaben. Nicht so bekannt, aber ähnlich gestrickt wie die Johanniter war der Lazarus Orden, der 1830 aufgelöst wurde. Sein Erkennungszeichen, das grüne Kreuz, wurde Vorlage für das

Apothekenkreuz unserer Tage. Vierter Orden im Bunde (alle vier konkurrierten eher als zusammenzuarbeiten) war der Deutsche Orden (Deutschherren), die später in Nordosteuropa (Polen, Litauen) aktiv waren. Auch dieser existiert noch, und wer sich ausführlich über ihn informieren will, dem empfehle ich einen Besuch in dessen Ordenshaus in Bad Mergentheim.

Mit der Einnahme Akkons, der letzten Kreuzfahrerbastion im Heiligen Land, durch die Mamelucken (1291) war die Ära christlicher Herrschaft dort beendet. Was blieb, ist die Ablehnung islamischer Staaten gegenüber europäischen/christlichen Invasionstruppen, die für sie in der Tradition der Kreuzfahrer stehen. Und seien sie auch kommunistisch.

Nun wollen wir aber den Faden unserer Geschichte wieder da aufnehmen, wo wir ihn liegelassen hatten. Die Kaiser - mit ihrem Gefolge - waren von Beginn an fast pausenlos „on tour". Es gab keine Hauptstadt, wie wir das heute kennen, wohl aber bevorzugte Aufenthaltsorte (Pfalzen oder auch manche Städte, die man sich jedoch nicht allzu groß vorstellen darf). Rom, sicher die einzige „Weltstadt" des Reiches, war natürlich schon lange nicht mehr das, was es einmal war. Bedeutend blieb es, da die Päpste dort residierten. Selten wurde Rom noch von Kaisern besucht, meist nur, um sich die Krone abzuholen.

So auch Heinrich VI., Barbarossas Sohn, der nun die Früchte der Kämpfe seines Vaters einholen konnte. Und wo sie nicht von alleine vom Baum fielen, schüttelte er noch ein wenig. In seiner Regierungszeit verwaiste auch der Thron Unteritaliens (Apulien, Kalabrien und Sizilien). Dieses blühende normannische Königreich hatte keinen männlichen Erben mehr, aber eine Erbin: Heinrichs sizilianische Ehefrau. So wurde Unteritalien Teil des Reiches. Mancher Historiker meint, die Staufer wollten zu viel und hätten dadurch alles verspielt. Aber ein Königreich ohne einen Schwertstreich einzunehmen, das hätte jeder andere Kaiser oder König genauso gemacht. (Gemessen an den späteren, selten friedlich erworbenen Reichen der spanischen Habsburger oder gar der Engländer, Franzosen und Russen waren die Staufer doch sehr bescheiden.) Selbst die gelegentlich gewählten, kurzzeitigen Gegenkönige haben keine andere Reichspolitik betrieben, soweit sie dazu kamen.

Man konnte zu Recht hoffen, daß sich während Heinrichs Kaisertum das Reich entsprechend stabilisieren würde. Dem Papst mißfiel jedoch die Situation, sah er sich nun vom Reich, besser gesagt durch den Kaiser „eingekreist" (was ihm hätte egal sein können, wenn er seinen eigentlichen Aufgaben nachgekommen wäre). Das Verhältnis zwischen den jeweiligen Päpsten und Kaisern verschlechterte sich zusehends, was vor allem Heinrichs Sohn Friedrich und dann seine direkten Nachfahren ausbaden mußten.

Heinrich verstarb entgegen aller Hoffnungen dann doch recht früh. Nach einem umstrittenen Interregnum zweier sich gegenseitig bekämpfender Könige (Philipp von Schwaben und der später zum Kaiser gekrönte Welfe Otto IV.), die Heinrichs damals zunächst noch minderjährigen Sohn ausbooten wollten, folgte dann doch besagter Friedrich nach. Der junge Mann, im sonnigen Süden aufgewachsen, machte aber bald von sich reden als „stupor mundi" (Staunen der Welt). Wenn man sich über Friedrich II. auch nur etwas informiert, kann man ermessen, mit welchen Blicken und mit wieviel Neid und Abscheu man damals in Rom auf ihn sah. Dieser weltoffene, tolerante Kaiser sprach neben Italienisch, Deutsch und Latein auch noch Griechisch und Arabisch. Er hatte eine ihm treu ergebene sarazenische(!) Leibwache, sein Umgang waren Künstler und Gelehrte, darunter auch jüdische und muslimische. Sein Buch über die Falknerei zum Beispiel zeigt, daß er auch sehr gut wissenschaftlich publizieren konnte.

In gewisser Weise verkehrten sich nun die Verhältnisse im Reich. Waren früher die Kaiser gelegentlich in Italien, war Friedrich nur noch sehr selten in „Deutschland", und wenn er kam, zum Beispiel zu einem Reichstag, erschien er wie ein orientalischer Fürst, mit orientalisch anmutendem Prunk, Gefolge und Getier. Man staunte nicht schlecht.

Schon bei seiner Krönung in Rom mußte er versprechen, einen Kreuzzug zu unternehmen, da im Heiligen Land nach und nach Gebiete verlustig gingen. Jerusalem war auch schon wieder in der Hand muslimischer Herrscher. Dieses geplante Unternehmen wurde allerdings immer wieder aus unterschiedlichsten Gründen verschoben, was Friedrich letztlich einen Kirchenbann durch Papst Gregor IX. („nomen est omen") einbrachte. Trotzdem sammelte er ein kleines Heer (hauptsächlich Deutschherren) und fuhr nach Palästina. Dort angekommen nutzte er die innerislamischen Rivalitäten sowie Auseinandersetzungen und verhandelte, statt zu kämpfen. Hierbei war von Vorteil, daß er Arabisch sprach und die Mentalität der dortigen Machthaber kannte. Kampflos erreichte er so die Übergabe Jerusalems mit der Auflage, daß auch den Muslimen der Zugang zu ihren Heiligtümern auf dem Tempelberg gestattet blieb. Er ließ sich zum König von Jerusalem krönen, auch weil er seiner Auffassung nach ein Erbe des letzten christlichen Königs dort war, und segelte wieder heim.

Genial, sollte man meinen. Grund genug für einen Papst, den Gebannten wieder mit Kußhand in den Schoß der Kirche aufzunehmen, sollte man meinen. Tatsächlich ging der Krach erst richtig los. Der katholische Patriarch von Jerusalem zeterte, weil Muslime immer noch in Jerusalem beten durften, die Templer (fast alles Franzosen) beschwerten sich, da sie nicht Teil des „deals" gewesen waren und auf dem Tempelberg ihr vormaliges Hauptquartier nicht wieder einnehmen durften, und der Papst spuckte Gift und Galle, weil ein Gebannter sich zum König von Jerusalem hatte ausrufen lassen. Nur zum Vergleich: Ein davor durchgeführter Kreuzzug des französischen Königs Ludwig IX. endete katastrophal und das französische Heer mußte mit blutigen Nasen den Rückzug antreten. Immerhin, Ludwig konnte mittlerweile eine große Menge Reliquien vorweisen, die er in einer eigens dafür in Paris gebauten (wunderschönen) Kirche, der Sainte Chapelle, ausstellen ließ. Ihm brachte das die Heiligsprechung ein.

Friedrichs Erfolge führten nur zu Auseinandersetzungen und einen dauernden Krieg mit dem Papst, der sich nicht scheute, dafür sogar die Franzosen unter Karl von Anjou (des heiligen Ludwigs Bruder) ins Land zu holen. Es hatte etwas von „den Teufel mit dem Beelzebub austreiben", wobei Friedrich nur für den Papst der Teufel war, Karl von Anjou sich aber letztlich als wirklicher Beelzebub herausstellte. Den Ausgang dieser Metzeleien erlebte Friedrich II. nicht mehr. Seine Nachkommen und Erben verloren die entscheidenden Schlachten gegen Karl von Anjou, wobei der letzte legitime Erbe Friedrichs, der 16jährige Konradin von Hohenstaufen, zusammen mit ein paar getreuen Reichsfürsten 1268 in Neapel im Auftrag Karls und unter freundlichem Nicken des Papstes enthauptet wurde. Der Papst(!) belehnte Karl mit dem Königreich Neapel (ganz Unteritalien mit Sizilien), damit dieser gar nicht erst auf die Idee kam, sich etwa zum Kaiser krönen zu lassen. Wie diese „allerchristlichsten" Herrschaften dann mit den letzten Angehörigen der Staufer, soweit sie ihrer habhaft wurden, umgegangen sind, ist eine wahre Schauergeschichte, die wir uns hier ersparen wollen.

Endlich Ruhe! Der Papst freute sich, die oberitalienischen Stadtstaaten konnten sich wieder ungestört auf ihre Geschäfte und Streitigkeiten untereinander konzentrieren und auch viele deutsche Reichsfürsten atmeten auf, vor allem diejenigen, welche die Staufer nicht weiter unterstützt hatten und im Falle eines siegreich heimkehrenden Herrschers möglicherweise zur Rechenschaft gezogen worden wären. Man wählte einige Zeit gar keinen, später irgendjemanden (harmlosen) zum König und mauschelte weiter. Die italienischen Reichsgebiete schrieb man im Grunde ab. So endete die große Kaiserzeit, anders als im Märchen, ohne Happy End.

Ein Ereignis muß aber noch nachgetragen werden: Während sich Friedrich und die jeweiligen Päpste in den Haaren lagen und mit sich selbst beschäftigten, bekamen unsere Vorfahren im Nordosten Besuch von den damals wahren Herren der Welt. Anfang des 13. Jahrhunderts machten sich die Mongolen und Tataren mit einem gewaltigen Reiterheer nach Osteuropa und auch bis in die arabische Welt hinein auf, schlugen jedes Heer, das sich ihnen entgegenstellte, und zerstörten beziehungsweise plünderten was das Zeug hielt. Irgendwann erreichten sie auch die Ostgebiete des deutschen Reiches. Es ging alles sehr schnell, sodaß dem deutschen Herzog Heinrich II. von Schlesien - auf sich allein gestellt - kaum Zeit blieb, um ausführliche Maßnahmen zur Verteidigung zu ergreifen. Der schnell zusammengetrommelte Heerhaufen bestand aus einigen polnischen, deutschen und böhmischen Rittern, etlichen Deutschherren und Templern, aber zum großen Teil auch aus kampfunerfahrenen Bauern und Bürgern als Fußvolk - alles in allem immerhin zwischen 3000 und 4000 Mann, die 1241 bei Liegnitz gegen die über 10000 asiatischen Reiter antraten (nur ein Teil der Gesamtstreitmacht). Letztgenannte machten alles nieder, und so wäre es unzweifelhaft auch weitergegangen, wenn nicht überraschend im Fernen Osten der Großkhan gestorben wäre und ein Nachfolger hätte gewählt werden müssen. So schnell sie kamen, so schnell waren die wilden Horden auch wieder verschwunden.

Lediglich eine Fußnote der europäischen Geschichte zwar, die uns aber heute noch zu denken geben sollte. Schauen wir uns doch einmal Europa, speziell die EU an, mit den vielen „souveränen" Staaten. Oh, was sind wir doch alle so stolz auf unsere Nationalstaaten (wenn nicht sogar nur Regionen wie Katalonien oder Bayern) und verwahren uns gegen jede Einmischung in innere Angelegenheiten. Und wenn es erst ums Geld geht, ist schnell jede Gemeinsamkeit vergessen. Es lebe die Kleinstaaterei! Denn genau das ist es, was wir in Europa betreiben. Was dabei herauskommt, zeigt uns der schöne Ausspruch einer US-Diplomatin namens Nyland, als es um die Probleme während der Demokratisierung der Ukraine ging: *„Fuck the EU!"* Nicht sehr diplomatisch ausgedrückt, beschreibt das aber sehr gut, wie die Dinge liegen.

Wenn man nicht entsprechend politisch agiert, wird man schneller zum Spielball der Großen, als man denkt. Das wird uns in den nächsten Kapiteln noch deutlicher werden.

Die staufische Zeit war übrigens auch die Epoche der europäischen Minnesänger. Es entstanden neben Liebesgedichten und -geschichten die großen Epen wie das Nibelungenlied, das Rolandslied, die Artussage oder die Geschichten um die Gralsritter wie Parzival und andere. Viele umherziehende Sänger waren gern gesehene Gäste auf den Burgen, denn dort herrschte vor allem im Winter oft gähnende Langeweile. Die Bedeutenden, als da waren der von Kürenberg, Heinrich „Frauenlob" von Meißen, Hartmann von Aue, Wolfram von Eschenbach und vor allem Walther von der Vogelweide, um nur ein paar Namen zu nennen, gastierten natürlich nicht in der Provinz. Da Mittelhochdeutsch die Sprache ihrer Werke ist, sind sie den meisten Deutschen leider nur durch Übertragungen ins Hochdeutsche wirklich zugänglich. Mit seiner Oper „Tannhäuser", die den wahrlich nur legendären Sängerwettstreit auf der Wartburg thematisiert, hat Richard Wagner diesen von vielen Deutschen vergessenen Meistern ein würdiges Denkmal gesetzt.

In der Zeit von den Ottonen bis zu den Staufern ist aber auch noch etwas mit den Menschen hier geschehen, was unbedingt Erwähnung finden muß: Aus Germanen wurden Deutsche (und Franzosen im Westen). Wie sich unsere Vorfahren verändert haben, läßt sich zum Beispiel auch aus dem Nibelungenlied ablesen, was in der uns bekannten Fassung im frühen 13. Jahrhundert niedergeschrieben wurde. (Ich erwähnte ja, daß wir noch einmal auf Siegfried zurückkommen würden.) Joachim Fernau hat sich in seinem Buch "Disteln für Hagen" dieses Themas (durchaus humorvoll) angenommen, und ich möchte hier doch den einen oder anderen Gedanken daraus aufgreifen.

Das mittelalterliche Nibelungenlied ist eigentlich eine Kombination zweier alter germanischer Sagen, die zunächst nichts miteinander zu tun hatten. Zum einen die heidnische Sage vom germanischen Helden Siegfried, einem Raufbold aus dem Norden, der es durch seine - auch sexuellen - Heldentaten bis zum Gemahl der burgundischen Königsschwester brachte (SIE wollte IHN!) und durch Ränkeschmiede umgebracht wurde. Die andere Geschichte ist die Vernichtung der Burgunden, eines germanischen Stammes, durch die Hunnen unter Attila, was tatsächlich geschehen ist, aber nicht, wie in der Sage dargestellt. In dieser erhält Attila (Etzel) die Königsschwester Kriemhild zur Frau. Er lädt ihre Geschwister mitsamt Kriegern zum Hochzeitsfest ein, um diese dann heimtückisch alle niederzumachen. Kriemhild, ganz Burgunderin, bekommt Wind davon, versucht sogar noch ihre Brüder durch einen Getreuen zu warnen, was mißlingt, weil man diesem nicht glaubt, und muß dann dem Gemetzel letztlich hilflos zuschauen. Aus Rache für ihre Brüder ermordet sie zum Schluß ihren Mann Attila.

Indem er diese Kriemhild mit der Gattin Siegfrieds verschmolz, erschuf ein uns nicht namentlich bekannter Dichter unser Nationalepos. Aber die ursprünglichen Figuren waren nicht mehr zeitgemäß, ja sogar peinlich. Man war eben kein alter Germane mehr. Siegfried avancierte nun zu einem Königssohn, untadelig (Wildheiten und Liebschaften wurden gestrichen oder „umschifft"), unbesiegbar (außer durch Verrat) und immer „gut drauf". Ab und zu schimmern im Nibelungenlied noch die Originale durch und es gibt nun ein paar dem inzwischen verbreiteten Christentum geschuldete Einwürfe, die mit dem Verlauf der Dinge aber kaum etwas zu tun haben.

Durch die Eheschließung mit der Prinzessin Kriemhild (ER wollte nun SIE!), die in der Gesellschaft des 13. Jahrhunderts einem dahergelaufenen Raufbold, anders als in den Tagen der alten Germanen, unmöglich gemacht worden wäre, entstand das „Traumpaar" und prägt unsere Vorstellungen von der einen einzigen großen Liebe und dem Märchenprinzen bis heute. Mann und Frau bildeten von nun an eine Einheit; die Frau ist jetzt nicht mehr Teil ihrer alten Familie (Sippe), was sich bis vor wenigen

Jahrzehnten folgerichtig im gemeinsamen Familiennamen, dem des Mannes eben, ausdrückte. Eine Geliebte oder Mätresse zu haben, konnte daher nicht sein, wobei Theorie und Praxis hier durchaus divergieren können[24].

So versteht man dann auch den Fortgang der Geschichte, die Umformung der alten. Nach dem tückischen Mord an Siegfried vermählt sich Kriemhild mit Etzel, nicht aus Liebe, sondern um den Tod Siegfrieds zu rächen. Sie ist es nun, die ihre Brüder mit Gefolge zu ihrer neuen Residenz einlädt, um ihnen letztendlich allen den Garaus machen zu lassen, und legt am Ende sogar selber Hand an. (*„Das trug mein holder Liebster, als ich zuletzt ihn sah"*, sprach sie verträumt, kurz bevor sie mit dem wiedererlangten Schwert Siegfrieds den gefangenen Hagen köpfte.) Ihr aktueller Ehemann ist für ihren Rachefeldzug nur Mittel zum Zweck, für den Lauf der Geschichte reine Staffage, ein Nichts.

Wir Deutschen haben seit jenen fernen Tagen in vielerlei Hinsicht den Hang zu hohen Idealen, zum Absoluten entwickelt und diesen bis heute erhalten. Kompromisse und Halbheiten sind uns eigentlich ein Gräuel und wir akzeptieren sie tief im Innersten nicht wirklich.

---

[24] Joachim Fernau drückte es in seinem Buch über die Nibelungen so aus: "Hat der deutsche Penis auch eine Geliebte, die deutsche Seele nicht."

Einschub: Die Kirche

„Und sie blieben beständig in der Apostel Lehre, in der Gemeinschaft, im Brotbrechen und im Gebet", lesen wir in der Apostelgeschichte über die ersten christlichen Gemeinden. Die hier genannte Lehre der Apostel (griech.: Botschafter) ist das, was Jesus seinen Jüngern, die als solche von ihm bezeichnet wurden, zum Weitertragen aufgegeben hatte und wir in Grundzügen bereits kennengelernt haben. Jesus machte praktisch kaum Vorgaben, wie das im Einzelnen zu geschehen habe. Dadurch war letztlich eine große Flexibilität gegeben, um Menschen in unterschiedlichsten Kulturen und Situationen zu erreichen. Außerdem gab es auch keine Blaupause für eine Organisation namens Kirche. Pfingsten gilt zwar als die Geburtsstunde derselben, als die durch den Heiligen Geist inspirierten Jünger öffentlich zu predigen anfingen und sich zunächst in Jerusalem eine Gemeinde gründete, aber von dem, was wir gemeinhin die Kirche nennen, war weit und breit noch nichts zu erkennen. Allenfalls hat man sich damals an den jüdischen Gemeinden und ihrer Organisation orientiert, welche die allerersten Christen, fast ausnahmslos Juden, ja kannten. Anfangs traf man sich sogar gelegentlich noch im Jerusalemer Tempel, was der jüdischen Priesterschaft definitiv nicht gefiel.

Das Urchristentum kannte zwangsläufig noch keine festgefügte, international agierende Organisation, geschweige denn mehrere „konkurrierende" Institutionen. Was es allerdings kannte und ganz offensichtlich auch eine Forderung Jesu darstellte, waren die Gemeinden, also die Versammlung der Gläubigen. Ein „Einzelkämpfertum", wie es heute von denen praktiziert wird, die nach eigener Meinung als Christen keine Kirche brauchen, war niemals vorgesehen. Diese Gemeinden hatten und haben nämlich eine wichtige Funktion. Wortverkündigung und Lehre sowie die gemeinschaftliche Anbetung finden in diesen statt und nicht zuletzt das „Herrenmahl", auch Abendmahl oder sinnigerweise Kommunion genannt, soll bei den Zusammenkünften gefeiert werden. Dieses Gemeinschafts- und Bekenntnismahl hat in allen Kirchen eine herausragende Stellung und wird deshalb in der Christenheit, wenn auch jeweils etwas unterschiedlich gedeutet, als Sakrament (heilsnotwendige Handlung) verstanden. Darüber hinaus sollen sich die Gläubigen gegenseitig trösten und erbauen sowie auch praktische Hilfestellung leisten. Da ja eine ewige Gemeinschaft erwartet wird, gilt es heute schon, diese Gemeinschaft miteinander leben zu lernen.

Eine solche Gemeinde wie auch das, was wir dann Kirche nennen, ist nun aber keine basisdemokratische Veranstaltung, wie manche heute meinen. Herr der Kirche ist Christus, oder wie es schon Paulus in seinen Schriften dargestellt hatte: das Haupt. Alle anderen sind Glieder dieses „Leibes" mit durchaus unterschiedlichen Gaben und Aufgaben. Das heißt nun aber nicht, daß man zum Beispiel über die Ausgestaltung des Gemeindelebens oder Äußerlichkeiten nicht auch diskutieren dürfte. Alles muß jedoch letztlich dem Auftrag gerecht werden, den Jesus seinen Nachfolgern - damit seiner Kirche - gegeben hatte. Dazu gehört die unverfälschte Weitergabe der christlichen Botschaft, der Lobpreis Gottes und auch - als sichtbares Zeichen - die Einheit der Gläubigen im Geiste. Die Kirchengeschichte zeigt leider, daß es damit nicht immer zum Besten bestellt war. Immerhin erleben wir nach fast zweitausend Jahren zum Teil sehr handfesten Streits, daß man endlich wieder aufeinander zugeht, um diese Einheit, trotz Unterschiedlichkeit im Äußeren und bei einigen Lehrfragen, allmählich wiederherzustellen.

Die Einfachheit oder besser noch Nüchternheit der christlichen Botschaft war der Grund, daß sie in unterschiedlichsten Kulturen und allen Gesellschaftsschichten angenommen werden konnte. Es wurde nicht an gesellschaftlichen Strukturen gerüttelt und kulturelle Gepflogenheiten mußten nur bedingt aufgegeben werden[25]. Die vielerlei Gottheiten, meist in Form von großen Statuen oder auch Figürchen für den Hausgebrauch, samt den obskuren und teils aufwendigen Ritualen der Verehrung oder des Erbittens irgendwelcher Dinge wurden als das enttarnt, was sie waren, nämlich Mumpitz. Deshalb verloren diese Kulte nach und nach immer mehr Anhänger. Dazu zählte natürlich auch der römische Kaiserkult, der mit dem wohl nicht ganz zurechnungsfähigen Caligula erst richtig Fahrt aufgenommen hatte. Die Ablehnung, den Kaiser quasi als einen Gott und nicht nur als politischen Herrscher zu betrachten, war dann einer der Gründe für die Verfolgung der ersten Christen.

Das Lesen der jüdischen Schriften, heilige Schriften auch für die Christen, aus dem Blickwinkel der Erlebnisse mit Jesus Christus und dessen Aussagen und die Begegnung mit der im römischen Reich verbreiteten griechischen Philosophie befeuerte später natürlich auch die Entwicklung einer christlichen Theologie.

Zunächst waren ja noch etliche in den Gemeinden präsent, die Jesus persönlich erlebt hatten. Schon vor der Vertreibung der Juden, also auch der „christlichen" Juden, aus ihrem Stammland nach dem letzten Aufstand gegen die Römer gründeten Missionare Gemeinden in anderen Gegenden des römischen Reichs. Waren anfangs die Apostel auch gleichzeitig Gemeindeleiter, mußten aufgrund derer Missionsreisetätigkeiten andere, zuverlässige und angesehene Personen, durch die Apostel beauftragt und geistig ausgerüstet, deren Aufgaben übernehmen. Dazu zählte natürlich auch die Verwaltung der sakramentalen Handlungen, die, weil für das Heil der Gläubigen unverzichtbar, weiter durchgeführt werden mußten,

---

[25] Es gab anfangs allerdings noch Probleme mit den sogenannten Judenchristen, die meinten, man müsse trotz allem die diversen jüdischen Regelungen wie zum Beispiel die Speisegebote einhalten. Judenchristen spielen später noch eine große Rolle im Zusammenhang mit dem Islam. Darüber an anderer Stelle mehr.

aber eben nicht von Hinz und Kunz nach Belieben. Außerdem waren diese Gemeindeleiter auch für die rechte Unterweisung der Gläubigen verantwortlich. Wie wir aus den Berichten über das Wirken des Paulus ersehen können, waren durchaus auch Frauen mit wichtigen Funktionen in der Gemeindeleitung tätig[26], aber wohl nicht in der Sakramentsverwaltung, sprich im priesterlichen Dienst. Auf dieses Thema kommen wir noch einmal zurück.

Mit der Ausbreitung des Christentums im römischen Reich ergaben sich natürlich immer wieder neue Situationen und Herausforderungen. In den ersten Treffen der Apostel ging es zum Teil hoch her. Es wurde intensiv um Lösungen gerungen, wie Jesu Auftrag und Anspruch in den jeweiligen Situationen umzusetzen war. Da galt es immer wieder einmal über den eigenen Schatten zu springen, sprich eigene Meinungen und Vorurteile zu überwinden. Da man sich nicht wie heute jederzeit und überall direkt abstimmen konnte, haben sich natürlich die Gemeinden, je nachdem wer von den Aposteln oder ihren direkten Nachfolgern in den jeweiligen Gegenden federführend missionierten, etwas unterschiedlich entwickelt. Christentum kann sich regional in seiner Ausprägung extrem unterscheiden. Wir sehen das zum Beispiel an der äthiopischen Kirche oder den Thomasianern in Südindien[27]. Diese beiden Kirchen haben sich fernab der römischen Welt in ganz eigener Art entwickelt, die zentrale Botschaft aber erhalten.

---

[26] Auch im nahen Umfeld der Jünger Jesu waren ja nachweislich Frauen, die sicher nicht unwesentlich zur Verbreitung des Christentums beigetragen haben dürften.

[27] Als portugiesische Missionare im 16. Jh. per Schiff nach Indien kamen und sich von Goa nach dem Süden vorarbeiteten, waren sie sicher überrascht, dort noch Christengemeinden anzutreffen. Es war zwar bekannt, daß der „ungläubige" Thomas zu seiner Zeit als Missionar offenbar zu Fuß über Arabien und Persien bis dorthin vorgedrungen war. Man rechnete aber wohl nicht mehr mit der Existenz von Christen weitab der christlichen Welt. Das Thomasgrab in Chennai/Madras ist als Apostelgrab anerkannt, wobei Teile seines Leichnams schon in frühchristlicher Zeit als Reliquien nach Edessa kamen.

Daß es im römischen Reich zunächst nicht völlig auseinanderlief, hat auch mit dem berühmten Kaiser Konstantin zu tun. Dieser residierte übrigens lange Zeit in Trier, zu jener Zeit die bedeutendste Stadt des römischen Germaniens. Trotz Verfolgungswellen mit vielen Opfern hatte sich das Christentum im Reich so stark ausgebreitet, daß es der besagte Kaiser auch politisch nicht mehr ignorieren konnte und als dieser Religion aufgeschlossener Mensch auch gar nicht wollte. Sogar seine eigene Mutter Helena war bereits Christin. 313 n.Chr. trat ein Toleranzedikt in Kraft, das die Verfolgung der Christen ein für alle Mal beendete. Auf Konstantins Initiative hin versammelten sich die führenden Geistlichen, meist Bischöfe[28], um endlich verbindlich niederzuschreiben, was denn nun Christen eigentlich glauben. Es war höchste Zeit: Die unmittelbaren Zeugen und ihre direkten Nachfahren lebten schon längst nicht mehr. Dafür gab es immer wieder Versuche, neue Strömungen oder Philosophien mit den Lehren Jesu zu vermengen, denen nun dringend Einhalt geboten werden mußte. Ein bekannter Fall war Arius, der die Wesensgleichheit von Gott Vater und Sohn bestritt und stattdessen Jesus als erste Schöpfung Gottes ansah. Manche germanischen Stämme (Ostgoten z.B.) waren Anhänger dieser Richtung. Der Arianismus spielte im Christentum bald keine Rolle mehr. Auch dem Einfluß der Gnostiker galt es entgegenzutreten. Die Gnosis kann man durchaus mit der heutigen Esoterik vergleichen, die ja auch gerne christliches Gedankengut nutzt und ummünzt. Hinter beidem stecken aber mit der Lehre Jesu absolut unvereinbare Vorstellungen.

Als allgemeine Grundlage des christlichen Glaubens gilt nun das im vierten Jahrhundert in den Konzilien von Konstantinopel und Nicäa erarbeitete und also benannte Glaubensbekenntnis. Bis in unsere

---

[28] Die Art der Gemeindeleitung variierte anfangs. Es ist manchmal von Presbytern (Ältesten), manchmal von Bischöfen (Aufsehern) die Rede. Um 300 n. Chr. waren Bischöfe meist Vorsteher großer Gemeinden und zuständig auch für die kleineren in ihrer jeweiligen Umgebung, die vor Ort z.B. von einem Priester geleitet wurden.

Tage gab und gibt es immer wieder Glaubensrichtungen im christlichen Umfeld, die davon abweichen (z.B. die Mormonen oder die Zeugen Jehovas).

380 n.Chr. wurde das Christentum Staatsreligion durch das sogenannte Dreikaiseredikt. (Durch die vorübergehende Aufteilung des Reiches existierten offiziell mehrere Kaiser.) Nun verkehrten sich die Verhältnisse: Anhänger heidnischer Kulte wurden jetzt verfolgt, Statuen zerstört, Tempel niedergerissen oder in Kirchen umgewandelt. Es kam zu Unruhen und Übergriffen seitens vieler „Christen", bei denen nun die Gegner der neuen Religion um Leib und Leben fürchten mußten. Die Anführungsstriche stehen hier für Radikale, die es im Christentum leider genauso gab und gibt, wie in anderen Religionen. Nicht zuletzt in den USA hat es heutzutage viele Anhänger sogenannter evangelikaler Kirchen, denen man nur dringend raten kann, mehr im Neuen als im Alten Testament zu lesen. Glaube ohne Liebe führt zu Fanatismus!

Man machte also Tabula rasa, bis im römischen Reich nur noch die „siegreiche Kirche" existierte. „So weit, so gut," und „ad majorem Dei gloriam" hatte man damals in christlichen Kreisen vermutlich gesagt. Aber der Teufel steckt ja wie so oft im Detail, im wahrsten Sinne könnte man sagen. Eines jenes Details namens „filioque" sollte dem Glaubensbekenntnis nach Auffassung der Westkirche (Rom) zugefügt werden. Ein anderes war das Zölibat, das damals aber selbst im Westen umstritten war. Diese und noch zwei oder drei andere führten zur ersten großen Kirchenspaltung, zumindest vordergründig. Es ist müßig, sich deshalb mit den damaligen Theorien zum Beispiel über die Dreieinigkeit Gottes zu befassen. Diese verschließt sich ohnehin dem Menschengeist und bleibt Glaubenssache. Ob nun zum Beispiel der Heilige Geist vom Vater durch den Sohn oder vom Vater und Sohn gemeinsam (filioque) ausgeht, könnte ja sein, wie es will. Es würde, dürfte sich durch eine solche Erkenntnis im Leben eines Christen nichts ändern.

Es ist Theologen alter und neuer Zeit hoch anzurechnen, daß sie sich bemühen, Gottes Wirken immer besser zu verstehen und neue Erkenntnisse zu gewinnen. Jesus sagte, daß der Heilige Geist nach und nach seinen Nachfolgern diese auch erschließen wird. Aber es gibt eindeutige Grenzen des menschlichen Geistes. Letztlich wird Gott nur offenbaren, was für die Gläubigen jeweils nötig ist.

Nachdem das Christentum Staatsreligion wurde, bekamen die Bischöfe der verschiedenen Gemeinden im römischen Reich eine herausgehobene Stellung, nicht nur in Lehrfragen. Metropoliten, also Bischöfe großer Städte und ganzer Regionen, hatten daher sehr bald einen großen gesellschaftlichen und wachsenden politischen Einfluß. Die Forderung Jesu, daß, wer der Größte unter den Jüngern sein will, der Diener aller sein soll, war schnell vergessen. Macht, tatsächliche oder auch nur eingebildete, korrumpiert. Die römischen Bischöfe, sich auf den in Rom hingerichteten Petrus berufend und seit einiger Zeit Päpste nennend, beanspruchten ganz offen die Führungsrolle in der Kirche. Daß der von Jesus als führender Apostel beauftragte Petrus sein Leben in Rom als Märtyrer beschloß, ist unstreitig. War er aber schon deshalb gleichzeitig Gemeindeleiter, sprich Bischof Roms? Und selbst wenn, warum sollte sein Nachfolger als „Gesamtkirchenleiter" stets in Rom residieren müssen? Warum nicht zum Beispiel in Konstantinopel, der damals viel bedeutenderen kaiserlichen Residenz? Brauchte es überhaupt jemanden, der in einer Synode (Konzil) das letzte Wort hatte? Daß man sich stritt, offiziell über das „filioque", ist schlimm genug. Aber daß die jeweiligen Würdenträger sich am Ende im Grunde wegen einer Machtfrage sogar gegenseitig exkommunizierten (1054), markierte den bis dahin eindeutigen Tiefpunkt des Christentums. Es sollte noch schlimmer kommen. Es waren durch die Venezianer umgeleitete und aufgestachelte westliche Kreuzfahrer, die das „häretische" Konstantinopel 1204 eroberten, plünderten und nachhaltig schwächten, ohne daß Rom wirksam interveniert hatte. Die Fronten verhärteten dadurch restlos und römische Angebote zur

Wiedervereinigung der Kirchen wurden konsequent abgelehnt. Die byzantinischen Kaiser, bis zuletzt Oberhaupt[29] und Beschützer der griechischen Kirche, verzichteten in diesem Zuge auch auf größer angelegte militärische Unterstützung durch die „Lateiner". Als später türkische Eroberer das byzantinische, christliche Reich massiv bedrängten und Ende des 15. Jahrhunderts Konstantinopel einnahmen, schaute man im Westen nur noch zu.

Ob sich die Oberhirten der Ostkirchen insgesamt christlicher aufführten als ihre Pendants im Westen, sei dahingestellt. Aber es ist schon beeindruckend, wie sich römische Bischöfe zunächst zum Papsttum aufschwangen, sich über die Konzilien setzten, dann „Stellvertreter Gottes", später Staatsoberhaupt und Machtpolitiker wurden, zeitweise mit dem Anspruch über alle Kaiser und Könige gesetzt zu sein, um zuletzt (19.Jhd.) sogar als in Lehrfragen für unfehlbar zu gelten. Hier ist meines Erachtens weit über die Rolle des Petrusamtes hinausgegriffen worden. Die so in die Welt gesetzten Dogmen stehen nicht selten der auch in diesen Tagen wieder oft geforderten Reform der römisch-katholischen Kirche und der Annäherung an andere Kirchen im Wege, vor allem jene, die durch die Reformatoren des ausgehenden Mittelalters geprägt sind.

Die Geschichte zeigt leider beeindruckend, daß sich Päpste samt Kurie, damit letztlich auch Kirche, gründlich irren und auf fürchterliche Abwege geraten können. Von daher ist die Kritik nachvollziehbar, daß Religion von ein paar machtbesessenen Menschen lediglich dafür benutzt wird, andere Menschen zu indoktrinieren, zu kontrollieren und sich gegenseitig die Köpfe einzuschlagen. Ist Religion daher nur eine Ideologie, wie der Kommunismus oder der Faschismus, die übrigens mindestens ebenso große Opferzahlen vorweisen können? Wenn man sie zu

---

[29] Geistliches Oberhaupt war der Patriarch, der übrigens heute noch seinen Sitz im jetzigen Istanbul hat.

einer solchen verbiegt wie das evangelikale Kreise in den USA und mittlerweile auch in anderen Ländern tun, dann ja. Religion, zumindest die christliche, ist aber etwas ganz anderes und könnte selbst eine heutige, „aufgeklärte" Gesellschaft bereichern. Dafür braucht es aber auch die sie bekennende, lebende und verkündende Kirche. Damit ist jetzt nicht einfach die Institution katholische, evangelische, orthodoxe oder wie auch immer benannte Kirche gemeint, sondern die Kirche Jesu Christi, der man durch die Taufe zugehört und die über allen Organisationen steht. Eine solche vermisse ich derzeit zum Beispiel in Rußland. Es ist geradezu schmerzhaft anzusehen, wie sich der Moskauer Patriarch von Putin instrumentalisieren läßt.

Diverse Denominationen sind deshalb nun keinesfalls überflüssig oder unnötig (Gemeinden!), gegebenenfalls aber immer einmal wieder reformbedürftig und dann hoffentlich auch reformwillig. Reform heißt aber nicht, dem jeweiligen Zeitgeist einfach hinterherzulaufen oder gar zur Avantgarde neuester gesellschaftlicher Moden zu gehören, sondern unter den gegebenen äußeren Umständen die Botschaft Christi glaubwürdig weiterzutragen.

Bevor ich deshalb auf die aktuelle Situation eingehe, ist es jedoch sinnvoll, noch einmal einen Blick zurückzuwerfen. Wie schon hier, aber auch in anderen Kapiteln erwähnt, gab und gibt es leider eine machtpolitische und zum Teil schon kriminelle Seite der Institution Kirche. Ein mehr als fragwürdiges Amtsverständnis, Geltungssucht, Rechthaberei, Intoleranz, oft gepaart mit nicht überwundenem Aberglauben haben flächendeckend zu Exzessen geführt wie Verfolgung von „Ketzern", Hexenwahn und Inquisition. Aber es würde bedeuten, das Kind mit dem Bade auszuschütten, wenn wir nicht auch betrachten würden, was Christen in, neben oder manchmal auch abseits der Organisation Kirche über die Jahrhunderte Beträchtliches geleistet haben in Sachen Mission,

Barmherzigkeit und Nächstenliebe, von der kulturellen Bedeutung für Europa und auch andere Kontinente einmal abgesehen.

Wo wären wir heute, speziell in Europa, wenn emsige Ordensleute über Jahrhunderte nicht Wissen gesammelt, Bücher kopiert, selbst geforscht oder Handwerk und Landwirtschaft weiterentwickelt hätten. Wie viel Trost, Beistand und Hilfe ist bis in unsere Tage hinein Bedürftigen, Kranken, Verwundeten und Sterbenden durch tätige Christen[30] zuteilgeworden? Viele große Hilfsorganisationen haben ihre Wurzeln im Christentum, wenn sie nicht sogar direkt kirchliche Organisationen sind. Bei ethischen Fragen werden bewußt nach wie vor christliche Sichtweisen berücksichtigt, wenn nicht gar eingefordert. In unserer Zeit noch von einem christlichen Abendland zu sprechen, klingt bei der zunehmenden Abkehr der Menschen von Kirche und Glauben sicher schon sehr verwegen, aber christlich geprägt ist es in vielerlei Hinsicht allemal.

Welches Bild und welche Erwartungen wir heute von „der Kirche" haben (oft steht uns ja dann die auffälligere Römisch-Katholische vor Augen), hängt doch sehr von der persönlichen Prägung ab. Sehen wir einfach nur eine anachronistische, überkommene, zum Teil patriarchalisch geprägte Organisation mit lauter Mängeln oder wähnen wir die Kirche nur als einen quasi verlängerten Arm des Sozialministeriums? Sind wir trotz allem und überhaupt noch in der Lage und auch willens, das „Kerngeschäft" wahrzunehmen?

Wir leben, meines Erachtens zum Glück, in einem säkularen Staat mit garantierter Religionsfreiheit, wenn auch hierzulande der Staat noch die Kirchensteuer erhebt[31]. Es ist daher gut, daß Parlamente beziehungsweise staatliche Stellen die Gesetze und Regeln des Zusammenlebens erstellen und durch die besagte Religionsfreiheit

---

[30] Pflege in Spitälern ist über Jahrhunderte im Wesentlichen von Nonnen durchgeführt worden. Unser Wort Krankenschwester hat dort seinen Ursprung.

[31] Es gibt auch in Deutschland Kirchen, die sich nur über freiwillige Beiträge finanzieren.

niemandem vorgeschrieben werden darf, was man glauben und wie man diesen Glauben leben soll. Dies natürlich in einem Rahmen, der anderen nicht deren Freiheiten beschneidet oder die Rechtsordnung untergräbt, von „religiös" begründeten Grausamkeiten gegen Mensch und Tier nicht zu sprechen. Das alles ist übrigens keine Selbstverständlichkeit. Man braucht mittlerweile nicht mehr allzu weit zu reisen, um andere Verhältnisse erleben zu können.

Auf der anderen Seite kann unser Staat, also eigentlich wir, auch erwarten, daß sich religiöse Menschen, Gruppen oder Institutionen geräuschlos in die Gesellschaft einfügen. Parallelgesellschaften oder gar eine Paralleljustiz sind dem abträglich und, soweit es das Christentum betrifft, auch nicht im Sinne des Erfinders. Nebenbei: Ist nun eine Institution, wie eine Kirche zum Beispiel, tatsächlicher Träger eines Krankenhauses, Kindergartens, einer Schule oder dergleichen, sollte ihr meines Erachtens auch erlaubt sein, an das dort tätige Personal moralische Ansprüche stellen zu können. Wie dem auch sei, der Staat und die Gesellschaft dürfen es aber keinesfalls hinnehmen, wenn verwerfliche oder gar strafbare Handlungen innerhalb religiöser Institutionen unter den Teppich gekehrt werden. Den nun schon seit langem erhobenen Vorwürfen wegen sexuellen Mißbrauchs von Kindern durch Geistliche muß die Justiz mit allen Mitteln nachgehen und jeden Verantwortlichen, wer es auch sei, zur Rechenschaft ziehen.

Das Bild, das hier derzeit vor allem diverse Würdenträger der katholischen Kirche in dieser Hinsicht abgeben, ist für das Ansehen der Kirche und darüber hinaus für die christliche Botschaft insgesamt schlicht verheerend. Mit Beichte und Versetzungen ist es ganz sicher nicht getan, wenn die Glaubwürdigkeit und das Vertrauen dermaßen ruiniert wurden. Nur zum Verständnis: Amtsenthebungen von Geweihten ist in der katholischen Kirche schwierig, die Priesterweihe ist nämlich dort ein Sakrament.

Aber es gibt ja noch eine ganze Menge mehr, was man Kirchen allgemein und mancher speziell vorwirft. Ich möchte hier aber zunächst einen Blick auf die Kritiker werfen (Mißbrauchsopfer sind jetzt nicht gemeint, da hier der Fall doch anders liegt). Nicht selten habe ich den Eindruck, daß sich so mancher im Geiste bereits so weit von seiner Kirche entfernt hat, daß eigentlich nur noch Ausreden gesucht werden dafür, daß man nichts mehr mit ihr zu tun haben will. Da es meist mit einer Abkehr vom Glauben an sich zusammenhängt, ist ein Wechsel zu einer anderen Kirche in solchen Fällen wahrscheinlich keine Lösung. Vor allem viele Katholiken, die sich redlich mühen, ihre Kirche zu ändern, vergessen oder unterschätzen zumindest, daß sich vieles, was wir uns hier in Deutschland wünschen und für gut und richtig halten, in einer über Jahrhunderte gewachsenen, weltweit agierenden und möglichst einheitlich auftreten wollenden Kirche schlicht nicht durchsetzen läßt, wenigstens nicht in kurzer Zeit. Es gibt eben keinen speziell für ein „modernes" Europa verfaßten Katechismus und an so manchem alten Dogma oder seit jeher von Rom konservativ ausgelegter Richtlinie scheitern selbst die hier vielleicht sogar reformwilligen Bischöfe.

Kommen wir nun, um ein wichtiges Beispiel aufzugreifen, auf das Thema Frauen als Priester oder überhaupt in leitender Position in der Kirche zu sprechen, was in vielen protestantischen Kirchen zum Beispiel schon gelöst wurde.

Aus den Schöpfungserzählungen am Anfang der Bibel heraus zu folgern, daß der Mann in irgendeiner Weise hochwertiger sei als die Frau, ist schlicht hanebüchen. Daß sich über die Jahrtausende patriarchalische Gesellschaften entwickelt haben, ist erklärbar, besagt aber nichts bezüglich der Wertigkeit von Frauen gegenüber den Männern, geschweige denn gegenüber Gott. Frauen und Männer haben aus nachvollziehbaren Gründen verschiedene Fähigkeiten ausgeprägter entwickelt, aber ist eine Frau deswegen intellektuell dem Manne unterlegen? Wohl kaum. Christus, und das allein sollte Christen Maßstab sein, hat Frauen und Männer absolut gleichwertig behandelt. Er hatte sicher nicht die damaligen gesellschaftlichen

Verhältnisse verkannt, denn er beauftragte mit der Leitung seiner Gemeinde zunächst Männer. Und so müssen wir auch die vielen Aussagen zu gesellschaftlichem Verhalten verstehen, die wir vor allem in den Apostelbriefen finden. Sie waren in der Zeit wohl richtig, aber nicht zeitlos richtig. Es ging immer nur um die Botschaft und eine glaubwürdige Weitergabe, die auch in einer Gesellschaft ankommt.

Und so könnte man noch über manches trefflich streiten, wie Zölibat, Ehe als Sakrament, Umgang mit Geschiedenen oder sexuell wie auch immer orientierten Menschen. Ich bin nicht katholisch und werde es aus guten (theologischen!) Gründen wohl nie werden. Letztlich aber müssen sich alle Kirchen und jedes ihrer Mitglieder am Anspruch des Evangeliums messen lassen und sich zumindest erkennbar darum bemühen. Andererseits sind und bleiben Christen unvollkommene Menschen, solange sie auf Erden wandeln. Daher sollte man auch über menschliche Schwächen weitgehend hinwegsehen lernen, wenn einem der Kern der Sache am Herzen liegt, egal welche Kirche man nun im Fokus hat.

Es ist ja nicht so, daß Spiritualität heute nicht mehr nachgefragt wird. Der Sinn des Lebens oder die vielen Dinge „im Himmel und auf Erden, die sich die Schulweisheit nicht erträumt" (nach Shakespeares Hamlet) werden von nicht wenigen Menschen durchaus gesucht. Mangels zeitgemäßer, klarer und eindringlicher Verkündigung der christlichen frohen Botschaft, flüchten sich viele nun in fernöstliche Philosophien, esoterische Hirngespinste und sonstige selbstgemachte Privatreligionen oder fallen schlimmstenfalls radikalislamischen Bauernfängern in die Hände. Bereits Paulus schrieb schon darüber an seinen Freund Timotheus: „Denn es wird eine Zeit kommen, da sie die heilsame Lehre nicht ertragen werden; sondern nach ihrem eigenen Begehren werden sie sich selbst Lehrer aufladen, nach denen ihnen die Ohren jucken, und werden die Ohren von der Wahrheit abwenden und sich den Fabeln zukehren." (2. Tim. 4, Verse 3+4). In Anbetracht der vielen geradezu irrwitzigen Glaubensüberzeugungen, die durch selbsternannte Gurus und Propheten, Bücher oder andere Medien heute an den Mann oder die Frau gebracht und nicht selten in jeder Hinsicht teuer bezahlt werden, erscheint das Christentum immer noch so nüchtern wie ein Stück trockenes Brot. Es wäre auch sicher interessant einmal zu untersuchen, wie viele Leute in Depressionen und/oder Süchte verfallen, durch abenteuerliche Hobbys „den Kick" suchen oder anderweitig durchdrehen, weil sie mit der scheinbaren Sinnlosigkeit ihres Lebens nicht zurechtkommen.

Es erscheint vielen wohl zu einfach oder zu absurd, der immer noch bestehenden Einladung Jesu zu folgen: *"Kommt her zu mir, die ihr Mühe habt selig* (innerlich zufrieden und fröhlich) *zu werden und beladen* (belastet, „abgehängt") *seid. Ich will euch erquicken!"* Diese Einladung trotzdem immer wieder auszusprechen, auf die Menschen zuzugehen und ihnen Trost, Kraft und Sinn zu vermitteln, ist und bleibt die eigentliche Aufgabe der Kirche (also aller Christen), in der trotz menschlicher Unzulänglichkeit Gott den Menschen (durch Menschen) begegnen will.

4. ... dann leben sie noch heute

Das Heilige Römische Reich Deutscher Nation war mit dem Ende der Staufer natürlich (noch) nicht untergegangen. Es existierte weiter trotz des „Imageschadens", den die meisten wahrscheinlich nicht einmal wahrnahmen. Allerdings fand sich zunächst niemand, der König und infolgedessen gar Kaiser hätte werden wollen. Man wurstelte einfach so weiter, mit der Folge, daß Streitigkeiten im Reich viel schneller und öfter mit Waffengewalt entschieden wurden. Eine zentrale Schiedsstelle fehlte in jenen Tagen. Nach mehr als zwanzig Jahren wählte man endlich wieder einen König und es wurde irgendwann auch wieder üblich, daß sich ein deutscher König zum Kaiser krönen ließ. (Nicht unbedingt in Rom, ab Mitte des 15.Jh. wurde Frankfurt am Main die Krönungsstadt.) Der eine oder andere von ihnen legte sich sogar mit dem Papsttum an, woraufhin die Päpste vorübergehend (1309-77) nach Avignon übersiedelten. In dieser Zeit kam es zur Ernennung von Gegenpäpsten in Rom.

Der Kaiser wurde in jener Zeit mehr und mehr zum Ersten unter Gleichen, verlor schleichend auch die Rolle als Gallionsfigur der lateinischen Christenheit. Auf den Reichstagen ging es oft nur noch um Ausgleich und Kompromissfindung zwischen Kaiser und Fürsten oder Fürsten untereinander, vergleichbar mit unserem Bundesrat, der ja auch eine Länderkammer ist, inclusive des oft ausufernden Palavers. Dem, der Kaiser war, oder erst recht wer sich zum Kaiser (König) wählen lassen wollte, blieb nichts weiter übrig, als eine eigene große Hausmacht zur Durchsetzung seiner Anliegen zu erlangen beziehungsweise über entsprechend große Mittel zu verfügen wie eben die im späten Mittelalter zur Neuzeit hin immer bedeutender werdenden Habsburger.

Dieses Heilige Römische Reich Deutscher Nation funktionierte nach innen lange Zeit sogar recht gut, trotz vieler Fürstentümer, freier Städte, Grenzen, Maßeinheiten und Währungen. Grob gesagt regelte man den Kleinkram auf lokaler Ebene und die großen, wichtigen Entscheidungen sollte der Kaiser treffen, gegebenenfalls mit den Fürsten zusammen. Leider war nach der Stauferzeit eine große Linie bald nicht mehr erkennbar. Die verschiedenen, zum Teil recht guten Kaiser machten dies und das, aber keine große Politik mehr. Sie konnten auch nicht einfach überall Steuern erheben, da sich die Fürsten dagegen sperrten. Diese weigerten sich, die Finanzhoheit ihrer Länder dem Reich, sprich Kaiser zu übertragen. Die Partikularinteressen der Fürsten oder der reichen Städte, die gerne auf ihre erworbenen Rechte pochten, lähmten das Reich immer mehr und machten den jeweiligen Kaiser und die großen Reichsfürsten als Gesamtheit außenpolitisch handlungsunfähig. Deshalb existierte auch keine allgemeine Reichsarmee, über die die Kaiser verfügen konnten. Man fühlt sich zu Recht an die heutige EU erinnert. Große Politik machten nun andere, mit letztlich verheerenden Folgen für das Reich.

Für die „kleinen Leute" änderte sich mit dem Ende der Stauferzeit wenig, denn die politischen Auswirkungen bekamen sie zunächst kaum zu spüren. Sie behielten ihre unmittelbaren Herren, denen sie wie gehabt zu Diensten sein mußten. Natürlich gab es Veränderungen über die Zeit, die alle mehr oder minder betrafen. Geld zum Beispiel spielte eine immer größere Rolle und auch im Reich blühten der Handel und das Handwerk langsam auf. Die Städte wurden größer, reicher, bedeutender, konnten sich Privilegien erkaufen, denn sie hatten das Geld, das ihren Landesherren oft fehlte. Soweit Städte im ausgehenden Mittelalter die „Reichsfreiheit" erlangten, also dem Kaiser direkt untertan waren, konnten ihre Bürgermeister fast wie kleine Fürsten agieren.

Ein sehr interessantes Konstrukt, das sich damals bildete, war die Hanse, ein Bund bedeutender Handelsstädte im west- und nordostdeutschen Raum mit Hauptsitz in Lübeck. Man handelte nicht nur untereinander, sondern gründete Handelsniederlassungen vornehmlich im Ostseeraum, aber auch unter anderem in London und Nowgorod (Rußland). Viele Städte an der Ostseeküste, vor allem der baltischen Länder, wurden durch die Hanse geprägt. Dieser Städtebund war so reich und mächtig, daß er sogar Kriegsflotten unterhalten konnte. Mit Dänemark geriet man des Öfteren aneinander. Kaiser oder Fürsten haben aus den Möglichkeiten dieses mächtigen Städtebundes allerdings kein politisches Kapital geschlagen.

Mit dem aufkommenden Fernhandel im 15./16.Jahrhundert schwand die Macht der Hanse (wie auch die Venedigs). Portugal, Spanien, Frankreich, Holland, Belgien (erst später) und vor allem England wurden dadurch „Global Players" und nebenbei steinreich durch die Ausbeutung der eroberten Länder. (Den späten, etwa dreißig Jahre dauernden deutschen Anteil an dieser „ruhmreichen" Geschichte des Kolonialismus sollte man sicher nicht verharmlosen. Doch er war vergleichsweise überschaubar, auch wenn unsere heutigen Berufsflagellanten uns etwas anderes weismachen wollen.) Ich weiß nicht, ob das, was in den Geschichtsbüchern der Kolonisatoren steht, mit den Erzählungen der Chinesen, Inder, Afrikaner, Araber oder der süd-, mittel- und nordamerikanischen Indianerstämme und anderer Völker immer übereinstimmt. Die Zahl der Opfer dieses europäischen Raubrittertums, die man billigend in Kauf genommen hatte, dürfte gewaltig sein. Milliardenschwere Zahlungen an deren Nachkommen (wie heute gerne von Deutschland gefordert und teilweise auch bezahlt) gab es praktisch nicht, denn es wurden, so die allgemeine Lesart, diese Länder ja durchaus mit europäischen Errungenschaften gesegnet, wenn auch ungefragt.

Die Kolonien selbst haben mittlerweile natürlich das Joch der Fremdherrschaft abgeschüttelt und sind mehr oder minder frei und unabhängig. Die USA, China und Indien haben die Europäer, was politische und wirtschaftliche Stärke betrifft, nicht nur längst eingeholt, sondern sogar weit übertroffen. In Afrika vornehmlich, aber auch teilweise in Südamerika geht die Ausbeutung der Ressourcen ohne Gewinnbeteiligung der Bevölkerung allerdings munter weiter. Die Regie haben dabei nicht selten internationale Konzerne übernommen. Für den Rest sorgen die jeweiligen, mit „Entwicklungshilfen" gut versorgten Lokalmatadore, welche natürlich jederzeit austauschbar sind, falls sie nicht mehr für Schürfrechte, Ölbohrkonzessionen, billige Arbeitskräfte und dergleichen sorgen wollen oder können.

Die große Seefahrerei, beginnend mit den Portugiesen und Spaniern, wurde dabei nicht unwesentlich unterstützt durch Dinge, die in deutschen Studierstuben ersonnen oder in deutschen Werkstätten erfunden und hergestellt wurden. In Sachen Feinmechanik und Metallverarbeitung waren wir damals in Europa führend und sind es seitdem im Wesentlichen auch geblieben. (Dabei sind die Schweizer, seit 1291 von Habsburg losgelöst, unbedingt einzubeziehen.) Die Handwerkszünfte mit ihren Meistern, Gesellen und Lehrlingen spielten dabei eine große Rolle, auch für andere Bereiche wie die Malerei und den bildenden Künsten. Hier wurden die Grundlagen unseres heutigen Ausbildungssystems geschaffen, das handwerklich bestens geschultes Fachpersonal hervorbringt.

Auch in der Architektur veränderte sich vieles. Wo bis Anfang des 13. Jahrhunderts Kirchen und andere repräsentative Bauten im Stile der Romanik gebaut wurden, hielt nun zunächst die von Frankreich kommende Gotik Einzug und ab Mitte des 16. Jahrhunderts allmählich die Renaissance aus Italien. Die Romanik war Ausdruck des Kaisertums gewesen, daher sehr an römischen Vorbildern orientiert und doch ein typisch deutscher Baustil. Der gotische Spitzbogen ist möglicherweise ein Mitbringsel der Kreuzfahrer aus dem Orient, könnte aber auch im Zuge des Baus der genial konstruierten Abteikirche von Cluny um 1100 herum entwickelt worden sein. Gotik ist allerdings weit mehr als Spitzbögen. Die Architektur, vor allem die sakrale, ist natürlich auch Ausdruck der Geisteshaltung einer Epoche. Die romanischen Kirchen wirkten sehr massiv, wehrhaft und waren richtige „Gottesburgen". Man betrat die Kirche zumeist seitlich, denn es gab in der Regel eine Ost- und eine Westapsis, letztere dem Adel vorbehalten. Die Stellung der Kirche im Reich änderte sich bekanntlich während der Salierzeit, dem fiel letztlich die Westapsis zum Opfer und wurde durch ein Westwerk mit großen Portalen ersetzt (siehe Speyer, im Gegensatz zu Mainz). Die gotische Kirche vermittelte ein ganz anderes Raumgefühl durch die nach oben aufstrebende Architektur. Sie sollte quasi das himmlische Jerusalem darstellen, lichtdurchflutet, dem Irdischen enthoben. Statt auf dicken Mauern lastete das Gewicht auf einer ausgeklügelten Konstruktion mit schlanken Pfeilern innen und Strebepfeilern außen, was massive Wände größtenteils überflüssig machte. Die Renaissance knüpfte dann wieder an antike Vorbilder an. Die zu großer Blüte gelangten Künste der Bildhauerei und Glasmalerei, ebenso die Goldschmiedekunst (Reliquiare und Schreine) sowie später die Öl- und Freskenmalerei schmückten die Kathedralen und machten sie auch zu Bilderbibeln für das gemeine Volk.

Da die „normalen" Leute damals kaum lesen, geschweige denn schreiben konnten, schon gar kein Latein, mußten sie zwangsläufig glauben, was ihnen Geistliche über den Inhalt der Bibel sagten. Diskussionen darüber führte man vielleicht in Kreisen Gelehrter, meist Kleriker, aber auch zunehmend Wissenschaftler. Nur die wenigstens wagten offen Widerspruch, wo Mißstände nicht mehr zu verbergen waren oder die christliche Lehre durch den Machtanspruch der Kurie zu arg verbogen wurde. Zu mächtig waren die Kirchenfürsten und die weltliche Obrigkeit fungierte oft als deren verlängerter Arm. Die Verfolgung von Häretikern gab es schon früher, aber durch die Einführung der Inquisition sowie auch den zunehmenden Hexenwahn konnten kritische Geister und solche, die etwas abseits der Gesellschaft lebten noch viel schneller unter die Räder kommen[32]. Aber bevor wir jetzt zur Reformation und dem großen Martin Luther kommen, müssen wir uns noch kurz mit einer Erfindung und etwas ausführlicher mit einer Kaiserwahl samt ihren Folgen beschäftigen.

Johannes Gensfleisch aus Mainz, genannt Gutenberg, war ein Typ wie Bill Gates. Beide revolutionierten die Welt. Letzteren kennt heute jeder, bei Gutenberg bin ich mir nicht mehr so sicher. Bill Gates hat zwar nicht den Computer schlechthin erfunden (sondern der Deutsche Konrad Zuse 1941), aber er hat ihn mit einem einfachen Betriebssystem (DOS) für alle nutzbar gemacht (PC[33]). Analog dazu hat Gutenberg nicht den Buchdruck an sich erfunden (sondern die Chinesen, die wegen ihrer Fülle an Schriftzeichen damit nichts Rechtes anfangen konnten), aber sonst alles entwickelt, was diesen zu einem durchschlagenden Erfolg werden ließ (bewegliche Lettern, Druckerschwärze, geeignetes Papier, Pressen u.a.). Anders als Bill Gates die Computertechnik kannte er aber die chinesische Druckerei wohl nicht, was ihn nun ganz bestimmt zu einem Genie machte.

---

[32] Man muß das durchaus wörtlich nehmen, denn Rädern war eine gängige und grausame Folter- und Hinrichtungsmethode.

[33] Für diese Rechner allerdings wie auch unsere Handys und dergleichen hat erst der in Ungarn geborene geniale Mathematiker John von Neumann die entscheidenden Grundlagen erarbeitet (ab 1944).

Reich wie Gates wurde er allerdings nicht; er mußte sich sogar oft verschulden beziehungsweise betuchte Geschäftspartner suchen.

Schulden, aber in ganz anderen Dimensionen (im Wesentlichen beim damals reichsten europäischen Bankhaus Fugger in Augsburg) hatte auch ein anderer, obwohl in seinem Reich sprichwörtlich die Sonne nie unterging und Schiffsladungen an Inka- und Aztekengold nach Spanien gelangten. Die Rede ist von Kaiser Karl V., der 1520 römisch-deutscher Kaiser wurde. Der Enkel und direkte Nachfolger Kaiser Maximilians, ein Habsburger, wurde in Gent geboren und wuchs dort auf. Gent liegt in Flandern, damals Herzogtum Burgund, in das Maximilian eingeheiratet hatte und prompt mit Frankreich aneinandergeriet, welches das Herzogtum selbst gerne vereinnahmt hätte. Die Mutter Karls war eine spanische Prinzessin, er selbst erhielt den Taufnamen Charles, was nahelegt, daß er in Französisch sprechender Umgebung aufgewachsen war. Zu Zeiten seiner Kaiserwahl war er bereits König Carlos I. von Spanien, was nur mit großen Zugeständnissen an die spanischen Granden gelungen war. Fließend Spanisch sprach er übrigens damals nicht, auch mit dem Deutschen haperte es. Der habsburgischen Propagandamaschinerie gelang es trotzdem, ihn als einen rein deutschen Fürsten darzustellen, was nötig war, denn sein aussichtsreichster Konkurrent war der französische König François. Nebenbei, sogar der englische König Henry VIII. hatte sich beworben.

Wenn Sie sich fragen, wie all diese Leute dazu kamen, römisch-deutscher Kaiser werden zu wollen, müssen Sie wissen, daß mancher König durch Heirat oder Erbansprüche mehr oder minder großen Einfluß im Reich besaß oder nebst seinem Königtum gegebenenfalls auch Reichsfürst war[34]. Bewerben dufte sich aber eigentlich jeder Fürst. Und sollten Sie sich ferner fragen, warum es denn scheinbar keinen deutschen Kandidaten für das Amt aus dem Kreis der Reichsfürsten gab, muß ich Ihnen sagen: Es gab einen, nämlich den sächsischen Kurfürsten. Allerdings hatte der nie eine echte Chance. Es war mittlerweile nämlich ganz einfach geworden. Derjenige, der die oft klammen, auf jeden Fall raffgierigen Kurfürsten am besten bezahlte und ihnen am meisten versprach, wurde gewählt. Das war Karl - dank der Fugger. Diese hatten zwar unter der Hand auch mit François über Kredite verhandelt, aber Karl bot ihnen letztlich etliche seiner äußerst lukrativen Silberminen, auf die die Augsburger schon lange scharf waren. Da konnte oder wollte der Franzose nicht mithalten.

Frankreichs Verhältnis zum Reich war bis dato sicher nicht sehr herzlich, aber da sich François nun von Habsburgern quasi umzingelt sah, führte das zu weiteren kriegerischen Auseinandersetzungen, wobei Karl sogar oft recht erfolgreich war (und trotzdem immer Geld brauchte). Letztendlich zogen uns die Habsburger so in einen gut 500 Jahre währenden Dauerkonflikt mit Frankreich hinein. Es gab dabei natürlich auch einen lachenden Dritten, doch dazu später. Karl zog sich 1556, innerlich wohl ausgebrannt, in ein Kloster zurück. Sein Sohn Phillip (II.) wurde spanischer König und Herrscher eines riesigen Kolonialreiches. Karls jüngerer Bruder Ferdinand erhielt die österreichischen Erblande und die Kaiserwürde über ein durch die Reformation und ihre Folgen mittlerweile zutiefst gespaltenes Reich.

---

[34] Die Art und Weise, wie Ehen unter den Fürsten- und Königshäusern arrangiert wurden, welchen gewaltigen Einfluß die Frauen der Herrscher und Höflinge dadurch hatten und die oft gravierenden politischen Auswirkungen dieser Dinge hat Leonhard Horowski in seinem Buch „Das Europa der Könige" ausführlich beschrieben.

Doch nun zurück zu besagter Reformation und zu Martin Luther, der in vielerlei Hinsicht ein bedeutender Mann war. Der Historiker Frank Fabian zählt ihn kurioserweise in einem seiner Bücher zu den negativen Figuren unserer Geschichte. Nun gut, Luther war ein Eiferer und konnte durchaus verbal austeilen. Er hatte sicher Anteil an der religiösen Spaltung des Reiches, so wie auch andere Reformatoren dieser Zeit. Aber Luther dann persönlich für den 30jährigen Krieg mitverantwortlich zu machen, halte ich für völlig abwegig. Dem lagen der ungeschickte Umgang der Kaiser mit den Protestanten und der Konflikt Frankreichs mit den Habsburgern zugrunde.

Wie kam es nun zur Reformation? Zunächst war es ja nicht so, daß vor Martin Luther noch nie jemandem aufgefallen wäre, daß das Gebaren der christlichen Oberhirten in den letzten Jahrhunderten mit den Lehren des Religionsstifters kaum noch übereinstimmte. Versuche, das zu ändern, endeten in der Regel schneller auf dem Scheiterhaufen, als die reformatorischen Ideen sich verbreiten konnten. Die weltlichen Herrscher unterstützten die Kirche in der Regel vorbehaltlos, zum Teil nachvollziehbar. Manche Reformbewegungen waren eben Irrwege und endeten im Chaos, wie zum Beispiel die Wiedertäufer Bewegung um Jan van Leiden in Münster. Allein Franz von Assisi hatte einiges Glück, da er Papst und Kurie nicht ernsthaft in Frage stellte. Seine Nachfolger, die Franziskaner (ein Bettelorden, manchmal auch Barfüßer oder Minoriten genannt), gerieten aber anfangs oft genug mit der auf Reichtum bedachten Kurie in Konflikt.

Martin Luther profitierte nun einerseits von den vielen Druckerpressen im Lande und andererseits von der Unterstützung vieler Fürsten (vor allem seines sächsischen Landesherrn) und der freien Reichsstädte, was mit dem Ausgangspunkt seines Wirkens zusammenhing. Diesen wollen wir nun etwas genauer betrachten.

Stellen Sie sich vor, Sie fahren nach Rom, in den Vatikan, und erleben dort Päpste und Kardinäle, die so ziemlich alle Laster haben, die man machtgierigen, völlig amoralischen Fürsten zutrauen kann, sich als solche benehmen und ihre eigentlichen geistlichen Aufgaben völlig vergessen haben. Dann stehen Sie statt vor der arkadengesäumten, gewaltigen Peterskirche mit Palästen und Gärten vor einem zwar ehrwürdigen, aber alten, aus der Spätantike stammenden Kirchlein, von ein paar kleineren Steinhäusern umgeben. So sah das für die Päpste des 15. Jahrhunderts noch aus. Man kannte die Kaiserdome und die großen französischen Kathedralen, hatte aber in Rom nichts dergleichen. Das sollte sich ändern, denn der Papst wollte den anderen Fürsten in nichts nachstehen und war ja außerdem noch „Gottes Stellvertreter". Dazu brauchte man Geld, und zwar sehr viel mehr, als man hatte.

Hier machte man sich die Angst der Leute vor dem Fegefeuer zunutze. Die Kirche lehrte ja, daß jeder, der salopp gesagt noch nicht heilig genug war, zunächst in diesem Feuer so lange gegart würde, bis er „himmelstauglich" war. Und das konnte dauern. Also stellte die Kirche sogenannte Ablaßbriefe her. Durch deren Erwerb konnte man seine „Garzeit" oder die bereits verstorbener Angehörigen abkürzen. *„Wenn das Geld im Kasten klingt, die Seele in den Himmel springt"*, bewarben die dazu eigens engagierten Händler ihr Produkt. Es fand reißenden Absatz.

Nebenbei: Über die Einfalt oder Dummheit der Leute damals sollten wir heute nicht zu hart urteilen, wenn man bedenkt, welchem esoterischen und sonstigem spirituellen Unsinn viele hinterherlaufen und welche Unsummen für entsprechende Bücher, Seminare oder obskure Mittelchen ausgegeben werden. Gefühlte Wahrheiten sowie Verschwörungs- und anderweitige verrückte

Theorien sind mehr als weit verbreitet, nicht selten wegen selbstverschuldeter Unwissenheit. Wenn ein allseits anerkannter Wissenschaftler (also kein selbsternannter Experte) in unseren Tagen rein faktenbasiert zum Beispiel über Pflanzenschutzmittel, Gentechnik oder Impfungen sprechen würde, ist meistens ein shitstorm vorprogrammiert. Vielleicht würden Sie dann ja sogar dabei mitmachen?

Der gemeine Mensch damals konnte es nicht besser wissen, denn selbst wer etwas lesen konnte, hätte entsprechende Bücher nicht gehabt. Die standen in den Bibliotheken der Klöster und Universitäten, also auch in Wittenberg, wo Martin Luther Theologie lehrte. Der blätterte unter anderem im Römerbrief des Apostels Paulus und fand, daß – entgegen den Aussagen der Ablaßhändler - der Erlaß von Sünden ein Gnadenakt Gottes ist, der Glauben an Jesus Christus sowie Reue und Buße voraussetzt. Da sich Jesus für die Sünden der Welt geopfert hatte, wäre eine weitere „Bezahlung" obsolet und mit Geld ohnehin unmöglich, ebenso nicht mit guten Werken. Diese sind Folge des Glaubens, der so seine Lebendigkeit zeigt (Jakobusbrief 2.Kap, Vers 17: der Glaube ohne Werke ist tot). Auch das mit dem Fegefeuer fand er so nicht erwähnt. Über all das wollte Luther zunächst in Expertenkreisen reden und schrieb, wie damals üblich, seine Thesen (95 und in Latein!) als Diskussionsgrundlage auf und nagelte sie (angeblich) an die Tür der Schloßkirche. Das war 1517. Nun wurde zunächst viel diskutiert und es ergaben sich noch andere Unstimmigkeiten. Das Ganze drang durch Theologen und Studenten relativ schnell an die Öffentlichkeit (Druckerpressen!) und vor allem auch nach Rom. Aus päpstlicher Sicht mußte das schnellstens aufhören. Allein, argumentativ war Luther da schon nicht mehr beizukommen.

Die Fronten waren nach wenigen Jahren verhärtet. Luther und der hier unbedingt zu erwähnende, fast zeitgleich auftretende Reformator Zwingli[35] in Zürich hatten Anhänger bereits in praktisch allen deutschen Landen und vor allem Städten. Viele deutsche Fürsten waren Luther zugeneigt, denn sie fanden es schon länger falsch, daß immer mehr Geld aus ihren Ländern nach Rom gekarrt wurde.

Hier trat der damals junge Kaiser Karl V. auf den Plan. Er selbst war überzeugter Katholik, wenn auch nicht absolut Rom hörig, und wollte der religiösen Spaltung im Reich entgegenwirken, ganz im Sinne der alten deutschen Cäsaren: ein Reich, ein Kaiser, eine Kirche (und vor allem Ruhe im Land). Er berief den Reichstag zu Worms ein und lud auch den renitenten Augustinermönch aus Wittenberg vor, damit dieser (im Sinne Roms) seine Lehren widerrufen sollte. Der jedoch blieb standhaft. Entgegen der kaiserlichen Zusage des „freien Geleits" verhängte Karl daraufhin die Reichsacht über ihn, aber auf seiner Flucht wurde Luther auf Anweisung seines Landesherrn Kurfürst Friedrich (der Weise) auf die Wartburg „entführt" und war erst einmal für einige Zeit „verschwunden".

Getarnt als Junker Jörg übersetzte er dort die Bibel ins Hochdeutsche. Diese Sprache entwickelte er quasi nebenbei auf Grundlage des sächsischen Kanzleideutschs. Luther sagte einmal: *„Man muß dem*

---

[35]Den in Zürich wirkenden Reformator Zwingli verband viel mit Luther, trennte aber vor allem die Ansicht über das Sakrament der Heiligen Kommunion (Abendmahlsstreit). Die Reformierte Kirche, von ihm wesentlich geprägt, breitete sich vorwiegend in Süddeutschland (Schweiz) bis in die Niederlande aus. Englische Puritaner, calvinistisch geprägt, waren mit der Mayflower nach Amerika ausgewandert und haben die amerikanische (weiße) Gesellschaft entscheidend geformt. Die lutherische (evangelische) Kirche war, außer in Bayern und den habsburgischen Stammlanden, im Rest Deutschlands weit verbreitet und etwas später auch in den skandinavischen und baltischen Ländern und kam sogar bis nach Siebenbürgen.

Volk aufs Maul schauen". Das konnte er, deshalb verstand man die Bibel praktisch überall in Deutschland. Selbst seine Gegner mußten diese Sprache letztlich übernehmen. Er dichtete und komponierte sogar bekannte Kirchenlieder („Ein' feste Burg ist unser Gott" u.a.), führte somit auch den Gemeindegesang ein, schuf den Zölibat ab (heiratete selbst), das Klosterwesen und den Marien- und Heiligenkult. Er war Kirchenreformator, kein Revoluzzer. Die Bauernaufstände in jenen Jahren mißbilligte er, die *„Freiheit eines Christenmenschen"* war für ihn keine politische Freiheit. Hier wurden seine Schriften von manchen, wie zum Beispiel Thomas Müntzer, mißverstanden, wenn nicht gar mißbraucht.

Die Bauernaufstände gab es schon zum Ende des 15. Jh. in weiten Teilen des Reiches und hatten ihren Ursprung in der zunehmenden Unterdrückung, Entrechtung und Ausbeutung der Bauern durch die Landesherren. Die Reformation befeuerte diese Aufstände dann zusätzlich. Sie wurden immer wieder blutig niedergeschlagen, auch von protestantischen Fürsten.

Luther war sicherlich stur, rechthaberisch, aufbrausend und, wie damals die allermeisten Theologen in Europa, nicht gut auf Juden zu sprechen. Er schimpfte über sie sogar schriftlich, pfui Teufel! Das geht heute gar nicht mehr, will man immer noch ein bedeutender Mensch genannt werden, und muß heutzutage bei jeder lutherischen Gedenkfeier, um die man eben nicht herumkommt, unbedingt erwähnt werden. Unlängst wollte man irgendwo in Deutschland wegen dessen Antisemitismus sogar eine nach Martin Luther benannte Straße umbenennen. Uneingeschränkt bedeutend und moralisch tragbar ist man in unseren Tagen offensichtlich nur noch, wenn man - hoffnungslos überbezahlt und politisch möglichst korrekt - Fußballstadien füllen kann, um dort entweder gegen einen

Ball zu treten, dem Publikum das Gehör zu ruinieren oder es systematisch zu verblöden. Was sind dagegen schon große Kunstwerke, bahnbrechende Erfindungen, politische Meisterleistungen und kulturprägende Errungenschaften?

5. Krieg und Frieden

Bis zur Mitte des 16. Jahrhunderts hatte sich im Reich die Reformation stark ausgebreitet. Das wollten natürlich weder Päpste noch Kaiser akzeptieren. Das den Reichsfürsten zunächst gewährte Recht freier Religionsausübung in ihren Ländern wurde 1526 auf einem Reichstag in Speyer durch Karl V. aufgehoben. Die dem lutherischen beziehungsweise dem reformierten Bekenntnis anhängenden Fürsten protestierten dagegen, weswegen man die Anhänger dieser Kirchen bis heute als Protestanten bezeichnet. Der Kaiser versuchte deshalb die Religionseinheit mit Gewalt wiederherzustellen. Die protestantischen Fürsten und Städte vereinigten sich daraufhin im früher kurhessischen, heute thüringischen Schmalkalden zu einem militärischen Bündnis. Durch die kriegerischen Auseinandersetzungen konnte zwar in einigen Gebieten der katholische Glaube wiedereingeführt, aber letztlich keine Einigung im Reich hergestellt werden. Im Augsburger Religionsfrieden (1555) kam man überein, daß der zuständige Landesherr im Prinzip die Religionszugehörigkeit seiner Untertanen festlegen durfte, aber wegen der vielen, oft sehr komplizierten Regelungen war immer wieder für Zündstoff gesorgt. Von der Idee eines Reiches mit einer einzigen Religion hätten sich die Habsburger Kaiser nun besser verabschieden sollen. Daß sie es nicht wirklich taten, war einer der Gründe, die in die Katastrophe führten. Eine weitere Folge der Augsburger Beschlüsse war leider auch, daß sich viele Menschen eine neue Heimat suchen mußten, sofern sie ihre Religion nicht wechseln wollten.

Mittlerweile hatte sich aber auch in der katholischen Kirche einiges getan. Nach einem langewährenden Konzil in Trient (Oberitalien, damals Reichsgebiet) wurden viele Auswüchse deutlich beschnitten. Vor allem sagte man dem Lotterleben vieler Kleriker den Kampf an, Priesterseminare wurden eingeführt und der Ämterkauf verboten. Verbindliche Lehraussagen wurden nun in einem Katechismus zusammengetragen. Die eigentlichen Streitpunkte blieben aber bestehen oder wurden sogar ausdrücklich bestätigt. Unter Karls V. Nachfolgern fluteten viele gut ausgebildete Ordensleute, vorwiegend Jesuiten, das Reich, um zum einen in den verbliebenen katholischen Ländern alles wieder auf Vordermann zu bringen und zum anderen eine Rekatholisierung der protestantischen Gegenden zu bewirken (die sogenannte Gegenreformation). Letzteres gelang nur bedingt, im Wesentlichen in Bayern und den habsburgischen Kernländern. Immerhin wurden in jener Zeit viele Bildungseinrichtungen gegründet, sicher auch zum Zweck der besseren religiösen Unterweisung. (Die jesuitischen Schulen und Gymnasien hatten ja, was Bildung betrifft, lange Zeit einen guten Ruf.) Viel katholisches Brauchtum wie Prozessionen, Wallfahrten und die noch heute gängige Beichtpraxis wurde eingeführt. Jeden Tag wurden mehrere Messen gelesen und die Gottesdienste an den ebenso vermehrten Festtagen gerieten nicht selten zu Spektakeln. Die neue, pompöse Architektur und Ausstattung der Kirchen (Renaissance, später Barock) tat ein Übriges. Im 18. Jahrhundert ruderte man in Bayern und vor allem in Österreich (Joseph II.) aber wieder zurück, denn dadurch, und das ist kein Witz, daß ein Großteil der Bevölkerung sich mittlerweile ausgiebig religiös betätigte, litt die Wirtschaftskraft und es kam sogar zu einem leichten Geburtenrückgang in den katholischen Ländern. Aber nun zurück in den Anfang des 17. Jahrhunderts und nach Prag.

Schon seit Karls IV. Zeiten (frühes 14.Jh.) war Prag eine sehr bedeutende Stadt im Reich. Der aus dem luxemburgischen Geschlecht stammende, in Prag geborene Karl gründete u.a. die bis heute nach ihm benannte Prager Universität. Für die Reichsinsignien wurde eigens die Burg Karlstein (unweit von Prag) gebaut. Bis zum Dreißigjährigen Krieg residierten die Habsburger Kaiser oft in Prag (auf dem Hradschin), da sie ja auch die böhmische Krone trugen. Erst zu Anfang des Dreißigjährigen Krieges, über den wir nun zu sprechen haben, wurde Wien <u>die</u> Kaiserstadt und blieb es dann auch.

1618 war es also endlich so weit. Konfliktpotential zwischen den Protagonisten beider Glaubensrichtungen gab es reichlich. Böhmische Protestanten revoltierten gegen ihren Landesherrn, den böhmischen König und (katholischen) Kaiser in Personalunion, weil sie ihre Rechte bezüglich freier Religionsausübung verletzt sahen, wohl zu Recht. Dabei warfen die aufgebrachten Herren drei kaiserliche Hofbeamte aus dem Fenster einer Schreibstube in der Prager Burg. Die drei überlebten zwar, wenn auch stark ramponiert, doch der Affront war nicht mehr aus der Welt zu schaffen und der Konflikt schaukelte sich hoch. Als die Böhmen sich dann schließlich mit dem protestantischen Kurfürsten Friedrich von der Pfalz einen neuen, Landesherrn erwählten, ging es richtig los mit dem Krieg, der dann dreißig Jahre dauern sollte und eine der größten Heimsuchungen unseres Landes werden würde[36].

Was man anfangs vielleicht noch einen religiös begründeten Konflikt im habsburgischen Machtbereich nennen könnte, wuchs sich schnell zu einem innerdeutschen Krieg um Macht und Einfluß des Kaisers aus, in dem es nur noch vordergründig um den rechten Glauben ging. Nicht alle protestantischen Fürsten stellten sich nämlich gegen den Kaiser, manche arrangierten sich einstweilen. Erstaunlicherweise blieb Kursachsen, Mutterland der Reformation, noch lange kaisertreu. Das Ganze steigerte sich aber sehr schnell zu einem in Deutschland geführten Krieg Frankreichs gegen die Habsburger um die Vormachtstellung in Europa, weswegen das katholische Frankreich ja unter anderem Schweden unterstützte, obwohl das ja protestantisch war. Schließlich trieb sich eine Soldateska aus aller europäischer Herren Länder auf deutschem Boden herum, angeführt von gewissenlosen Generalen und machtgierigen Fürsten. Es artete schließlich aus in einen grausamen Krieg gegen Land und Leute, der nur deshalb endete, weil alle Kriegsparteien ziemlich bis restlos erschöpft waren. Früher mußten die Kinder in der Schule all die großen Schlachten dieses Krieges mit Jahreszahl aufsagen. (Es waren für dreißig Jahre wenig genug; wir werden noch sehen, warum.) Wir können uns das sparen, trotzdem muß der Verlauf des Geschehens in groben Zügen dargestellt werden.

---

[36] Interessant auch hierzu lesen: der „Simplizissimus teutsch" von Christoph von Grimmelshausen (der erste in Deutsch geschriebene Roman), Ricarda Huchs „Dreißigjähriger Krieg" oder auch von Peter Milger: „Gegen Land und Leute".

Kaiser Ferdinand II. und die „Katholische Liga" hatten recht bald gegen die „Protestantische Union" das Nachsehen, bis man den aus Böhmen stammenden Adligen Albrecht von Wallenstein (Valdštejna) zum Oberbefehlshaber des kaiserlichen Heeres berief. Dieser tat sich nicht nur als Heerführer hervor, sondern auch als ein gewiefter Kriegsunternehmer. So warb er vor allem mit eigenen Mitteln Soldaten an und rüstete sie aus. Die Protestanten gerieten bald mächtig unter Druck, obwohl sie mit dem dänischen König bereits einen zusätzlichen Verbündeten gewonnen hatten. Wallenstein stand Ende der 1620er mit seinen Truppen schon in Norddeutschland, sammelte viele Besitzungen ein und wurde zu einem der mächtigsten Männer im Reich befördert. Das stieß vielen im katholischen Lager übel auf und seine Neider begannen den Kaiser dahingehend zu bearbeiten, ihm das Kommando zu entziehen. Wallenstein, der wahrscheinlich einzige strategisch vernünftig denkende Feldherr im kaiserlichen Lager, erwartete zu Recht ein Eingreifen der Schweden, die sich zwar als protestantische Schutzmacht aufspielten, aber den Louisdor dafür nicht verschmähten[37] (Geld stinkt bekanntlich nicht). Zur Abwehr der Schweden handelte er 1629 zunächst einen Frieden mit Dänemark aus, in dem auch die norddeutschen protestantischen Fürsten wohlweislich sehr milde behandelt wurden. Dänemark blieb nun bis zum Ende des Krieges ein kaiserlicher Verbündeter, der dänische König blieb Landesherr von Schleswig-Holstein, somit auch Reichsfürst. Diesem Frieden stimmte der Kaiser, der eine völlige Unterwerfung erwartet hatte, erst nach langem Hin und Her zu, wenn auch mit der geballten Faust in der Tasche. Des Weiteren

---

[37] Wie erwähnt führte Frankreich ja Krieg gegen das ebenfalls habsburgische Spanien. Der Dreißigjährige Krieg ist eigentlich Teil des Spanischen Erbfolgekrieges, dessen Auswirkungen wir bis ins 18. Jh. auch noch zu spüren bekamen.

wollte Wallenstein das Heer in Norddeutschland stehen lassen und weigerte sich, zu anderen Kriegsschauplätzen der Habsburger zu ziehen. Daraufhin entließ ihn der Kaiser.

Nun, die Schweden unter ihrem legendären König Gustav Adolf kamen und waren - mangels effizienter Gegenwehr - bald bis weit in die Mitte des Reiches vorgedrungen. 1631 stand dem Kaiser das Wasser bis zum Hals und man holte Wallenstein wieder aus dem „Ruhestand" hervor, denn mittlerweile hatte sich auch Sachsen mit den Schweden verbündet. Man gab ihm, was er haben wollte, und der Kaiser konnte etwas aufatmen. In der bald danach stattfindenden Schlacht bei Lützen, nahe Leipzig, war Wallenstein zwar nicht der wirkliche Sieger, aber Gustav Adolf fiel bei einer von ihm geführten Attacke (angeblich, weil er sich geweigert hatte, seine Brille aufzusetzen und Freund und Feind so nicht mehr unterscheiden konnte). Dadurch kam die schwedische Kriegsmaschinerie erst einmal ins Stocken.

Es dauerte aber nur ein paar Jahre, bis Wallenstein erneut in Ungnade fiel. Man vertraute seiner Kriegsführung nicht, denn er tat selten das, was der Kaiser von ihm erwartete, und als man herausfand, daß Wallenstein mit dem Feind auch schriftlich verkehrte, möglicherweise um Waffenstillstands- oder Friedensbedingungen zu erörtern, legte man ihm das als Hochverrat aus und ließ ihn 1634 in Eger (tschechisch: Cheb) von dazu bestochenen Offizieren seines Umfelds ermorden. Vermutlich war Wallenstein zu der Überzeugung gelangt, daß es in diesem Krieg nichts mehr zu gewinnen gab, besonders dann, wenn Frankreich, wie er zu Recht vermutete, auch noch aktiv eingreifen sollte.

Darauf ging es noch eine Weile hin und her, bis sich das Kriegsglück wieder den Kaiserlichen zuneigte. Im Prager Frieden (1635) einigte sich der Kaiser mit den protestantischen Reichsfürsten, indem man die Besitzverhältnisse, wie sie vor dem Eingreifen Schwedens bestanden, wiederherstellte und den Religionsfrieden erneut einführte. Damit wären die Schweden praktisch ausgebootet gewesen, was man am französischen Hof mit Erschrecken auch so sah. Um nun die französischen Investitionen nicht gänzlich abschreiben zu müssen, schickte der König, genauer gesagt der berüchtigte Kardinal Richelieu (der damals eigentliche Herrscher Frankreichs), Truppen los und das Gemetzel ging erst einmal weiter.

Die bisherige Beschreibung genügt zwar, um das politische und militärische Geschehen einigermaßen nachvollziehen zu können, blendet aber aus, wie sich das alles im Alltag für die Menschen darstellte. Weder Kaiser, Könige oder Fürsten, geschweige denn geringere Chargen hatten damals ein Heer oder auch nur eine Armee ständig unter Waffen. Man hatte ein paar Regimenter als Leibwache oder zur Bewachung wichtiger Festungen. Ansonsten schickte man Werber ins Land, um Soldaten für den geplanten oder schon bestehenden Krieg anzuheuern. Mit etwas Fantasie kann man sich vorstellen, was für Gesellen da zusammenkamen, und je länger der Krieg dauerte, desto weniger wählerisch war man, - zwangsläufig. „Der Krieg muß den Krieg ernähren" war die gängige Auffassung, wie solche Heere zu verpflegen waren. Die bestanden damals nicht nur aus Landsknechten, Reiterei und Artillerie, sondern im Troß zogen in mindestens gleicher Stärke diverses Personal, Marketenderinnen, Freudenmädchen und zum Teil auch Ehefrauen und Kinder mit. Verpflegung wurde gekauft, wenn Sold vorhanden war. Ansonsten nahm man, was man wie auch immer kriegen konnte. Eine breite Spur von willkürlicher Beschlagnahme, Raub, Mord, Folter, Vergewaltigungen und anderen Mißhandlungen, Plünderei und Verwüstung folgte einer solchen Heerschlange und hinterließ verbrannte Erde und damit Hungersnöte fast überall im Reich. Wer nicht zu den Opfern zählen wollte, wurde Täter, indem er/sie sich den Heeren anschloß. Weniger glückliche Marodeure wurden entsprechend von rachedurstigen Bauern traktiert. Zeichnungen und Stiche aus der Zeit sowie Tagebücher und Berichte existieren, die einen erschaudern lassen.

Mit der Soldateska kamen auch die Seuchen, denen die Menschen hilflos ausgeliefert waren. Nichts und niemand war sicher, besonders die Landbevölkerung, die völlig ungeschützt in Höfen außerhalb der Städte lebte. Man kann sagen, daß für die Heere der allergrößte Teil dieses Krieges aus Herumziehen, Leben im Lager, Proviantbeschaffung (freundlich ausgedrückt), Belagerung von Städten und Festungen sowie Scharmützeln zwischen kleineren Truppenteilen bestand. Bedingt durch sich verändernde politische Konstellationen wechselten manche hohen Herren auch gerne das jeweilige Lager, manchmal auch mehrmals. Und wo immer sich Verbände auflösten, weil sie besiegt wurden, der Sold ausblieb oder es nichts mehr zu requirieren gab, ließen sich die gemeinen Söldner auch wieder von anderen anwerben, gerne auch vom vormaligen Gegner.

Das Leben als Soldat war sicher kein reines Vergnügen. Wohl dem, der weitgehend unversehrt blieb. Wer mehr oder minder schwer verletzt war, verreckte elendiglich oder war für sein Leben gezeichnet. Ärzte (Stand 17.Jh.!) waren für die aus besseren Kreisen stammenden Offiziere meist noch zu haben, der Rest mußte sich an den „Feldscher" wenden, der bestenfalls ein geschickter Metzgermeister war.

Ab 1645 verhandelte man endlich wieder um Frieden, die Katholiken im katholischen Münster und die Protestanten im protestantischen Osnabrück. Das Ganze zog sich über drei Jahre hin, da Gesandte beziehungsweise deren Boten zwischen den Städten pendeln oder Briefe quer durch Europa geschickt werden mußten, um sich gegebenenfalls mit den Landesherren abzustimmen. Wesentlicher Architekt des Friedens war der kaiserliche Gesandte Reichsgraf Maximilian von Trauttmannsdorff, ein gewiefter, zäher Verhandler mit großen Vollmachten. Indem er die protestantischen und katholischen Reichsstände letztlich auf eine Linie bringen konnte, verbesserte er die Verhandlungsposition des Reichs gegenüber Frankreich und Schweden bedeutend. In dieser Zeit kämpfte man natürlich noch, um gegebenenfalls die eigene Position zu verbessern oder zu erhalten. 1648 war endlich Friede, oder besser gesagt Friedhofsruhe. Zwei Drittel der Bevölkerung waren durch die Kriegswirren und den Folgen umgekommen, die meisten Landstriche verheert, Städte und Dörfer zerstört oder zumindest stark beschädigt.

Die Frage, wer den Krieg nun eigentlich gewonnen hatte, ist nicht so einfach zu beantworten. Hier lohnt, wie so oft, ein Blick in den Friedensvertrag, der übrigens recht interessant ist. Die Verlierer hingegen waren in dem Fall schnell ausgemacht: die Menschen im deutschen Reich, das ganze Land.

Dem gemeinen Volk war zunächst einmal ziemlich alles egal, Hauptsache, es war endlich wieder Ruhe. Man dachte damals noch nicht national, so wie wir es heute tun, sondern erwartete von dem jeweiligen Landesherrn Sicherheit und möglichst wenig Willkür. Die freie Religionsausübung war schon eher ein Knackpunkt. Auch dem jeweiligen Fürsten war die „Nationalität" seiner Untertanen nicht so wichtig, solange sie sich loyal verhielten. Zu welcher Religion sie sich bekannten, war da oft schon wichtiger. Von daher war es auch nicht unüblich, daß Adlige oder auch Leute mit besonderen Fähigkeiten ihre Dienste bei Bedarf fremden Herrschern anboten. Ein bekanntes Beispiel dafür ist Columbus. Der gebürtige Italiener „entdeckte" Amerika für die spanische Krone. Aber vor allem Offiziere (alles Adlige) ließen sich europaweit anwerben, nicht selten mit einem ganzen Regiment. Das führte natürlich zu für uns Heutige kuriosen Situationen, wie zum Beispiel, daß Landsleute aufeinander schossen, weil sie für verfeindete Herrscher fochten, oder daß miteinander verwandte oder verschwägerte Offiziere sich in einer Schlacht als Befehlshaber gegenüberstanden[38]. So etwas nahm man dann eher sportlich.

Doch zurück zum Friedensvertrag von Münster und Osnabrück. Kurz und vereinfacht gesagt: Frankreich wurde die führende Kontinentalmacht und erweiterte seinen Einfluß auf das Elsaß, um ein Einfallstor nach Deutschland zu haben, wie es Kardinal Richelieu ausdrückte (die endgültige Vereinnahmung war da nur noch eine Frage der Zeit). Schweden besetzte Ländereien in Nordostdeutschland (meist brandenburgisch-preußische Gebiete) und einige Küstenstädte. Ferner entstanden die Niederlande[39] und die Schweiz. Im Reichsgebiet wurden alle Fürstentümer – selbst die kleinsten - souveräne Staaten, in denen der Kaiser de facto kaum noch Einfluß hatte. Den übte da schon eher Frankreich aus, das viele dieser Länder mit Geld „unterstützte". Der Louisdor war quasi der

---

[38] Sehr schön zu lesen in Leonhard Horowskis „Das Europa der Könige". Europa war eine Ständegesellschaft. Das politische Denken in Nationen fing erst mit der Französischen Revolution an.
[39] Ein Teil der Niederlande blieb zunächst spanisch (habsburgisch) und katholisch, das spätere Belgien.

Dollar des 17./18. Jahrhunderts. (Neben dem politischen Einfluß übte Frankreich sehr bald auch einen kulturellen aus. Nicht nur Fürsten schauten nach Versailles und kopierten, was ihnen ihr Geldbeutel erlaubte, nicht selten auch darüber hinaus.)

Nebenbei wurden auch viele Dinge auf dem Feld der Diplomatie[40] entwickelt, sprich wie Staaten miteinander umgehen sollten. Vieles ist uns bis in unsere Tage erhalten geblieben (ständige Botschafter und Landesvertretungen, festgelegte Grenzen und vieles mehr); die moderne, regelbasierte Weltordnung fußt auf vielen Errungenschaften und Übereinkünften des Friedensvertrages von 1648. Nicht daß man sich immer an diese Regeln gehalten hätte. Schurkenstaaten und Großmächte (was manchmal das gleiche ist) pfeifen auch gerne einmal auf diese. An aktuellen Beispielen mangelt es leider nicht und die Welt wird deshalb zunehmend unfriedlicher.

Ein wesentlicher Punkt der Verhandlungen war auch die Schaffung eines Mächtegleichgewichts in Europa[41], das zum Ziel hatte, durch jeweilige, sprich auch wechselnde Bündnisse den/die stärksten Staat/en im Zaum zu halten. Eine tolle, noble Idee, die eigentlich nur aus England stammen kann, denn sie klingt so edel, so „gentlemanlike". Tatsächlich ist so das weltumspannende englische Weltreich gebaut worden, zunächst von allen unbemerkt. Denn es gab fortan bis praktisch ins 20. Jahrhundert hinein fast keinen größeren Konflikt in Europa, in dem die Engländer (in verschiedensten Bündnissen) nicht ihre Finger irgendwo im Spiel hatten, um sich so, mehr oder minder ungestört, ferne Länder

---

[40] Französisch blieb lange Zeit die Sprache der Diplomaten.
[41] Rußland spielte damals zunächst noch keine große Rolle, wurde aber seit Peter dem Großen ein zunehmend bedeutenderer Bestandteil des europäischen Kräftegleichgewichts. Es ist heute die einzig verbliebene europäische Großmacht, zumindest militärisch gesehen. Die Wirtschaftsleistung ist eher gering, dafür verfügt Rußland aber über viele Bodenschätze.

einverleiben zu können oder weltweit strategisch wichtige Punkte zu besetzen (bekanntestes Beispiel: das spanische Gibraltar). Englische Truppen wurden allerdings eher selten auf dem Kontinent eingesetzt, die brauchte man ja schließlich in Übersee.

Bereits gegen Ende des Dreißigjährigen Krieges (1643) bestieg in Frankreich Ludwig XIV. den Thron und sollte dort ziemlich lange verbleiben (bis 1715). Der „Sonnenkönig" genießt trotz der Revolution in Frankreich ein erstaunlich großes Ansehen, unbegreiflicherweise sogar hierzulande. Neben seiner Hofhaltung hatten vor allem seine dauernden Kriege Frankreichs Finanzkraft so weit ruiniert, daß sie sich davon nicht mehr erholte und zu einem der Auslöser der späteren Revolution wurde. Tatsächlich gab es für einen Herrscher wie ihn innerhalb seines Reiches gar nicht so viel zu tun, was ihm hätte Ruhm und Ehre einbringen können. Innenpolitisch war er in ein Adels- und Ständesystem eingebunden, wo er durch bestehende Rechte nicht so viel bewegen hätte können, wie wir uns das heute gerne vorstellen. (So ging es allen anderen europäischen Herrschern im Prinzip auch.) Was also blieb ihm übrig, um Frankreichs Ruhm zu mehren? Er konnte Kunst und Wissenschaft fördern, sich Kolonien in anderen Erdteilen erobern oder Kriege in Europa führen. Das alles tat Ludwig ausführlich und wurde aufgrund seiner Eroberungslust jedermanns Feind. (Wir Deutschen hatten dann diese Rolle ab dem späten 19. Jahrhundert übernommen, sodaß man seitdem nur noch von den bösen, kriegerischen Deutschen sprach. Mal sehen, wer uns dauerhaft ablöst.) Seine Pläne uns betreffend sahen unter anderem vor, Frankreichs Grenzen bis an den Rhein zu verschieben und auch die spanischen Niederlande (Flandern/Belgien) einzunehmen. Die Allianz aus Österreich, Niederlande, England und anderen konnte zwar manches verhindern, das Elsaß aber ging verloren. Gerne hätte

Ludwig auch noch die Pfalz seinem Machtbereich einverleibt, letztendlich begnügte er sich aber damit, von Cochem über Heidelberg, Pforzheim bis nach Calw alles im wahrsten Sinne des Wortes plattzumachen (1689). Diesen „Pfälzischen Krieg" brach er mit sonnigem Gemüt, aber ohne Ankündigung vom Zaun, sorgte vorher aber sicherheitshalber noch dafür, daß die Reichsarmee anderweitig beschäftigt war. Die guten Verbindungen seiner allerchristlichsten Majestät zum Sultan in Istanbul bewirkten das spielend. Kurioserweise war einer der erfolgreichen Befehlshaber der kaiserlichen Armee in diesem Türkenkrieg der pfälzische Landesfürst, der ebenfalls Ludwig hieß und deshalb den Spitznamen Türkenlouis erhielt. Er hätte wohl gerne darauf verzichtet, nachdem er Kunde aus seiner Heimat erhalten hatte.

Wir fassen zusammen: Das Heilige Römische Reich Deutscher Nation, das zumindest dem Namen nach noch existierte, war zum Ende des 17. Jahrhunderts (und natürlich noch einige Zeit darüber hinaus) ein Gebilde mit mehr als drei Dutzend (theoretisch unabhängiger) kleinerer und größerer Staaten (auch Stadtstaaten) mit einem Kaiser an der Spitze, der außer in seinen eigenen Ländereien, die größtenteils in Südosteuropa außerhalb des Reichs lagen, kaum noch politische Macht hatte. Teile des alten Reichsgebietes waren abgespalten oder von fremden Mächten besetzt worden. Eine Reichsarmee existierte nicht oder bestenfalls formell (die österreichische Armee), geschweige denn ein Zugehörigkeitsgefühl zu einem Reich. Man war nicht etwa Deutscher, sondern Sachse, Bayer, Köllner, Nassauer, Hannoveraner, Augsburger oder Lübecker. Demzufolge bestimmten Partikularinteressen die „Reichspolitik". Als zum Beispiel der brandenburgische Kurfürst gegen die Schweden (um 1675) militärische Unterstützung aus seinen im Westen liegenden Ländern (Jülich und Cleve) einforderte, ging er zunächst leer aus. Was gingen die Herren dort auch die Kämpfe ihres Fürsten im Nordosten an.

Man muß es noch einmal erwähnen: So wie damals im „Reich" jeder nur seine Interessen wahrnahm und deshalb dazu beitrug, daß es Spielball (oft sogar Schlachtfeld) der Großmächte ringsum wurde, geht es heute in Europa zu, speziell in der EU. Manche sind sogar noch stolz darauf und arbeiten fleißig daran, endlich oder auch wieder Büttel einer der Großmächte zu werden, denen an einem geeinten Europa aus naheliegenden Gründen absolut nichts liegt. Wir sehen doch aktuell, daß nicht einmal wir Deutschen als eine der größten Wirtschaftsnationen international etwas bewegen können. Der ehemalige dänische Finanzminister Kristian Jensen brachte es einmal auf den Punkt: *„Es gibt zwei Arten von Nationen in Europa. Es gibt kleine Nationen - und es gibt Länder, die noch nicht verstanden haben, dass sie kleine Nationen sind."*

6. Preußens Glanz und Frankreichs Gloria

Preußen, - na klar, das kennen wir. Man kann sich gar nicht vorstellen, daß es zum Ende des 17. Jahrhunderts den Menschen, sogar Kaisern und Königen ziemlich unbekannt war. Das, was wir inzwischen mit diesem Namen verbinden, gab es nämlich damals so nicht. Es gab die Mark Brandenburg, die irgendwann zu einem Kurfürstentum geworden war, dazu einige Kleckse im Westen des

Reichs, die dem Kurfürsten auch gehörten, und es gab weit weg im Nordosten Europas, also außerhalb des Reiches, ein Gebiet, das man Preußen nannte, weil dort Preußen wohnten. Dieses hatte Kurfürst Friedrich Wilhelm (seit 1640 in Amt und Würden) im Laufe der Zeit erworben[42], also für Geld, ein für diese Zeit eher ungewöhnliches Verfahren. (Die preußische Geschichte ist durchaus interessant, würde aber hier den Rahmen sprengen, weswegen wir uns auf das beschränken müssen, was die Geschichte Deutschlands betrifft.) Es hat Friedrich Wilhelm einiges gekostet und er hatte viele Widerstände zu überwinden, um das vom Dreißigjährigen Krieg gebeutelte Land zu einem einflußreichen Kurfürstentum zu machen. Er führte recht bald ein stehendes Heer ein, mit dem er später die Schweden aus den besetzten Gebieten vertrieb. Das war nicht billig, und Steuern bezahlten die Leute damals wie heute ungern. Auch mußten die Truppen manchmal in Dörfern und Städten einquartiert werden, was oft Unmut erzeugte. Auf lange Sicht aber wurde Preußen so zu einer militärischen Macht, an der man in Europa nicht mehr vorbeikam. Preußische Truppen waren übrigens eine gern gesehene Unterstützung in mancherlei Kriegen, die in verschiedenen Bündnissen gegen wechselnde Gegner eingesetzt wurden. Preußen selbst hat von sich aus nur sehr wenige Kriege angefangen, im Vergleich mit den anderen europäischen Mächten. Merke: Ein vom Militär geprägter Staat muß deshalb noch lange nicht kriegerisch sein.

Der Kurfürst investierte aber auch viel in das Land, die Infrastruktur, die Städte sowie in die Landwirtschaft. Viele Fachleute und Handwerker wurden geworben und kamen gern, darunter viele Holländer, Hugenotten und auch Juden, denn Religionsfreiheit und

---

[42] Es handelte sich dabei um Ostpreußen, den Teil des ehemaligen Deutschordensstaates, der nach dessen Zerschlagung ein protestantisches Herzogtum (seit 1525) unter polnischer Lehnshoheit war. 1618 erbte es der damalige brandenburgische Kurfürst. Kurfürst Friedrich Wilhelm (1620-88) löste es dann später aus der polnischen Lehnshoheit heraus.

Toleranz, die der Kurfürst gewährte, waren damals in Europa nicht üblich. So begann Preußen wirtschaftlich und in der Folge kulturell aufzublühen. Zu Recht nannte man diesen Friedrich Wilhelm später den Großen Kurfürsten. Vor allem entwickelte sich Preußen allmählich zu einem Rechtsstaat, während zum Beispiel in Frankreich oder Österreich der Absolutismus in Reinform noch länger bestehen blieb. In dem Maße, wie das alles geschah, wurde Preußen erst der Staat, der er dann zu Zeiten Friedrichs des Großen und darüber hinaus war und in dem sich die Bevölkerung insgesamt auch als Preußen fühlte.

Friedrich Wilhelms Sohn Friedrich III. hatte, nachdem er Kurfürst geworden war, irgendwann eine ziemlich verrückte Idee: Er wollte unbedingt König werden. Eine solche Idee hatte übrigens auch schon sein Nachbar gehabt, der sächsische Kurfürst August „der Starke", und sich zum polnischen König wählen lassen. Polen war nicht Reichsgebiet und so, wie ausländische Könige auch Reichsfürsten sein konnten (durch Heirat oder Erbfall), konnte sich ein deutscher Fürst natürlich auch im Ausland zum König wählen lassen. Bei Friedrich lagen die Dinge etwas anders, denn er wollte König in Preußen werden. Dieses lag zwar auch außerhalb des Reichsgebietes, war aber kein Ausland in dem Sinne, denn es gehörte ihm. Man brauchte viel Überredungskunst, damit der Kaiser diesem Ansinnen zustimmte. Der tat es letztlich - aus welchen Gründen auch immer - zum Entsetzen der wenigen hellen politischen Köpfe in Wien. Somit wurde 1701 Friedrich, nun „der Erste", König in Preußen, aber nicht von, wohlgemerkt! Die Krönung fand dann folgerichtig in Königsberg (Ostpreußen) statt. Für alle, die von dieser Stadt möglicherweise noch nie etwas gehört haben und sie vergeblich auf der Landkarte suchen: heute heißt sie Kaliningrad und gehört zu Rußland. Wir kommen, leider, noch darauf zu sprechen, wie das kam.

Auf Friedrich folgte dessen Sohn Friedrich Wilhelm I., der sogenannte Soldatenkönig. So interessant es wäre, wir sparen uns hier die mehr oder minder fundierten Spekulationen über seinen Charakter oder seine Psyche und warum er tat, was er tat. Friedrich Wilhelm wurde nachweislich schnell jähzornig und vergaß sich dann selbst. Außerdem konnten manche Leute ihn leicht beeinflussen, wie zum Beispiel sein Minister Grumbkow, der nachweislich von den Österreichern geschmiert wurde. Sicher ist, daß er schon als Kronprinz den Krieg kennengelernt hatte und ihn verabscheute. Er empfand ihn in jeder Beziehung als Verschwendung, denn er war, und das ist auch verbürgt, ziemlich knauserig. Daher begnügte er sich damit, seinen „langen Kerls", die er fast europaweit anwerben ließ, beim Exerzieren zuzuschauen. Die „Anwerbung" geschah nicht immer freiwillig. Aktiv beteiligte er sich nur einmal an einem Krieg, nämlich dem Dänemarks und Sachsens gegen Schweden, um diese aus ihren letzten deutschen Stützpunkten in „Preußen" an der Ostseeküste (u.a. Wismar und Stralsund) zu vertreiben.

Im Übrigen lebte der König relativ bürgerlich und verbesserte die Verwaltung und Gerichtsbarkeit im Lande. Die Truppe war in Schuß, die Staatskassen voll, die Wirtschaft florierte, sprich: Preußen ging es gut. Warum sich also mit anderen raufen? Friedrich Wilhelm war absolut dem Kaiser ergeben und hat sich nie gegen ihn gestellt. Aber es wurde ihm bald klar, daß er für die Mächtigen in Wien oder auch London nur eine Schachfigur auf deren Spielbrett war. So wurde zum Beispiel die geplante Verheiratung des Kronprinzen und seiner ältesten Tochter mit dem englischen Königshaus (man war verwandt) vom Kaiserhof fortwährend durch Intrigen sabotiert. Natürlich versuchte auch der englisch-hannoverische Hof Preußen auf seine Seite zu ziehen. Irgendwann hatte der König „die Schnauze voll". Friedrich mußte letztlich eine protestantische Verwandte des Kaisers heiraten, von der er im Wesentlichen getrennt lebte. In der oft schäbigen kaiserlichen Einmischung in die preußische Politik lag sicher auch ein Grund für Friedrichs späteres Vorgehen gegen

Österreich. Seine Schwester wurde (eigentlich unter „Wert") letztlich mit dem zukünftigen Bayreuther Markgrafen verheiratet. Immerhin profitierte diese Stadt später enorm durch diese Hochzeit.

Eine Hofhaltung wie im Sachsen August des Starken wäre Friedrich Wilhelm I. niemals in den Sinn gekommen, denn mit Kunst und Kultur konnte er nicht viel anfangen. Sein Sohn Friedrich, der Kronprinz, war den schönen Künsten hingegen sehr aufgeschlossen, besonders den französischen[43], weniger aber dem militärischen Drill. Es gab häßliche Szenen am Königshof deswegen und Friedrich versuchte sogar einmal mit Hilfe eines Freundes auszubüchsen. Das dilettantisch ausgeführte Unternehmen endete nicht überraschend mit der Hinrichtung des Freundes und vorübergehenden Inhaftierung Fritzens.

1740 wurde der „affektierte Kerl" dann doch noch König, dementsprechend Friedrich II. genannt. Wir kennen ihn meistens als Friedrich den Großen oder besser als den „Alten Fritz". Doch zunächst war er weder groß, noch alt und für die meisten Menschen ein unbeschriebenes Blatt. Das wollte Friedrich schnell ändern, denn Ehrgeiz hatte er schon. Da sich Frankreich und die Habsburger wieder einmal (oder immer noch) in den Haaren lagen und Maria Theresias Herrschaftsanspruch (als Frau!) noch umstritten war, nutzte er, gleich im ersten Jahr seiner Herrschaft, die günstige Gelegenheit, um in Schlesien einzumarschieren. Das gehörte damals offiziell zu Österreich, aber nach Friedrichs Auffassung stand es wegen irgendwelcher nicht eingehaltener kaiserlicher Zusagen eigentlich Preußen zu. Es spielt heute (wie auch damals) keine Rolle mehr, wer im Recht war. Friedrich wollte, wie aus seinen eigenen

---

[43] Friedrich sprach und, vor allem, schrieb viel besser Französisch als Deutsch. Die sich zu seiner Zeit beachtlich entwickelnde deutsche Dichtung und Philosophie bemerkte er deswegen fast zwangsläufig nicht.

Aufzeichnungen hervorgeht, einfach auf sich aufmerksam machen. Die Österreicher schickten ein Heer und es kam zur Schlacht. Anfangs lief es nicht gut und Friedrich setzte sich vorsichtshalber ab. Er hätte warten sollen, denn sein alter Feldmarschall gewann letztlich doch die Oberhand, vor allem durch den Einsatz der sagenumwobenen preußischen Infanterie, den langen und extrem diszipliniert vorrückenden Kerls. Friedrich behielt Schlesien, schämte sich aber fürchterlich wegen seines Verhaltens in der kritischen Phase der Schlacht. Dergleichen sollte ihm nie wieder geschehen. In den späteren Kriegen war er stets bei der Truppe, auch im Schlachtengetümmel, schonte sich nie und verbat sich sogar im Falle einer Gefangenahme jegliche Rücksichtnahme auf sein Los. Andere Monarchen ließen sich so gut wie nie „an der Front" sehen, denn dafür war man sich mittlerweile viel zu fein geworden und hatte ja seine Leute. Außerdem mußte sich ja ein Monarch um so vieles anderes selbst kümmern. Der preußische Staat dagegen funktionierte dank seines ausgeprägten Beamtenwesens reibungslos. (Merke: Nicht das Beamtenwesen schlechthin, sondern das Wesen der Beamten macht die Effizienz einer Verwaltung aus.)

Es war abzusehen, daß sich Österreich unter Maria Theresia[44] mit dem Verlust Schlesiens nicht abfinden würde. Nach einigen Jahren

---

[44] Maria Theresias Vater, Kaiser Karl VI., hatte keinen männlichen Erben und so durfte sie als Frau, nach dem Willen ihres Vaters und einem von ihm erreichten Reichstagsbeschluß, Erzherzogin von Österreich und sogar Königin von Ungarn werden. Kaiser durfte laut Reichsverfassung aber nur ein Mann sein. Also betrieb sie mit allen Mitteln die Kaiserwahl ihres Gatten Franz von Lothringen, dessen Stammland, altes Reichsgebiet, dabei an Frankreich verschachert wurde. Zwischenzeitlich wurde zwar der Bayer Karl VII., ein Wittelsbacher, zum Kaiser gewählt, überlebte seine Krönung aber zum Glück nicht mehr lange. Maria Theresia gelang es - trotz einiger militärischer Erfolge des Bayern (unterstützt u.a. von Preußen und französischen(!) Truppen) - in Böhmen und auch in München einzumarschieren. Der Wittelsbacher sah nach seiner eher improvisierten Krönung in Frankfurt seine Heimat deshalb nur noch zum Sterben wieder. So viel zur Macht des

probierte sie es noch einmal, allerdings erfolglos (2. Schlesischer Krieg). Danach schloß sie neue Koalitionen. Anfangs war England Österreichs einziger mächtiger Verbündeter. Dann gelang es der österreichischen Diplomatie, sich mit Rußland und Frankreich zu verbünden. Der spanische Erbfolgekrieg wurde ad acta gelegt und Maria Theresias Tochter Marie-Antoinette mit dem französischen Thronfolger, dem späteren König Louis XVI., verheiratet. Wundert es da, daß England sich daraufhin mit Preußen zusammentat?

Es waren noch ein paar andere Länder des Reiches beteiligt, vor allem Sachsen, sowie formal noch Schweden. Ein „Scherz" Friedrichs über die „Drei Unterröcke" Maria Theresia, Zarin Elisabeth und Madame Pompadour (damals die heimliche Herrscherin Frankreichs) soll das Bündnis Österreichs mit Rußland und Frankreich wesentlich befördert haben. Friedrich war auf Frauen (mit Ausnahme seiner älteren Schwester Wilhelmine) nicht gut zu sprechen. Das hat sicherlich mehr mit seiner Jugend am väterlichen Hofe, seiner Mutter und dem Heiratsgeschacher zu tun, als mit einer angeblich homosexuellen Neigung.

1756 war es dann so weit: Der 3. Schlesische Krieg, besser bekannt als der Siebenjährige, begann. Friedrich stürzte sich schnellstmöglich auf Sachsen, um diesen Bündnispartner Österreichs gleich auszuschalten. Da haben wir es angeblich wieder: Das aggressive Preußen. Aber was hätte Friedrich tun sollen? In Potsdam warten, bis sich die mächtigen Heere vereint auf Preußen stürzen würden? Man sagte: „Friedrich hatte das viel kürzere Schwert, zog es aber schneller aus der Scheide." So tat Friedrich das, was ihm strategisch eigentlich nur noch übrigblieb: Mit seinem Heer zog er häufig in Eilmärschen hin und her, um sich gegen Russen und Österreicher zu verteidigen. Oft siegte er, zum Teil spektakulär, aber eben nicht immer. Trotzdem

---

Kaisertums in jenen Jahren. Nachdem sich Maria Theresia etabliert und die nötigen Druck- und Überredungsmittel hatte, ließ sie ihren Gatten zum nächsten Kaiser wählen.

wurde Friedrich zunehmend bewundert. Ein heutiger Historiker nennt Friedrich den „scheinbar Großen", erklärt ihn gar zu einer negativen Figur. So ändern sich die Zeiten, zumindest bei uns. Es sollen wohl die Engländer gewesen sein, die ihn zuerst „the Great" nannten.

Bitter für Frankreich war, daß man gegen ein zweites (kleineres) preußisches Heer im Westen, das nie vom König geführt wurde, nicht eine einzige Schlacht gewinnen konnte. Bitter für Preußen war, daß dem Land allmählich die Reserven ausgingen. Im siebten Kriegsjahr standen russische Truppen in Berlin und das abgekämpfte preußische Heer erwartete den finalen Schlag Österreichs in Schlesien. Der Krieg war offensichtlich nicht mehr zu gewinnen.
Was tat eigentlich Preußens Verbündeter England in all den Jahren? Außer einem lächerlich kleinen Truppenkontingent im Westen, das gegen die Franzosen auch nur bedingt zum Einsatz kam, schickte man immer nur Geld. Englands Hauptstreitmacht aber kämpfte durchaus gegen Frankreich, allerdings in Übersee. Genau zu dem Zeitpunkt, als Preußen mit dem Rücken zur Wand stand, siegte England in Indien, Amerika und Kanada über die letzten, dort stationierten französischen Truppen, denen kein nennenswerter Nachschub mehr aus der Heimat gebracht werden konnte. Die Politik des europäischen Mächtegleichgewichts hatte sich ausgezahlt, das Ziel, ein weltumspannendes englisches Empire, war erreicht. Preußen war nun nicht mehr interessant und die Zahlungen wurden eingestellt. Das alles erkannte Friedrich durchaus, aber es half ihm nicht weiter[45]. England riet zum Frieden, was man von London aus gesehen gut machen konnte. Friedrich überlegte, wie

---

[45] Immerhin: Als England später in Deutschland Truppen zusammenkaufte, um gegen die Aufständischen in Amerika zu kämpfen, verbot Friedrich die Anwerbung in Preußen kategorisch.

dieser wohl aussehen würde, wenn Maria Theresia, Elisabeth und Louis XV. (eigentlich die Pompadour) darüber zu befinden hätten, und machte deshalb weiter.

Dann geschah etwas völlig Unerwartetes. Zarin Elisabeth starb und ihr Sohn Peter, der wie viele ein Bewunderer Friedrichs war, wechselte die Seiten. Das war der Zar, der kurze Zeit später von seiner Gattin, der späteren Katharina der Großen (eine ehemals preußische Prinzessin) weggeputscht wurde. Zum Glück regierte er noch lange genug, um Preußen zu helfen.

Den Rest erledigte der Preußenkönig nun spielend und ging als „strahlender Sieger" in die Geschichte ein. Friedrich hatte so immerhin erreicht, daß im Reich Preußen zum einflußreichsten Land nach Österreich aufstieg. Auch das Ausland behandelte Preußen nun ganz anders. Hinter den Kulissen sah es natürlich nicht ganz so rosig aus. Das Land war durch die Kriege wirtschaftlich nahezu ruiniert und es brauchte viele Jahre, bis Preußen sich wieder erholt hatte. Aber auch in Friedenszeiten setzte Friedrich Maßstäbe, auch durch persönlichen Einsatz. Minister oder Beamter zu sein, war in Preußen damals kein Zuckerschlecken, denn Friedrich, der selbst wenig Schlaf brauchte und viel arbeitete, erwartete dies, nebst Unbestechlichkeit, genauso von ihnen. Als Friedrich starb (1786), merkte man das sofort, denn sein Nachfolger (sein Neffe) war eine Schlafmütze und dessen Sohn, Friedrich Wilhelm III., würde auch deshalb durch ein tiefes Tal durchmüssen.

Frankreich war durch die vielen Kriege, die seit Ludwigs XIV. Zeiten geführt wurden, ebenfalls finanziell am Anschlag. Der Verlust lukrativer Kolonien kam dann noch dazu. Spanien unter französischen Einfluß zu bringen und dadurch die Habsburger zu schwächen, war zwar gelungen, aber daß England ein viel härterer Brocken war, was die Erringung der führenden Rolle in der Welt betraf, hatte man letztlich nicht gedacht. Der Versuch, andere Geldquellen im Lande anzuzapfen (u.a. Adlige vermehrt zu besteuern), mißlang gründlich und durch die Einbeziehung der Stände und zusätzlicher innenpolitischer Fehler öffnete man quasi die Büchse der Pandora. Es kam zur Revolution. Waren die Rädelsführer anfangs verarmte Adlige, verkrachte Intellektuelle oder Leute des gehobenen Bürgertums, so spülte die zunehmende Radikalisierung alsbald diktatorisch gesinnte Figuren wie Danton oder Robespierre an die Spitze der Bewegung (und entsorgte sie oft auch wieder). Es ging „drunter und drüber" und die Henker hatten Hochkonjunktur. Viele ehemals angesehene Leute flüchteten in deutsche Länder und ermunterten natürlich die Fürsten, dem Treiben in Frankreich ein Ende zu setzen. Tatsächlich initiierte der Kaiser eine Art Schutzbündnis mit etlichen Reichsfürsten gegen das revolutionäre Frankreich, tat aber sonst nichts weiter. Sehr wahrscheinlich war er nur um seine Besitzungen an Frankreichs Grenzen besorgt.

Bis dato hatte die Revolution bereits ihre Kinder gefressen, wie man so sagt. Auf dem Speiseplan standen mittlerweile schon die „Enkel". Es lief schlecht. Was tun Politiker, wenn ihnen das innenpolitische Wasser bis zum Halse steht? Sie schauen sich um, auf wen oder was man den Volkszorn umleiten kann. Wie schön, daß gerade fremde Soldaten an Frankreichs Grenzen herumstanden. Bei dieser Gelegenheit kramte man die alten Pläne Ludwigs XIV. wieder aus, wonach Frankreichs „natürliche" Grenzen am Rhein zu sein hätten, und schlug los. Sie schafften es tatsächlich.

Jeder halbwegs fähige General hätte diesem wilden Haufen den Garaus gemacht. Aber in den Stäben der „Reichsarmee" saßen nur Tattergreise und Taugenichtse, die vermutlich nicht einmal ansatzweise miteinander kooperierten. Man zog sich zurück, Preußen stieg sogar fatalerweise aus dem Bündnis aus.

Es dauerte nicht lange, dann war aus dem wilden Haufen eine schlagkräftige Armee geworden, die den Österreichern in Italien empfindliche Niederlagen zufügte. Wesentlichen Anteil daran hatte ein junger, militärisch sehr begabter General namens Napoleon Bonaparte, der sich unter anderem einschlägig mit den Schlachten Friedrichs des Großen im Siebenjährigen Krieg beschäftigt hatte. Diesen bewunderte Napoleon sehr. Da wir hier die deutsche Geschichte zum Thema haben, würde es den Rahmen sprengen, die Art und Weise des Aufstiegs Napoleons zu beschreiben. Aber ist es nicht erstaunlich, wie schnell man nach der Beseitigung eines als fürchterlich dargestellten Herrschers und Errichtung eines auf - zumindest theoretisch - Freiheit, Gleichheit und Brüderlichkeit basierenden Gemeinwesens einem selbsternannten Führer, pardon Kaiser, praktisch bedingungslos nachläuft, sogar über 3000 Kilometer weit ins russische Riesenreich?

Nun, zunächst war er ja noch ein Hoffnungsträger der führenden Revolutionäre und auch noch kein Kaiser. Wer konnte schon wissen, wie das weitergehen würde. Trotz seines gescheiterten Feldzuges in Ägypten[46] und nicht zuletzt durch die Unterstützung der Generalswitwe de Beauharnais konnte er sich an die Spitze des

---

[46] Man stellte sich vor, auf diese Weise England zu schwächen. Nachdem Lord Nelson aber die französische Flotte im Mittelmeer besiegt hatte und mit Nachschub auch nicht mehr zu rechnen war, kam das Expeditionsheer irgendwann unter die Räder. Wer das Glück hatte zu überleben, fand sich recht schnell als Sklave eines arabischen Herrschers wieder. Napoleon setzte sich natürlich rechtzeitig ab in die Heimat.

neuen Frankreichs „durchboxen". Nicht lange danach schickte er sich an, Europa neu zu ordnen oder - besser gesagt - Frankreich unterzuordnen. Wovon viele französische Könige vor ihm geträumt hatten, brachte er fast mühelos fertig. Er beherrschte Spanien und Portugal (weitgehend), schlug die Österreicher zunächst in Italien und anschließend die „Reichsarmee" auf deutschem Boden (Preußen hielt sich fatalerweise wieder heraus). In der Schlacht von Austerlitz (1805) konnte er, dann im Verein mit den Heeren einiger deutscher Fürsten, die die Seiten inzwischen gewechselt hatten, das österreichisch-russische Heer entscheidend besiegen. Mittlerweile hatte er sich in Frankreich zum Kaiser ausrufen lassen – „Liberté, Égalité, Fraternité" waren wie weggeblasen. Bei der Krönung setzte er sich die Krone selbst auf. Das angebliche Zepter Karls des Großen, daß er in Händen hielt, stellte sich später allerdings als ein Dirigentenstock heraus.

Anschließend ordnete er „Deutschland" neu. Auch in anderen Ländern setzte er Verwandte und Freunde zu Regenten ein. Da Napoleon auch Kirchenfürsten entmachtete und Klöster säkularisierte, nahmen die deutschen Fürsten natürlich gerne die „geschenkten" Ländereien. Tatsächlich verschwanden so etliche Kleinststaaten von der Bildfläche. Gerechterweise muß man aber auch sagen, daß mit dem großflächig eingeführten Code Napoleon die Verwaltung deutlich modernisiert wurde.
Etliche west- und süddeutsche Länder taten sich nun zum sogenannten Rheinbund zusammen, der natürlich unter Napoleons Fuchtel stand. Die Liste dieser „Reichsfürsten" erspare ich uns. Damit war das etwa tausendjährige deutsche Reich definitiv nicht mehr existent (1806) und Kaiser Franz nahm folgerichtig die Reichskrone ab und brachte sie ins Museum, -Verzeihung, in die Schatzkammer. Aber weil Kaiser einfach viel besser klingt als

Erzherzog, nannte er sich daraufhin Kaiser von Österreich und brauchte sich damit auch nicht neben der alten Krone ins Museum zu setzen. Man schloß allenthalben Frieden, bis auf England. Aber zwischen Frankreich und dem britischen Festland lagen schon damals beruhigend der Ärmelkanal und die mächtige englische Kriegsflotte.

Da war aber doch noch etwas, mögen Sie sagen, und Napoleon sagte sich das auch: Preußen! Wie schon erwähnt gibt es über Friedrich Wilhelm II. (gest. 1797), den Neffen und Nachfolger des alten Fritz, nicht viel Erbauliches zu sagen. Dessen Sohn und Thronfolger, Friedrich Wilhelm III., war ein kreuzbraver Mann mit dem Auftreten eines Verwaltungsdirektors und war umgeben von gleichgesinnten, daher im Grunde unfähigen Beratern. Napoleon hatte leichtes Spiel. Nachdem er im Zuge der „Neuordnung" Deutschlands einige Westteile Preußens einfach besetzt hatte, bot er als „Ausgleich" den Preußen Hannover an. Daß dieser Teil des Reiches dem hannoverischen Fürsten gehörte, der ja auch der englische König war, fiel in Berlin wohl erst auf, als preußische Truppen in Hannover einmarschiert waren und England (mit Schweden) den Preußen den Krieg erklärt hatte. Alles Gerede von einer vorübergehenden Lösung half nicht. Man pfiff die „langen Kerls" zurück. Doch Napoleon provozierte weiterhin und benahm sich völlig ungeniert. Da wurde es selbst dem Herrn Direktor, pardon König Friedrich Wilhelm, zu viel und er erklärte Frankreich den Krieg.

So macht man das: Preußen stand nun praktisch allein da! Darüber hinaus mußte Friedrich Wilhelm nun einen Krieg führen, den er so - ohne nennenswerte Unterstützung - zu diesem Zeitpunkt nie führen wollte. Entsprechend ging die Sache aus. Preußens Armee, mit sächsischen Truppen verstärkt, war zwar numerisch in allen Belangen überlegen, doch wieder führten Mummelgreise (zum Teil noch dieselben) das Heer an, mit veralteter Taktik und veralteten Karten; zum Teil hatten sie gar keine. Napoleon siegte fulminant bei Jena und Auerstedt (1806) und anschließend wurde Preußen gerupft. Der König verkroch sich in den letzten Winkel Ostpreußens und durfte von dort den Rest seines Landes verwalten, bis man ihm eine Wiederkehr nach Berlin erlaubte. Manche kennen aus dem Film über die preußische Königin Louise noch die anrührende Szene, in der sie Napoleon um Milde bittet. Das machte die historische Louise tatsächlich, aber wer glaubt, daß dieser sich davon hätte wirklich beeindrucken lassen, glaubt auch an den Osterhasen. Die historischen Fakten sprechen für sich.

Gloire éternelle! Doch wenn's dem Esel zu wohl ist, geht er aufs Eis. Das tat Napoleon dann auch, im Grunde wortwörtlich.

Einschub: Philosophie der Aufklärung

„Aufklärung", so definierte es einmal der große Philosoph Immanuel Kant (1724-1804), „ist der Ausgang des Menschen aus seiner selbstverschuldeten Unmündigkeit. Unmündigkeit ist das Unvermögen, sich seines Verstandes ohne Leistung eines anderen zu bedienen. Selbstverschuldet ist diese Unmündigkeit, wenn die Ursache derselben nicht am Mangel des Verstandes, sondern der Entschließung und des Mutes liegt, sich seiner ohne Leistung eines anderen zu bedienen."

Sollten Sie dieses Zitat, Beispiel philosophischer Fabulierkunst jener Zeit und sogar noch recht gut verständlich, für eine ziemlich schwierige und umständliche Ausdrucksweise halten, kann ich Sie gut verstehen. Daher möchte ich Sie nicht mit weiteren Ergüssen aus der Feder dieser großen Denker behelligen, sondern mich mehr mit Sinn und Zielrichtung dieser für uns enorm wichtigen philosophischen Phase befassen und was diese bis heute, zumindest in unseren Breitengraden, bewirkt hat.

Es ging bei besagter Aufklärung, die zeitlich im 18. Jahrhundert zu verorten ist, natürlich nicht um „Bienchen und Blümchen", sondern um eine Abkehr von der mittelalterlichen philosophischen Denkweise, die nach einer Ganzheit zwischen Himmel und Erde suchte. Die Religion war deshalb auch ein wichtiger Bestandteil dieser Philosophien. Die unrühmliche Rolle der Kirche, gerade auch im Umgang mit Wissenschaftlern, die scheinbar festgefügte Wahrheiten angezweifelt und diese nicht selten zum Einsturz gebracht hatten, aber auch die religiös aufgeladenen Kriege schufen zumindest bei gebildeten Leuten ein Klima der geistigen Abkehr von kirchlichen Institutionen und Glaubenssätzen.

Nun waren die „Aufklärer" nicht von vornherein oder prinzipiell ungläubig oder religionsfeindlich, eher kirchenkritisch, aber sie meinten die Philosophie aus den „Fängen" der Religion oder des religiösen Denkens herauslösen zu müssen. In der damaligen Hoffnung oder mehr noch Annahme allem wissenschaftlich auf den Grund gehen zu können, würde man auf die „Hypothese Gott" letztlich verzichten können, wenn nicht sogar müssen. Sie verbannten also Gott, sofern sie ihn nicht überhaupt leugneten, quasi in den Himmel, von wo er ihrer Auffassung nach in das Geschehen auf Erden ohnehin nie besonders eingegriffen hatte, denn durch die Naturgesetze würde sich hier letztlich alles regeln. Diese galt es zu ergründen und zum Segen für die Menschheit anzuwenden. Biblische Wunder wären demnach entweder reine Mythologie oder irgendwann wissenschaftlich erklärbare Vorgänge gewesen. Der vernunftbegabte, gebildete, also aufgeklärte Mensch wäre also allein durch eigene Fähigkeiten in der Lage, eine wunderbare Zukunft auf der Erde zu gestalten. Der Keim, Religion oder Spiritualität allgemein als eine Privatsache aufzufassen, die für das Erdenleben eigentlich keine Relevanz hat, wurde also in dieser Zeit gelegt.

Das Wort „Aufklärung" an sich beinhaltet im Grunde eine Abwertung der großen Geister des Mittelalters wie Alkuin, Anselm von Canterbury, Peter Abaelard, Albertus Magnus oder Thomas von Aquin, denen man praktisch unterstellte, daß sie sich aufgrund ihrer Gläubigkeit nicht zu den höchsten geistigen Leistungen hätten emporschwingen können. Dabei haben gerade Albertus Magnus oder auch William von Ockham (Ockham's razor) bewußt darauf hingewiesen, sich bei wissenschaftlichem Arbeiten nicht dem Spintisieren hinzugeben, sondern erst einmal selbst genau hinzuschauen.

Waren Kirche und Klöster über Jahrhunderte die Kulturzentren des Abendlandes, entwickelten sich mit dem ausgehenden Mittelalter die Universitäten und Höfe von Landesfürsten zu mindestens gleichwertigen Horten der Kunst und Wissenschaft. Mit dem aufstrebenden Bürgertum kam dann neben Klerikern und Adeligen auch diese Bevölkerungsschicht vermehrt zu Bildung und Ansehen. Als Begründer der Aufklärung gelten die Franzosen Descartes („Ich denke, also bin ich") und Voltaire[47], die Briten Locke, Hume und Hobbes sowie der deutsche Gelehrte Gottfried Wilhelm Leibniz. Ein für uns ebenfalls nicht unwichtiger Mann der Aufklärung war der Rabbiner und Gelehrte Moses Mendelssohn, der eine Assimilation der Juden in die deutsche Gesellschaft, aber auch deren politische Teilhabe forderte. Er reformierte das jüdische Leben in Deutschland und auch darüber hinaus nachhaltig. Ohne nun aber auf alle im Einzelnen einzugehen, was hier auch zu weit führen würde, kann man deren Wirken in einigen wichtigen Punkten zusammenfassen.

---

[47] Dieser wurde von dem immer nach „Esprit" und französischer Kultur gierenden Preußenkönig Friedrich II. sehr geschätzt und sie unterhielten freundschaftliche Beziehungen. Friedrich sprach ja meistens Französisch, was damals höfische Mode war, und unterhielt sich oft und ausführlich mit dem häufig anwesenden Franzosen. Daß Voltaire nebenbei ein wenig für Frankreich spionierte, wußte der König offenbar nicht oder es war ihm wurscht.

Da ist zunächst einmal der Rationalismus zu nennen. Überliefertes Wissen sollte nicht einfach hingenommen, sondern stets mit eigenem Denken und neuesten wissenschaftlichen Erkenntnissen überprüft werden. Das ist sicher sehr vernünftig, wie man in der Aufklärung ja ohnehin auf Verstand und Vernunft setzte. Der gesunde Menschenverstand (Ratio), so schloß man, könne also durch bloßes Denken stets zur Wahrheit durchdringen, ohne Hilfe eines anderen. Das wäre eine steile These, würde sie keine entsprechende Bildung voraussetzen, welche natürlich nur mit der Hilfe von anderen letztlich erreichbar wäre. Das war allerdings auch so gedacht. Die Folge davon war, daß es zu vermehrten Bildungsangeboten in den Ländern kam. Speziell Deutschland wurde hier zum Vorreiter durch die früh eingeführte allgemeine Schulpflicht und die vermehrte Gründung von Universitäten. In diesem Fall war die Zersplitterung des Reiches in viele „Staaten" ein gewisser Vorteil, da sich jeder Fürst gerne mit Bildungseinrichtungen und diversen Gelehrten schmückte. Die Definition der Aufklärer, was nun eigentlich ein gesunder Menschenverstand ist, läßt aber auch zu wünschen übrig. Vom gern zitierten gesunden Menschenverstand zum „gesunden Volksempfinden" faschistischer Prägung ist der Weg übrigens gar nicht so weit, wie mancher denkt. Immerhin, und wir wollen das Positive daraus nehmen, gilt die Aufklärung als Wiege des modernen wissenschaftlichen Denkens und dessen Methode der Erkenntnisgewinnung. Den vielen Verbreitern abenteuerlicher Theorien in unseren Tagen stünde ein solches wissenschaftliches Denken eigentlich ganz gut an.

Weitere wichtige Gedanken ergaben sich aus der erneuten Betrachtung des Naturrechts des Menschen. Die uns heute noch geläufigen Aussagen, daß jeder Mensch gleich und frei geboren ist und ein Recht auf Leben, Freiheit und Eigentum hat, stammen aus jener Zeit, wie auch die daraus resultierenden politischen Forderungen nach Meinungsfreiheit, Mitgestaltung, Trennung von Kirche und Staat sowie Gewaltenteilung innerhalb eines Staates. Sie führten direkt in ein modernes Staatsdenken, das damals natürlich von den jeweiligen Machthabern allermeist nicht geteilt wurde. Die Unabhängigkeit der USA, die Französische Revolution von 1789 und die 1848er Aufstände in mehreren europäischen Staaten sind die direkten Folgen des Versuchs, diese Gedanken umzusetzen. Es brauchte aber noch einige Zeit und viele blutige Auseinandersetzungen bis diese Ideen zumindest in der westlichen Welt weitgehend akzeptiert wurden.

Die Französische Revolution ist übrigens ein gutes Beispiel, wie aus Freiheit, Gleichheit und Brüderlichkeit auch schnell eine unmenschliche „Diktatur des Volkes" werden kann. Im Grunde war es ein Militärputsch (Napoleon), der dem innenpolitischen Chaos ein Ende bereitet hatte. Die Ideen der Aufklärung flossen letztlich in die Erklärung der Menschenrechte durch die Vereinten Nationen 1948 ein. Diese dort definierten Menschenrechte sind natürlich ein geistiges Produkt Europas, das in vielen asiatischen oder auch islamischen Staaten so nicht einfach übernommen wird. Man sollte nun auch nicht die Arroganz haben, daß Gesellschaften nur nach unseren Maßstäben funktionieren können, selbst wenn diese aus unserer Sicht vielleicht erstrebenswert sind. Sogar in den USA und auch Europa neigen nicht wenige, meist nationalistisch gesinnte Leute wieder autoritären Systemen zu. Für manche Angelegenheiten und für manche Menschen mag das ja durchaus angenehm sein, wenn man die Dinge oder gar die Leute, die dabei auf der Strecke bleiben, geflissentlich ignoriert.

Der immerhin nachvollziehbaren Kirchenkritik der „Aufklärer" folgte dann recht schnell eine Religionskritik, die dazu führte, Religion nur noch rational zu sehen (Entmythologisierung), was letztlich zur Verbreitung des Atheismus beitrug, oder es wurden verschiedene Religionen nun als gleichwertig beziehungsweise als verschiedene Seiten einer Medaille betrachtet (Relativismus). Dem standen alsbald Gegenbewegungen gegenüber - in den angelsächsischen Ländern, besonders den USA, die calvinistisch geprägten, streng konservativen Protestanten[48] und bei uns die nicht minder strengen Pietisten, die stark auf Fleiß und Disziplin, aber auch auf eine gute Schulbildung für alle Schichten der Bevölkerung[49] setzten und so unser Arbeitsethos entscheidend prägten. Sie waren allerdings den schönen Künsten gegenüber ablehnend eingestellt, was nebenbei dazu führte, daß die hochentwickelte, fast opernhafte Kirchenmusik à la Bach aus den Gottesdiensten nach und nach verschwand.

Reichlich Wasser in den Wein der teils sehr euphorischen Aufklärer goß allerdings der bereits erwähnte deutsche Philosoph Immanuel Kant, den man aber oft schon dem sogenannten Deutschen Idealismus zurechnet. In seinen Werken („Kritik der reinen Vernunft" u.a.) zeigte er klar die Grenzen der Erkenntnisfähigkeit des Menschen auf, was nicht heißt, daß er seine Schüler animierte, das Nachdenken deshalb einzustellen. Im Gegenteil, er forderte sie auf: *„Habt Mut, euren Verstand zu gebrauchen!"* Mit ihm geht zwar das Zeitalter der Aufklärung zu Ende, es gab aber kein Zurück mehr in „alte" Denkmuster. Die Philosophie entwickelte sich prächtig weiter, integrierte immer wieder neue wissenschaftliche Erkenntnisse und lief vor allem in Deutschland zu höchster Form auf. Die Liste unserer großen Denker[50], die man bis in unsere Tage fortführen kann, ist enorm und hat unserem Land, auch aufgrund der ebenfalls reichlich

---

[48] Der Reformator Calvin meinte, daß man Gott wohlgefällige Leute im Prinzip an ihrem gerade auch äußerlich „gesegneten" Leben erkennen würde (Prädestination). Von dieser calvinistisch-protestantischen Sichtweise wurden zunächst die Schweiz, später Holland, England teilweise und die USA überwiegend - vor allem durch entsprechende Einwanderer - geprägt. Hier hat der Turbokapitalismus unserer Tage mit all seiner Scheinheiligkeit seine geistigen Wurzeln. Gut und auch kritisch beschrieben hat diese Geisteshaltung bereits vor langer Zeit der amerikanische Schriftsteller Nathanael Hawthorne, dessen Vorfahren mit der berühmten Mayflower in Nordamerika ankamen.

[49] Bestes Beispiel ist die Franckesche Stiftung in Leipzig.

[50] Nur ein paar Namen: Leibniz, Kant, Fichte, Hegel, Feuerbach, Marx, Nietzsche, Heidegger, Arendt, Jaspers, Bloch, Adorno, Horckheimer, Popper, Habermas.

vorhandenen bedeutenden Poeten jener Zeit, den Namen „Land der Dichter und Denker" eingebracht.

Eine für unsere Zeit entscheidende Entwicklung war, daß sich Gelehrte, später auch zunehmend Künstler, aus der wirtschaftlichen Abhängigkeit von Mäzenen unterschiedlichster Couleur lösen konnten, indem es vielerorts möglich wurde, ihre Werke frei zu publizieren und zu verkaufen. Zensur durch die Kirche oder staatliche Stellen gab es damals allerdings durchaus noch häufig. Immer wieder versuchen auch heutzutage Despoten ihnen unliebsame Meinungen zu unterdrücken. In der Regel letztlich ohne Erfolg, dafür immer mit vielen Opfern. Allen Querdenkenden sei hier aber gesagt, daß dummes Gerede und Desinformation, also Halbwahrheiten und Lügen, keine Meinung sind, sondern eher schon Volksverhetzung.

Dadurch, daß Verlage, Zeitungen und Buchläden entstanden, konnte eine immer größer werdende Leserschaft bedient werden. Diese Leserschaft gab es natürlich nur, weil Erziehung und Bildung - angeregt durch aufklärerische Ideen - in vielen Ländern an Gewicht zunahmen. Es entstanden Lesezirkel, öffentliche Bibliotheken, Konzertsäle und Theater, wodurch der neue Zeitgeist eben auch in künstlerischer Form weiterverbreitet wurde.

Nicht zuletzt änderte sich auch die Form des Schulunterrichts, indem zumindest in höheren Klassen das sture Auswendiglernen von Lehrsätzen durch verstehendes Lernen unter Einbeziehung der Lebenspraxis nach und nach abgelöst wurde.

Eine zunehmend gebildete Bevölkerung, damals zunächst das gehobene Bürgertum, forderte aufgrund wirtschaftlichen Einflusses mehr politische Mitsprache, beschränkte die Macht der Potentaten oder gründete sogar unterschiedlich gestaltete Republiken. Letzteres führte allerdings dazu, daß die Macht und die politische Verantwortung von wenigen, greifbaren Akteuren auf „das Volk" übertragen wurde, einer anonymen Menge, was bisher zum einen dem friedlichen Mit- und Nebeneinander auch nicht immer förderlich war und zum anderen bei der Findung von Verantwortlichen für staatlich geduldete oder gar propagierte Untaten diese schnell in der Masse verschwinden konnten oder am Ende gar keiner mehr schuld gewesen sein wollte.

Wir leben in der Bundesrepublik Deutschland heute, wie in vielen Ländern der „westlichen" Welt, in einem freiheitlichen und säkularen Staat, der sehr stark durch das Erbe der Aufklärung geprägt ist, aber natürlich in unserem Fall auch durch die Erfahrungen von zwei Diktaturen. Man kann darüber streiten, ob es nun in einem der hier gemeinten Länder derzeit etwas besser oder schlechter ist, ich möchte jedenfalls nicht ohne Not tauschen. Auch wenn es hier unverständlicherweise Leute gibt, die von einer Corona-Diktatur und ähnlichem Unsinn schwafeln: Wir leben in Deutschland in einem guten, sicheren Land und in vergleichsweise wunderbaren Verhältnissen. Das sollten die Schwafler eigentlich am besten wissen, denn in China, Rußland oder ähnlich gestrickten Ländern wären sie nach ihren Protestaktionen und „Meinungsäußerungen" keine drei Tage mehr auf freiem Fuß, geschweige denn sie ihre Netztätigkeit so ausgiebig und praktisch folgenlos ausführen könnten wie bei uns.

Wir verdanken also den Denkern des 18. Jahrhunderts und allen, die ihre Ideen zum Wohle der Menschheit weiterentwickelt haben, sehr viel. Es ist ganz sicher auch weiterhin erstrebenswert, das Leben auf Erden für alle Menschen mit all unseren Fähigkeiten und Möglichkeiten zu verbessern und dabei bisher gemachte Fehler zu korrigieren oder zumindest die Auswirkungen zu minimieren. Mut zu haben, den Verstand einzusetzen, ist dabei sicher der bessere Weg als reflexartiges Handeln oder gar wie das berühmte Kaninchen nur auf die Schlange zu starren.
Trotzdem bleibt als Kritik der Aufklärung und der durch sie geprägten Weltsicht der Punkt, daß der Mensch nun einmal Grenzen

hat und daher an Grenzen kommt. Unsere Hybris hat uns mittlerweile - sogar trotz jahrzehntelanger Warnrufe - in eine Situation gebracht, in der wir definitiv umsteuern und in welcher unsere bisherigen Pläne und Wünsche sich deutlich ändern müssen. Den Naturgesetzen kann man nun einmal nicht trotzen. Möglicherweise wird deshalb zukünftig auch wieder mit vielen Opfern weltweit zu rechnen sein. Wir haben nachweislich nicht alles im Griff, benehmen uns aber, als ob wir Gott wären. Idolatrie nennt das die Kirche, also ein Verstoß gegen das Erste Gebot. Davor warnt schon eine sehr alte Erzählung aus der Bibel, nämlich die Geschichte vom Turmbau zu Babel. Diese Lehrerzählung entbehrt übrigens nicht eines gewissen Humors. Als die Bauleute schon meinten, dem Himmel ganz nahe zu sein, mußte Gott erst einmal „herniederfahren", um nachzusehen, was die Herrschaften da unten eigentlich treiben.

Der Weisheit Anfang ist die Furcht des Herrn", schrieb ein schlauer Mensch schon vor langer Zeit, *„und den Heiligen erkennen, das ist Verstand"* (Sprüche 9, Vers 10).

7.   Per aspera ad astra[51]

1806 erschien in einer Nürnberger Buchhandlung ein Pamphlet mit dem Titel: *Deutschland in seiner tiefsten Erniedrigung.* Der anonyme Schreiber geißelte das Versagen der Fürsten, beschrieb die zum Himmel schreienden Zustände im Land unter der französischen

---

[51] Durch Schwierigkeiten/Anstrengungen zu den Sternen (lateinische Redewendung) und Name eines alten Militärmarsches.

Besatzung und rief zum Widerstand gegen Napoleon auf. Die Schrift fiel schnell in die Hände französischer Offiziere, die darüber nach Paris berichteten. Napoleon tobte, allein der Autor war nicht zu ermitteln, weswegen man den Buchhändler auf kaiserlichen Befehl festnehmen, in der damals noch bayerischen Festungsstadt Braunau am Inn verhören und, weil er nichts sagen konnte oder wollte, letztlich dort erschießen ließ. Der Ort hat in unseren Tagen aber nicht deswegen einen Ruf wie Donnerhall.

Widerstände gegen die Napoleonische Gewaltherrschaft gab es immer öfter. In Südtirol (Andreas Hofer und die Tiroler Schützen) oder Norddeutschland (Schill'sches Freicorps) wurden diese brutal niedergeschlagen, während sich in Spanien die Besatzungstruppen über viele Jahre einem Guerillakrieg stellen mußten. Napoleon schaltete und waltete, wie es ihm paßte, änderte Grenzen, setzte Fürsten und Könige ab und ein (meist Verwandte und Freunde) und preßte die Länder aus. Es ging ihm nicht um eine Ideologie, wahrscheinlich nicht einmal um Frankreich (was er sicher nie laut gesagt hätte), sondern nur um sich selbst. Menschen waren für ihn dabei Schachfiguren, Material, mehr nicht.

Nachdem er in Zentraleuropa praktisch unangefochten war, hätte er gerne noch England unterworfen. Um die englische Flotte auszuschalten, fehlten aber die Mittel. England blieb Beherrscher der Meere und an eine Invasion war deshalb nicht zu denken. Angeblich um die Kontinentalsperre weiter zu vervollkommnen, wandte er sich nun gegen Rußland. Ob und wie er England auf diesem Wege hätte tatsächlich schwächen können, kann zumindest ich nicht sagen.

1812 machte sich also eine riesige Armee auf, um das Zarenreich zu besiegen. Darunter waren Soldaten, die aus besetzten Gebieten zwangsrekrutiert waren, allein etwa 80.000 aus deutschen Ländern.

Die meisten von ihnen haben ihre Heimat nie mehr wiedergesehen. Zunächst lief es noch ganz gut, in mehreren Schlachten schlug man die Zarenarmee gründlich. Schließlich erreichte Napoleon sogar Moskau, war insofern sogar etwas erfolgreicher als unser „Gröfaz" 1942. Es nutzte ihm allerdings auch nichts. Moskau war damals nicht einmal die Hauptstadt Rußlands, sondern Sankt Petersburg. Und diese erreichte er ebenso nicht.

Der wohl nicht sonderlich begabte russische Oberbefehlshaber dachte zwischenzeitlich an Verhandlungen, doch der Zar lehnte das immer ab. Als den Invasoren, tausende Kilometer fern der Heimat und ohne Nachschub, dann die Luft ausging, wollte Napoleon verhandeln. Aber nun war es zu spät. Es gab nichts mehr zu requirieren und der Winter kam. Die Armee war dafür nicht ausgestattet und Weiterziehen kam nicht in Frage. Wohin auch? Der logische Rückzug wurde zu einem Desaster. Es gab bereits zu wenige Pferde, trotzdem versuchten manche Offiziere noch ihre Kriegsbeute nach Frankreich zu schaffen. Das wenigste davon dürfte angekommen sein, denn die Pferde landeten mangels Alternativen zumeist im Kochtopf. Durch vereiste, menschenleere, unendlich erscheinende Ebenen stapfte man Richtung Westen, hie und da von verfolgenden Kosakeneinheiten gepiesackt.

„Mit Mann und Roß und Wagen,

so hat sie Gott geschlagen, …"

dichtete der Primaner (heute: Abiturient) Ernst Ferdinand August aus Berlin über die vom Winter und durch Größenwahn vernichtete napoleonische Grande Armée. Apropos Napoleon, der hatte sich natürlich schon viel früher in Richtung Heimat abgesetzt. Er wollte und mußte neue Truppen ausheben, denn es braute sich etwas zusammen, denn natürlich hatten die Leute von Napoleon „die Nase gestrichen voll", und nicht nur in Preußen.

Dort hatte sich etwas verändert, das merkte man auch bald in Frankreich. Man versuchte gegenzusteuern, aber es war zu spät. Der von Preußen ausgehende Befreiungskrieg (1813-14) war anfangs allerdings keine Volksbewegung, wie man es manchmal fälschlich darstellt, sondern der preußische König hatte sein Phlegma endlich überwunden und handelte. Das war vor allem der Verdienst seiner leider mittlerweile verstorbenen, legendären Gattin Louise und einiger anderer gescheiter Leute, die endlich zum Zuge kamen, vor allem die Minister Hardenberg und Freiherr vom Stein und die Heeresreformer Scharnhorst, Gneisenau und Clausewitz.

Bereits gegen Ende des französischen Feldzugs in Rußland hatte sich das nicht zur Hauptstreitmacht gehörende preußische Korps Richtung Ostpreußen abgesetzt und war praktisch noch völlig intakt. Der Befehlshaber, General Yorck von Wartenberg, nahm Verhandlungen mit der russischen Seite auf, was deshalb problemlos ging, weil die ihm gegenüberstehenden russischen Befehlshaber meist preußische Adlige waren. Im fernen Tauroggen unterschrieb man einen Friedensvertrag. Das war natürlich Hochverrat, denn Yorck handelte eigenmächtig. König Friedrich Wilhelm III., der zu dieser Zeit wieder in Berlin weilte, französischen Auflagen und natürlich französischer Kontrolle unterlag, erließ einen Haftbefehl, lächelnd - wie die anwesenden Prinzen später einmal berichteten. Dann besuchte er, vermutlich immer noch lächelnd, einen Ball. Der Haftbefehl wurde natürlich nie ausgeführt. Stattdessen machte sich Yorck an die Arbeit und baute ein neues Heer auf. Im Rahmen des von Frankreich erlaubten Truppenkontingents wurden auch andernorts in Preußen ständig Leute eingezogen, ausgebildet und wieder durch neue Rekruten ersetzt. Eine Idee der oben genannten Reformer, die wir heute Wehrpflicht nennen. Als alles so weit war, informierte man den König und der setzte sich ins unbesetzte Breslau

ab. Dann fielen alle Masken. Der berühmte Aufruf „An mein Volk"
setzte alle Hebel in Bewegung. Rußland, dann Österreich und
Schweden schlossen sich dem Kampf an, England unterstützte die
neue Koalition.

In der berühmten Völkerschlacht bei Leipzig (1813) wurde
Napoleon, der noch immer über Truppen aus den
Rheinbundländern, Sachsen, Polen und Italien verfügte,
entscheidend geschlagen. Nicht zuletzt, weil die sächsischen
Truppen während der Schlacht die Seiten gewechselt hatten. Er
mußte sich nach Frankreich zurückziehen, weitere Verbündete
wechselten die Seiten, der Rheinbund löste sich auf und die
verfolgenden Heere drangen in Frankreich ein und zwangen
Napoleon letztlich abzudanken. Er wurde gefangen genommen und
nach Elba verbannt (1814). Das bis dahin immer noch gut
funktionierende neuzeitliche Ständesystem der europäischen
Monarchien ging auch mit gescheiterten und verhaßten Fürsten im
Allgemeinen recht zivil um. Einen amtierenden König geköpft hatten
zuletzt die französischen Revolutionäre.

„Wo waren wir stehengeblieben?" könnte das Motto des nun
beginnenden Wiener Kongresses gewesen sein, zu dem sich nach
Napoleons Abdankung die europäischen Fürsten oder auch deren
Gesandte zusammenfanden. Dieser mußte allerdings 1815
überraschend für etwa 100 Tage unterbrochen werden. Napoleon
wollte es nämlich noch einmal wissen, verließ Elba, machte sich nach
Paris auf und konnte tatsächlich erneut ein Heer aufstellen. In der
Nähe Brüssels bei Belle-Alliance, welches die Engländer vielleicht
der besseren Aussprache wegen Waterloo nennen, machte ein
englisch-preußisches Heer dem Spuk endgültig ein Ende. Diesmal

verbannte man Napoleon nach St. Helena, weit weg im Südatlantik, wo er 1821 starb. Seine sterblichen Überreste ruhen heute erstaunlicherweise und trotz allem unter reichlich Marmor im Dôme des Invalides zu Paris. Warum man in manchen Ländern solch menschenverachtenden Despoten Mausoleen baut und sie bis heute hochleben läßt, ist kaum noch nachvollziehbar. Erst recht nicht, wenn man gleichzeitig mit Fingern auf andere zeigt, gerne auf uns Deutsche, die zumindest das nicht getan haben. Noch unverständlicher finde ich, daß heutzutage, leider auch bei uns, Leute herumlaufen, die solchen Unmenschen, deren kranken Ideen und menschenverachtenden Methoden noch immer etwas abgewinnen können.

Zurück zum Wiener Kongress: Was dort - außerhalb der vielen Festivitäten - schließlich verhandelt wurde, nennt man Restauration, also alles zurück auf los. Revolution und Napoleon sollten praktisch nicht stattgefunden haben. Alle freuten sich; die siegreichen Russen, Preußen, Engländer, Österreicher und auch die nicht ganz so siegreichen Franzosen. „Mooooment!", werden Sie sagen, denn es erstaunt auf den ersten Blick, daß das besiegte Frankreich mit am Verhandlungstisch saß. Man wollte, so hieß es damals, der großen Nation Frankreich den gebotenen Respekt zollen. (Bis 1918 verlor sich dieser Respekt vor der jeweils unterlegenen Nation allerdings völlig.) Über den französischen Verhandlungsführer konnte man aber dann doch mehr als erstaunt sein. Es war Monsieur de Talleyrand, ehemaliger Priester, Bischof, dann Abt eines Klosters und in den Tagen vor der Revolution für den Klerus in der Ständeversammlung tätig, dann Kirchenkritiker und -gegner, folgerichtig exkommuniziert und nach einigen abenteuerlichen Wendungen dann Außenminister der Revolutionäre, dann Napoleons und schließlich des neuen französischen Königs Ludwig

XVIII., dem er zuvor den Weg auf den Thron geebnet hatte. (Die Revolutionäre waren trotz großen Bemühens offensichtlich nicht aller Verwandten des Königshauses habhaft geworden.) Da dieser (sehr talentierte) Wendehals par excellence wegen einer Behinderung humpelte, fiel er als Tänzer aus, was Frankreich in den Verhandlungen durchaus zugutekam. So änderte sich für Frankreich praktisch nichts, von der Wiederherstellung der Monarchie abgesehen.

Das Deutsche Reich, das de facto schon vor der Französischen Revolution nicht mehr wirklich bestanden hatte, wurde selbstverständlich nicht neu installiert. Die Sieger hatten kein Interesse daran, schon gar nicht der „Verlierer". Somit änderte sich für die Menschen hierzulande kaum etwas. Natürlich hatten sich innerhalb des ehemaligen Reiches ein paar Grenzen verschoben; vor allem Preußen profitierte. Die alten Reichsgebiete Elsaß und Lothringen aber blieben bei Frankreich, denn, so argumentierte Talleyrand, da das Reich nicht mehr existierte, wäre eine Rückgabe des Elsaß oder Lothringens an dieses daher gar nicht möglich. Außerdem brachte es der mit allen Wassern gewaschene Herr fertig, daß sich Frankreich mit England und Österreich zeitweise gegen Preußen und Rußland zusammentat. Auch die deutschen Könige von Napoleons Gnaden wurden überraschenderweise nicht degradiert. Im Gegenteil, man installierte zusätzlich das „Königreich" Hannover, dessen König natürlich aus England kam. Alles, was die Gesandten der diversen deutschen Staaten gegenüber den großen Siegermächten durchsetzen konnten, war die Gründung eines „Deutschen Bundes", mit dem österreichischen Kaiser als Vorsitzenden. Bitte dieses Gebilde nicht verwechseln mit einem Bundesstaat. Es waren alles völlig souveräne, absolut unabhängige Staaten, - natürlich! Immerhin, es kehrte erst einmal Ruhe ein, vordergründig. Die erste Kundgebung nationalen Charakters fand bereits 1817 statt (Wartburgfest), getragen von Studenten. Es gärte aber weiter. Die Studenten trugen schwarz-rot-goldene Schärpen. Diese Farben wurden nach 1918 für die Fahne der deutschen Republik übernommen.

Diese Friedenszeit war aber auch die Epoche (Biedermeier), in der Deutschlands kultureller, wissenschaftlicher und in der Folge wirtschaftlicher Aufschwung Fahrt aufnahm. Bereits gegen Ende des 18. Jahrhunderts waren Dichtung und Philosophie aufgeblüht. Viele Gelehrte studierten die Antike, alte Schriften und sonstige wissenschaftliche Traktate. Nicht zuletzt tat aber auch das pietistische Erbe ein Übriges, sodaß Bildung nicht nur eine Sache weniger reicher Leute, sondern breiterer Schichten wurde. Universitäten schossen wie Pilze aus dem Boden. Wohl gab es in Frankreich und England die noch heute berühmten, alten Universitäten, wie wir sie ja in Heidelberg, Prag oder Königsberg auch hatten, aber die schiere Anzahl der neuen Hochschulen in Deutschland lieferte uns ein immenses Reservoir an Wissenschaftlern und in der Folge an Ingenieuren, das in Europa seinesgleichen suchte. Die seit Ende des Mittelalters praktizierte Berufsausbildung in den Betrieben, dann später kombiniert mit schulischer Ausbildung, schuf die dazugehörige Facharbeiterschaft. Peter Watson, ein britischer Journalist, Kunst- und Kulturhistoriker hat in seinem Buch „The German Genius" diese Entwicklung, die sogar noch bis in unsere Tage hineinreicht, eindrucksvoll beschrieben[52]. Er vergleicht die Entwicklung Deutschlands mit der italienischen Renaissance. Zu Recht, wie ich meine.

---

[52] Zum Glück ist er Engländer, einen deutschen Autor würde man wahrscheinlich der Prahlerei bezichtigen. In die erstaunlich große Reihe von deutschen Künstlern, Philosophen, Gelehrten und Wissenschaftlern, die die Welt nachhaltig beeinflußt oder verändert haben, nimmt er allerdings sogar Herrn Hitler auf. Marx lasse ich mir noch gefallen, als

Die revolutionären Ideen Frankreichs jedoch waren nach der napoleonischen Zeit längst auch bei uns auf fruchtbaren Boden gefallen und veränderten Sichtweisen. Die Begriffe Volk und Nation bekamen einen anderen, höheren Stellenwert. Hatten nicht sogar die Fürsten das Volk zu Hilfe gerufen, als es gegen Napoleon ging? Man war doch schließlich wer! Das Volk entdeckte zunehmend die Politik als Betätigungsfeld, ein Prozess, der natürlich nicht alle Menschen im Lande gleichermaßen umfaßte. Es waren zunächst Intellektuelle, Industrielle und Städter, die mehr Mitsprache einforderten. Man sah sich nun um: Da war das große Rußland, das große England, Frankreich, Schweden. Deutschlands gab es dagegen nach wie vor drei Dutzend mit ebenso vielen Fürsten, Grenzen, Währungen, Gewichtseinheiten und so weiter. Vielleicht lesen Sie vor diesem Hintergrund doch noch einmal das von Hoffmann von Fallersleben in dieser Zeit verfaßte „Lied der Deutschen", das übrigens nicht von Kaisern oder Königen zur Nationalhymne erkoren wurde, sondern von der Weimarer Republik. Aber singen Sie die erste Strophe, auf die ich hier explizit anspiele, bitte nicht laut, denn sie ist durch die Nazis - wie so vieles in unserer Kultur und Geschichte - des eigentlichen Sinnes beraubt, entstellt und daher für uns leider unbrauchbar gemacht worden[53].

Nach den ersten, an den Fürsten gescheiterten Versuchen, Landesverfassungen zu etablieren, die den absolut Herrschenden

---

gesellschaftlichen Analytiker und Philosophen natürlich, der die Art der Umsetzung seiner Ideen nur bedingt zu verantworten hat. Aber den Adolf?

[53] Für alle, die sie nicht kennen: *„Deutschland, Deutschland über alles, über alles in der Welt, wenn es stets zu Schutz und Trutze brüderlich zusammenhält, von der Maas bis an die Memel, von der Etsch bis an den Belt..."*. Das umfaßte quasi alle Gebiete Europas, in denen Deutsche zu der Zeit lebten. Bis heute singt man in Frankreich „Allons enfant de la patrie...", ein reines Kampflied, und in England, neben der offiziellen, oft die eigentliche Nationalhymne „Rule Britannia, Britannia rule the waves...", indem der alte Größenwahn ungefiltert zum Ausdruck kommt.

Zügel angelegt und Mitsprache der Bürger oder zumindest Begrenzung der Willkür bedeutet hätten, kam es in den 1840er Jahren dann zu den ersten bewaffneten Aufständen. 1848, das sogenannte „tolle Jahr", brachte Revolutionen nicht nur in den deutschen Ländern. In Frankreich zum Beispiel fegte es die alte Monarchie hinweg. In Berlin baute man Barrikaden und schlug sich mit der Polizei und dem Militär herum. Berufsrevoluzzer und Randalierer, die gegen „die da oben" wetterten, gab es natürlich auch damals allenthalben. Aber die Aufstände in den deutschen Ländern hatten einen eher nationalen Hintergrund, keinen explizit antimonarchistischen. Daher endete das Ganze auch in der Entstehung eines gesamtdeutschen Parlaments, dem ersten in unserer Geschichte. Nun zogen also einige hundert würdige Herren aus den verschiedenen deutschen Ländern in die Frankfurter Paulskirche ein und debattierten ein Jahr lang über dies und das. Am Ende einigte man sich auf einen Entwurf einer gesamtdeutschen Reichsverfassung. Die Fürsten hielten nicht viel von dieser, weil darin ihre Macht zugunsten des Kaisers oder der Parlamente beschnitten wurde. Der sächsische König zum Beispiel weigerte sich, sie einzuführen. Es kam in Dresden erneut zu Aufständen. Einer der Revolutionäre war der junge Richard Wagner, damals sächsischer Hofkapellmeister, der, um seiner Verhaftung zu entgehen, etwa 10 Jahre im Exil leben mußte. Außerdem entschied das Parlament, eine Abordnung nach Preußen zu schicken, um dem modern und aufgeschlossen geltenden König Friedrich Wilhelm IV. die deutsche Kaiserkrone anzutragen.

Die Parlamentarier hatten völlig richtig erkannt, daß es mit den vielen kleinen deutschen Staaten so nicht weitergehen konnte und die Menschen sich nach einem geeinten deutschen Reich sehnten. Schon seit 1834 gab es Bestrebungen einen Zollverein zu gründen, dem in den nächsten Jahrzehnten die meisten deutschen Staaten dann auch beitraten. Preußen förderte die Entwicklung hin zu einem gesamtdeutschen Wirtschaftsraum, aber die Habsburger in Österreich, die sich mittlerweile eher mit ihren vielen erheirateten Ländern in Ost- und Südosteuropa beschäftigten, sabotierten immer wieder dieses Unterfangen. Daher war der Blick der Parlamentarier auf Preußen gefallen, der neben Österreich aktuell einzigen deutschen Monarchie von Bedeutung. Umso konsternierter waren die Herren, als sie Friedrich Wilhelm einfach wieder nach Hause schickte. In Berlin hatten der König und seine Berater natürlich gesehen, was den Frankfurter Idealisten und als Politiker dilettierenden Professoren und Unternehmern ganz offensichtlich nicht aufgefallen war. Weder England, welches das für das Empire so praktische europäische Gleichgewicht der Kräfte nicht ohne Not verändern wollte, noch Frankreich, das einen plötzlich auftretenden, mächtigen deutschen Staat im Osten ganz sicher nicht brauchte, und erst recht nicht Österreich, das seinen Einfluß auf die deutschen Länder behalten wollte, hätten diesem Unterfangen tatenlos zugesehen. Politik war wohl doch kein Wunschkonzert.

Was zu tun war, um ein deutsches Reich wieder erstehen zu lassen, führte uns einige Jahre später Otto von Bismarck vor. Zunächst aber entwickelten sich all die Dinge, die unsere heutige Art und Weise, Politik zu betreiben, ausmachen wie Wahlen, Parlamente, Parteien, Debatten, Mehrheitsbeschlüsse, Kompromisse und dergleichen. Die allermeisten Fürsten beäugten das aber alles eher mißtrauisch. Bis zur Französischen Revolution hatte man in den bedeutenden Ländern niemals die Entscheidungen über politische Notwendigkeiten von einer Abstimmung im Volk abhängig gemacht. Auch in England, dem Mutterland der europäischen Demokratien, war zunächst nur der Adel von Einfluß und später waren es auch nur wohlhabende Leute, die Abgeordnete wurden. Man brauchte Geld und Einfluß, um ins Parlament gewählt zu werden. Natürlich hatten die Könige früher auch etliche Berater, die untereinander manchmal völlig unterschiedlicher Meinung, gegebenenfalls auch von anderen Höfen beeinflußt waren. Aber diese Höflinge waren qua ihrer Stellung im jeweiligen Reich eben einfach da oder wurden von den Herrschern ausgesucht und an den Hof berufen. Fürsten ernannten die Regierungschefs, meist auch die Minister, und bestimmten in der Regel dann die Politik des Landes.

Die nun vermehrt installierten Länderparlamente, den wachsenden Einfluß des Bürgertums spiegelnd, erstritten sich nach und nach einen immer größer werdenden Einfluß. In Preußen zum Beispiel hatte Mitte des 19. Jahrhunderts der Landtag[54] über die Finanzen zu entscheiden, also wie viel Geld wofür ausgegeben werden durfte. Weil nun dieser Landtag 1862 die Gelder für eine von dem neuen preußischen König Wilhelm und seinem Kriegsminister für nötig befundene Reform der Streitkräfte verweigerte, wollte der darüber ziemlich deprimierte König zurücktreten. Bismarck, der bis dato schon preußischer Gesandter in Wien, Paris und am russischen Zarenhof[55] gewesen war, hielt ihn davon ab, indem er ihm fast schon Fahnenflucht vorwarf. Daraufhin wurde er vom König - wohl aus purer Ratlosigkeit - zum Ministerpräsidenten ernannt, nach dem Motto: Dann sieh mal zu, wie du das hinkriegst!

Er kriegte es hin, indem er sich um Mehrheiten nicht unbedingt kümmerte. Er hielt den Abgeordneten eine Rede, die ihn bis heute zum Buhmann aller parlamentarischen Demokratien und vieler Historiker unserer Tage machte, und setzte die Reform anschließend

---

[54] In Preußen gab es das Dreiklassenwahlrecht, in dem man nach Steueraufkommen entsprechend Stimmgewicht hatte, also nicht ein Mann, eine Stimme, wie in anderen deutschen Ländern.
[55] Bismarck sprach perfekt russisch, was den damals ohnehin recht guten Beziehungen Rußlands zu Preußen förderlich war.

einfach durch. Was er den Parlamentariern erklärte, war schlicht, daß die großen politischen Fragen bis dato noch nie durch Reden oder Parlamentsbeschlüsse gelöst worden waren, sondern immer durch Kampf. „Blut und Eisen" nannte er das. Außerdem war er der Meinung, daß außenpolitische Vorhaben, sollten sie gelingen, nicht erst öffentlich so lange debattiert werden dürften, bis es in allen Gazetten zu lesen war. Er hielt allerdings auch seinen König (und späteren Kaiser) oft von den Regierungsgeschäften fern, was er sich wohl nur leisten konnte, weil er Erfolg hatte. Die kleineren deutschen Staaten neigten sich im Laufe der Zeit immer mehr Preußen zu. In Wien war man darüber nicht gerade erfreut.

1864 provozierte Dänemark einen an sich unsinnigen Krieg mit Deutschland. Es ging um die damals alten Reichsgebiete Schleswig und Holstein, in denen zwar auch Dänen[56], aber natürlich mehrheitlich Deutsche lebten. Im alten Reich wurden die dänischen Könige, wie damals üblich, durch Heirat und Erbansprüche Landesherren dieser Gebiete und damit eben auch Reichsfürsten, was natürlich nicht heißt, daß Schleswig und Holstein deshalb dänische Länder geworden wären. Entgegen internationaler Abkommen wollte Dänemark diese beiden Länder nun fest an das dänische Reich anschließen, was auf deutscher Seite strikt abgelehnt wurde. Preußen, als unmittelbarer Nachbar, mobilisierte seine Truppen. Aber auch Wien schickte Streitkräfte, um zu zeigen, daß zunächst Österreich des deutschen Bundes Schwert und Schild war. Das dänische Heer hatte nie eine Chance, und so war das Ganze recht schnell vorbei. Danach wurde es erst interessant. Österreich wollte aus den Ländern einen zusätzlichen Bundesstaat machen. Preußen,

---

[56] Bis heute gibt es die dänische Minderheit mit besonderen politischen Rechten im heutigen Bundesland Schleswig-Holstein. Zum Vergleich: die deutsche Minderheit in Frankreich (Elsaß) kämpft immer noch um solche Rechte.

also Bismarck, bestand auf einer Annexion, wobei sich Österreich und Preußen die Gebiete hälftig aufteilen sollten. Österreich hatte selbstverständlich kein Interesse an einem Fetzen Land im hohen Norden. Der Streit schaukelte sich auch durch andere Meinungsverschiedenheiten hoch, sodaß man in Wien die Geduld verlor und die Machtfrage innerhalb des Deutschen Bundes militärisch lösen wollte. Darauf hatte Bismarck gewartet, alles war vorbereitet und die Heere stießen bei Königgrätz (1866) aufeinander. Modernere Taktik und modernere Ausrüstung der Infanterie (Hinterladergewehre) auf preußischer Seite machten den Unterschied. Österreich wurde besiegt und König Wilhelm wollte sein Heer dann gerne bis Wien marschieren lassen. Bismarck, mit Rücktritt drohend, verhinderte das. Den Gegner zu besiegen war gelungen, die Machtfrage im Deutschen Bund war somit geklärt. Eine weitere Demütigung wäre nicht klug gewesen.

Um diese innerdeutschen Angelegenheiten ungestört regeln zu können, hatte sich Bismarck, der geschickte Strippenzieher, zuvor mit dem mittlerweile wieder existierenden französischen Kaiser[57] dahingehend geeinigt, sich nicht in den Konflikt einzumischen, so wie sich Preußen nicht in Frankreichs Pläne bezüglich Belgien und Luxemburg einmischen würde (aus denen nichts wurde, weil England interveniert hatte). Napoleon III. meinte nun, die Rechnung für sein Stillhalten präsentieren zu können. Die alten Pläne des Sonnenkönigs wurden wieder einmal herausgeholt und so forderte er große Teile Südwestdeutschlands ein, unter anderem die Rheinpfalz und sogar Teile Hessens. Bismarck hatte sich das schriftlich geben lassen, lehnte natürlich ab und machte die

---

[57] Nach einem Militärputsch hatte sich ein Neffe des ersten Napoleons zum Kaiser Napoleon III. ernannt.

Forderungen anschließend öffentlich. Die Empörung in Deutschland über das französische Gebaren war natürlich groß und immer mehr Kleinstaaten suchten die Nähe Preußens. Der Norddeutsche Bund hatte mittlerweile ein gemeinsames Parlament, die Führung in militärischen Fragen wurde Preußen übertragen und Bismarck zum Kanzler des Bundes bestellt. Zudem zahlte sich nun aus, daß Bismarck nach dem Sieg bei Königgrätz die mit Österreich verbündeten süddeutschen Staaten sehr geschont hatte. Sie alle wurden bald Preußens Verbündete.

In Frankreich war man über die Vereinigungsbestrebungen der östlichen Nachbarn nicht gerade erfreut, konnte aber zunächst nichts dagegen unternehmen. Natürlich fühlte man für alle Fälle international vor, vor allem bei England, das Frankreich übrigens unter der Hand finanziell aushalf, und auch Österreich. Napoleon stand ziemlich unter Druck, seine außenpolitischen Projekte in Syrien und Mexico waren gescheitert und die Finanzen standen schlecht. Man brauchte aber doch einen ehrenhaften Grund, um dem „Mangel an Gloire" abzuhelfen, wie es Joachim Fernau einmal so schön formulierte.

Da traf es sich gut, daß der spanische Thron gerade verwaist war und die dortigen Granden einen Hohenzollernprinzen aus dem katholischen Zweig des Hauses auf der Schwäbischen Alb ins Spiel brachten. Deutsche Herrscher wieder einmal im Süden und Osten Frankreichs: Das ging ja nun gar nicht! Die französische Regierung intervenierte bei König Wilhelm, dem Chef des Hauses Hohenzollern. Um des lieben Friedens willen pfiff Wilhelm den Prinzen zurück und dachte, daß das Thema damit erledigt wäre. Aber in Frankreich wollte man mehr. Man schickte den Botschafter erneut zu Wilhelm, der gerade in Bad Ems kurte, und forderte, daß er allen eventuellen zukünftigen Anfragen bezüglich deutscher Prinzen für Spanien kategorisch eine Absage erteilen sollte. Der König, der den aktuellen Fall für erledigt ansah, ließ dem Botschafter durch einen seiner Adjutanten, immerhin einem Fürsten, mitteilen, daß er dazu nichts mehr zu sagen hätte. Bismarck, der das Spiel durchschaute und eine Reaktion Frankreichs auf seine Politik schon erwartet hatte, ließ in den Zeitungen das ein bißchen schärfer formulieren. Bis es dann in die französische Öffentlichkeit gelangte, war daraus die Geschichte geworden, die wir alle mit der „Emser Depesche" verbinden: Der französische Gesandte war von einem Lakaien quasi zwischen Tür und Angel abgefertigt worden. Daraufhin erklärte Frankreich 1870 Preußen den Krieg, der bis 1871 dauerte.

Zu Frankreichs Überraschung mobilisierten alle deutschen Staaten ihre Heere, allen voran das früher Habsburg hörige Bayern. Es war König Ludwigs II. Entscheidung entgegen seiner eigenen Regierung. Außerdem standen die deutschen Truppen schon an Frankreichs Grenzen, als man dort noch alles von irgendwoher zusammentrommeln mußte. Die Eisenbahn beziehungsweise das Schienennetz und der höhere Grad der Industrialisierung waren dafür die Faktoren. Schließlich bekam man es mit einer besser geführten und besser ausgestatteten Armee zu tun[58], dank der von Bismarck durchgepeitschten Heeresreform. Nach einem halben Dutzend Schlachten wurde Frankreichs Heer bei Sédan entscheidend geschlagen. Napoleon dankte ab und verließ die politische Bühne. Frankreichs Regierung aber wollte weiterkämpfen. Es kam zur Umzingelung und mehrmonatigen Belagerung von Paris. Die Regierung versuchte noch ein neues Heer in Südfrankreich aufzustellen, aber der bisherige Geldgeber England stellte alle

---

[58] Das würde bis in den 2.Weltkrieg hinein Frankreichs und vieler anderer Problem bleiben.

Unterstützung ein, man hatte plötzlich andere Sorgen. Der russische Zar nämlich hatte - auf Betreiben Bismarcks(!) - den mit England abgeschlossenen Vertrag über das Verbot einer Schwarzmeerflotte aufgekündigt, woraufhin England sehr schnell das Interesse an den deutsch-französischen Problemen verlor. So endete der Krieg.

Im Spiegelsaal von Versailles wurde König Wilhelm von den Fürsten zum deutschen Kaiser ausgerufen. Es war ein diplomatisches Gaunerstück von Bismarck, denn Wilhelm hatte viele Bedenken und mußte erst durch insgeheim durch Bismarck überredete Fürsten überzeugt werden, die ja zunächst auch nicht gerade erpicht auf einen Kaiser waren. Die Reichseinigung wollte Bismarck im Verbund mit dem Kronprinzen erreichen, die beide die Stimmung der Bevölkerung in den deutschen Ländern richtig einschätzten. Das neue Reich war zunächst ein Fürstenbund, eine neue Reichsverfassung entstand erst noch.

Die Einheit des Reiches war also wiederhergestellt. Warum in Versailles, werden Sie fragen, und nicht in Berlin? In der Politik sind Symbole und Gesten wichtig. Aus deutscher Sicht wurde damals von dort aus das Reich zerstört. Naja, die Habsburger Kaiser und so mancher Reichsfürst trugen dabei natürlich ein gehöriges Maß an Mitschuld.

8. Vom Einzug in Walhalla bis zur Götterdämmerung

1871 hatte Bismarck also die Reichseinigung geschafft. Daß diese nicht vom Himmel gefallen war und am Erhalt des Reiches weiter gearbeitet werden mußte, war niemandem mehr bewußt als ihm. Bismarck, mittlerweile zum Fürsten aufgestiegen, kannte die internationalen Zusammenhänge und war auch geschickt genug, deutsche Interessen durchzusetzen. Manche heutigen Historiker sagen, er hätte letztlich zu viele Fäden in der Hand gehalten, sodaß ein Nachfolger in jedem Falle überfordert gewesen wäre. Ich denke, das Problem war ein anderes, wie wir noch sehen werden. Oft vermittelte Bismarck auch zwischen den europäischen Großmächten, da Deutschland zunächst keine Kolonialmacht war und den anderen bei ihren diesbezüglichen Unternehmungen nicht im Wege stand. Prinzipiell war er gegen Kolonien, nicht, weil ihm die Menschen in Afrika oder Asien besonders am Herzen gelegen hätten, sondern aus rein strategischen Gründen. Eine überseeische Kolonie war in Bismarcks Augen „nicht den Verlust eines einzigen pommerschen Schützens" wert. Da die deutsche Marine der englischen nicht Paroli bieten konnte, wäre man, so Bismarck, in weiter Ferne angreifbar gewesen ohne wirksam eingreifen zu können. Doch aufgrund großen innenpolitischen Drucks, vor allem durch Wirtschaftskreise, stieg auch Bismarck ab 1885 widerwillig in die von ihm ungeliebte Kolonialpolitik ein. Warum man nun deswegen hierzulande die Bismarckdenkmäler abreißen oder „verfremden" soll und Bismarck (1890 entlassen), nicht den Kaiser oder spätere Kanzler, gar als Herrscher über ein brutales Kolonialsystem bezichtigt (Spiegel, 20.6.20), kann ich deshalb nicht nachvollziehen.

Mit der Wirtschaft ging es derweil bergauf. Damit verbunden waren ein Anwachsen der Arbeiterschaft und ein enormer Zuzug in die Städte. Da in jenen Jahren eine Sozialpolitik, wie wir sie heute kennen, schlichtweg nicht existierte und nur wenige große Unternehmen ihren Arbeitern bescheidene Wohltaten zukommen ließen, war das Elend der Arbeiterklasse groß und es kam des Öfteren zu Streiks. Durch die Ideen Lasalles, Bebels, Marx' und Engels' inspiriert, waren Arbeitervereine, später Gewerkschaften und auch eine einflußreiche Arbeiterpartei, die SPD[59], entstanden. (Erst während des Weltkrieges gründete sich aus ihr heraus die kommunistische und moskauorientierte USPD, spätere KPD mit den bekannten Wortführern Karl Liebknecht und Rosa Luxemburg) Bismarck war kein Freund des entstehenden Sozialismus. Er bekämpfte die Arbeiterpartei, verbot sie zwischenzeitlich sogar. Um dem Aufstieg der SPD entgegenzuwirken, führte er sogar erste Sozialgesetzgebungen ein. Die Kranken-, Unfall- und etwas später eingeführte Rentenversicherung waren anfangs natürlich nicht so umfangreich und komfortabel wie heute ausgestattet, aber dergleichen hatte sonst kein anderes Land vorzuweisen, viele bis heute nicht! Im Zuge dessen entstanden auch die Krankenkassen (AOKs) und Berufsgenossenschaften.

Während der Kaiserzeit kam es außerdem zu einer großen Einwanderungswelle aus den polnischen Landesteilen[60] in das Ruhrgebiet, da dort Bergleute gesucht wurden. Viele assimilierten sich schnell. Noch heute leben unter uns viele Dombrowskis, Kowalskis, Wischnewskis usw., denen selbst nationalistische Kreise ihr Deutschtum nicht mehr absprechen würden. Nicht wenige germanisierten auch ihre Nachnamen, um als Polen gar nicht mehr wahrgenommen zu werden. Der bekannte Fußballclub Schalke 04 (Gelsenkirchen) wurde anfangs oft als „Pollackenverein" tituliert. Als die Schalker das erste Mal deutscher Meister wurden, jubelte die polnischsprachige Presse.

---

[59] 1875 zunächst als Sozialistische Arbeiterpartei Deutschlands (SAPD) gegründet, 1890 in Sozialdemokratische Partei Deutschlands umbenannt.
[60] Nur zur Erinnerung: Zu der Zeit existierte der Staat Polen nicht.

Der wirtschaftlich deutlich stärkere Norden des Reiches, vor allem Preußen, beeinflußte Deutschland natürlich in vielerlei Hinsicht mehr als die südlichen Länder. In Bayern kam das Gerede über den „Saupreiß" auf und man mokierte sich (zum Beispiel in der Satirezeitschrift „Simplizissimus") gerne über Kirche, Staat, das Bürgertum und das preußisch ausgerichtete Militär. Im katholischen Rheinland, mehr noch im Elsaß und in Lothringen waren die protestantischen Preußen, die sich zum Teil sehr unsensibel und überheblich benahmen, auch nicht immer beliebt. Daran änderten auch die vielen Investitionen nichts, die später, vor allem zu Kaiser Wilhelm II. Zeiten, getätigt wurden, wie man heute noch unter anderem in Metz (Bahnhof und Bahnhofsviertel) oder auf der Hochkönigsburg in den Vogesen[61] sehen kann. Die preußischen Leutnants (überhaupt die Offizierskaste) wurden ja in der Literatur meist als herzlos, borniert und oft ungebildet dargestellt, nicht ganz grundlos. Sie waren aber nachweislich besser ausgebildete und für den kommenden Krieg weitaus geeignetere Truppenführer als die meisten ihrer englischen oder französischen Pendants.

Zurück zu Bismarck, der zwar nebst den Sozialdemokraten auch das ultrakonservative Bürgertum und die Katholiken (Zentrumspartei) oftmals gegen sich hatte, trotzdem aber fest im Sattel saß. Vieles hatte er in seiner Hand. Was er aber nicht beeinflussen konnte, war der Tod Kaiser Wilhelms. 1888 war das sogenannte „Dreikaiserjahr". Zunächst starb der „Greise Kaiser". Dessen Sohn, der dann nach preußischer Zählweise als Friedrich III. Kaiser wurde, war aber bereits ein schwerkranker Mann, der noch im selben Jahr starb. Durch seine Frau, der ältesten Tochter Queen Victorias, war er vor

---

[61] Das aus dem französischen „Lés Vosges" abgeleitete Wort läßt vergessen, daß die Region im Mittelalter der Wasgau genannt wurde. Das französische „Vosges" dürfte daraus entstanden sein, meint auf jeden Fall nichts anderes.

allem politisch eher England als Rußland zugeneigt und ein Gegner der „Russenfraktion" um Bismarck. Da sein Sohn Wilhelm zunächst der Politik seines Großvaters, Kaiser Wilhelms I., also eigentlich Bismarcks, nahestand, kam es zu einem Zerwürfnis zwischen beiden. Dieser „Weise Kaiser" hätte also sicher vieles anders gemacht als sein neunundzwanzigjähriger Sohn und Kronprinz, der dann folgerichtig als Wilhelm II. der nächste Kaiser[62] wurde und als der „Reisekaiser" in die Geschichte einging. Wenn es nur das gewesen wäre!

Wilhelm II. war jung und voller Elan. Wohl auch durch seinen seit Geburt behinderten linken Arm wurde sein Stolz und Ehrgeiz zusätzlich befeuert. Er galt als sprunghaft, wankelmütig und ungeduldig, wollte später wie Bismarck agieren, allerdings ohne dessen Talent dafür zu haben. Auch entwickelte er keinerlei politische Strategien. In seinem Fahrwasser waren viele junge Leute, die genauso wie er von der neuen deutschen Größe berauscht waren und sich entsprechend aufführten. Wer einmal Heinrich Manns „Der Untertan" gelesen hat, kann sich ein gutes Bild über diesen Typus machen. Der Autor, schließlich ein Zeitzeuge, hat sicher nicht zu sehr übertrieben.

Nicht nur, aber auch durch den Einfluß seiner Freunde und Berater meinte Wilhelm II., nun die Geschicke des Reiches selbst lenken zu müssen, - schlimmer noch, zu können, und wollte Bismarck nicht mehr wie bisher schalten und walten lassen. Deshalb entließ er ihn 1890. Das nun einsetzende Knallen der Champagnerkorken in Frankreich - sicher auch andernorts - war in ganz Europa zu hören. Die Entlassung brachte innenpolitisch durchaus gute Entwicklungen ins Rollen, denn Wilhelm machte sich unter anderem für höhere Löhne und bessere Arbeitszeiten stark. Er hatte sicher keine

---

[62] Es war der ganz offiziell letzte deutsche Kaiser. Franz Beckenbauer dürfen wir hierbei leider nicht berücksichtigen.

sozialistischen Anwandlungen, fühlte sich aber für das Wohl aller Untertanen und stabile Verhältnisse im Reich durchaus verantwortlich. Auch förderte er gezielt Wissenschaft und Technik. Für die Außenpolitik aber war Bismarcks Entlassung eine Katastrophe. Als der russische Gesandte noch im Jahr 1890 in der Reichskanzlei vorsprach, um den alten Rückversicherungsvertrag zu erneuern, ließ ihn der neue, außenpolitisch offensichtlich unfähige Kanzler wissen, daß dies nicht mehr als notwendig betrachtet würde. Mit diesem Abkommen verbunden waren natürlich auch wirtschaftliche Aspekte. Das doch etwas rückständigere Zarenreich war sehr stark an westeuropäischen Errungenschaften interessiert. Die Beendigung dieses Bündnisses war tatsächlich nicht Kaiser Wilhelms Idee, aber indem er sich von seinem Umfeld dazu überreden ließ, hatte er das Deutsche Reich ans Messer geliefert.

An dieser Stelle sollten wir uns posthum bei ihm (und seinen „Ratgebern") noch einmal ausdrücklich „bedanken" für den sich daraus entwickelt habenden Weltkrieg mit Millionen von Toten und was daraus folgte an politischen, gesellschaftlichen und wirtschaftlichen Entwicklungen bis hin zu einer fürchterlichen, menschenverachtenden Diktatur und einem noch schlimmeren Weltkrieg mit letztlich völliger Erniedrigung Deutschlands und Ruinierung unseres Rufes als Kulturnation in aller Welt. Nicht daß Wilhelm persönliche Schuld an all dem Ungemach, insbesondere den Gräueltaten der Nazis trifft, er hat aber, weil selbst politisch orientierungslos, den Weg in ein Desaster mit fürchterlichen Folgen geebnet. Kommt hinzu seine später unrühmliche Rolle und die einiger seiner Söhne im Umgang mit den Nazis.

Als der russische Gesandte wieder in Petersburg ankam, standen schon die französischen Diplomaten Spalier, um in die Bresche zu springen. Spätestens als Bismarck 1898 starb, wohl ziemlich desillusioniert, war die Schlinge um Deutschland schon festgezogen. Die deutsche Politik brauchte dann noch viele Jahre, um „überrascht" festzustellen, daß Deutschland außenpolitisch isoliert war. Als einzige bedeutende Verbündete blieben nur noch das „Pulverfaß" Donaumonarchie und das „kränkliche" Osmanische Reich.

Einstweilen aber ging es Deutschland wirtschaftlich richtig gut. Vor allem in der Wissenschaft, der Medizin und der Technik setzte Deutschland Maßstäbe. Wer da mitreden wollte, mußte oft Deutsch lernen, denn auch viele Veröffentlichungen und wissenschaftliche Veranstaltungen waren in deutscher Sprache. Und wer etwas werden wollte, ging nicht selten zum Studium nach Deutschland[63]. Schauen Sie sich einmal die Liste der Nobelpreisträger des frühen 20. Jahrhunderts an. Deutschland exportierte auch viele Waren. Das Label „Made in Germany", in England zum Hinweis an diese angebracht, daß man doch bitte lieber englische Produkte kaufen möge, wurde ein Markenzeichen für Qualität. In unseren Tagen allerdings mußte man zeitweise den Eindruck gewinnen, daß etliche namhafte deutsche Firmen mit viel Elan daran arbeiten, das endlich wieder zu ändern.

Zurück zur Geschichte. Was auch immer die verschiedenen Reichskanzler nach Bismarck taten, und es war ja durchaus viel Vernünftiges dabei, man mußte immer die Angst aushalten, daß der Kaiser nicht wieder irgendwelche protzige Sprüche in alle Welt hinausposaunte oder einen seiner berüchtigten Alleingänge unternahm, die alles Bemühen der Reichsregierung mindestens erschwerte. (Viele seiner wahrhaft spontanen und hochtrabenden innenpolitischen Ideen versandeten letztlich in den Parlamenten).

---

[63] Und das bereits seit Mitte des 19. Jh., so war zum Beispiel das Studium der Chemie unter Justus von Liebig in Gießen sehr begehrt.

Obwohl Wilhelm, wenn es denn ernst zu werden drohte, immer einen Rückzieher machte, hatte es kein Kanzler unter ihm leicht. Mit seiner Art war er natürlich auch ein gefundenes Fressen für die internationale Presse. Ein unberechenbarer, stets in Uniform auftretender, mit martialischen Sprüchen durch die Welt geisternder Monarch war der perfekte „Schreckputz", im Gegensatz zu den so jovialen Herren im Gehrock, eine dicke Zigarre gemütlich paffend, die in England, Frankreich oder Belgien schon lange eine ausbeuterische und oftmals mörderische Kolonialpolitik betrieben.

Ja, auch da wollte das Deutsche Reich natürlich nicht nachstehen. Schade nur, daß alle lohnenswerten Länder schon lange vergeben waren. Das, was noch zu haben war, hat das Reich im Grunde nur Geld gekostet, sogar noch unseren heutigen Staat nach über einhundert Jahren. (Beispiel: Namibia, wo die Hereros 1904 brutal und sinnlos niedergemacht wurden und die Bundesregierung deshalb Verhandlungen zur Wiedergutmachung führte.) Letztlich haben sich diese wenigen Kolonien die Siegermächte nach dem Ersten Weltkrieg auch noch in die Tasche gesteckt. Es kam alles so, wie es Bismarck einst vorausgesehen hatte. Nur das früher englische Helgoland ist uns geblieben, das der Kaiser irgendwann einmal gegen Sansibar eingetauscht hatte.

Auch dafür, daß in Deutschland nun Läden mit Kolonialwaren aufmachen konnten, mußte dementsprechend eine deutlich größere Flotte aufgebaut werden. Die zu diesem Zwecke erfundene Sektsteuer zahlen wir übrigens heute noch, auch wenn des Kaisers Flotte schon seit Ende des Ersten Weltkrieges auf dem Grunde des Meeres verrottet. Was man mit dieser Steuer heute finanziert, weiß ich allerdings nicht. Unsere sich in jämmerlichem Zustand befindliche Bundesmarine offensichtlich nicht. Der massiven

Aufrüstung der kaiserlichen Marine damals sah man in England natürlich nicht tatenlos zu. Englands Übermacht zur See war selbstverständlich nie in Gefahr. Für jedes neue deutsche Kriegsschiff entstanden in England mindestens zwei und die durchaus hervorragenden U-Boote der kaiserlichen Marine konnten letztlich den Ausgang des Krieges auch nicht verändern.

Anders liefen die Dinge bei den Landstreitkräften. Nachdem sich abzeichnete, daß Deutschland im Falle eines Krieges wohl nicht nur im Westen, sondern auch im Osten würde kämpfen müssen, stellte sich die Generalität auf eine ganz andere Art und Weise der Kriegsführung ein. Während man in Frankreich, England und Rußland die Anzahl von Soldaten ermittelte, die nach einer Mobilisierung in den jeweiligen Ländern zu erwarten waren, und sich der in dieser Hinsicht großen Übermacht erfreute, setzte man in den deutschen Stäben, die diese Zahlen auch kannten, auf Feuerkraft und eine modernere Taktik. Letzteres galt im Prinzip auch für das Heer der Donaumonarchie, das traditionell über hervorragende Geschütze verfügte. Die Auswirkungen dieses Sachverhalts werden wir noch sehen. Die bis Kriegsbeginn nirgends vorhandenen Luftstreitkräfte spielten, trotz der während des Krieges legendär gewordenen Jagdflieger, zunächst keine so entscheidende Rolle. Immerhin: Zeppeline bombardierten im Krieg gelegentlich Städte (z.B. London oder Lüttich). Das waren aber vergleichsweise harmlose Aktionen, die mehr erschreckten als zerstörten. Es ist ebenso wichtig darauf hinzuweisen, daß die im Vergleich mit allen anderen europäischen Ländern damals einzigartige deutsche Chemische Industrie auch Frankreich, England und andere Länder mit diversen Zutaten für Munition belieferte, sodaß jene nach Kriegsbeginn erst einmal nach neuen Quellen Ausschau halten mußten.

Wie und warum kam es denn eigentlich zu dem fürchterlichen Gemetzel, das als der Erste Weltkrieg in die Annalen der Geschichte einging? Man kann es sich leichtmachen, wie die Sieger in Versailles, und die alleinige Kriegsschuld Deutschland und Österreich zuschustern. Dabei wurden sogar Dokumente verfälscht und unterschlagen, um das zu „beweisen". „Pfui!" über unsere Militaristen und über den Großmachtanspruch des Kaisers und seiner Gesellen! Aber dieser Vorwurf gerade aus dem Munde derer, die die Welt damals ganz offiziell beherrschten, klingt schon seltsam. Doch selbst französische und englische Politiker sowie etliche Historiker haben bereits im Laufe der 1920er Jahre einräumen müssen, daß hier absichtlich Dinge verfälscht wurden um die Rolle der Siegermächte an der Entstehung des Krieges zu verschleiern. Kurioserweise war es der Deutsche Fritz Fischer, der - warum auch immer - in einem 1961 erschienenen Buch die unsinnige These von der deutschen Alleinschuld wegen des Kaisers angeblichem Weltmachtanspruch erneut aufleben ließ.

Wenn man es sich also nicht so leichtmacht und genauer hinschaut, wie es zum Beispiel der Historiker Christopher Clark in seinem viel beachteten Buch „Die Schlafwandler" tut, dann kommt man doch zu anderen Schlüssen. Natürlich gab es in Deutschland Scharfmacher in Militär und Politik, genauso wie in allen anderen Ländern Europas. Der Nationalismus hatte überall Hochkonjunktur. Da half es auch nicht, daß der europäische Adel miteinander eng verwandt war. Der Einfluß des Zaren, der Kaiser oder des englischen Königshauses[64] auf die Politik und die Stimmung in ihren jeweiligen Ländern waren mehr oder minder begrenzt. (Nur Frankreich war eine waschechte

---

[64] Der damals noch offizielle Name war „von Sachsen-Coburg und Gotha". Aus diesem Hause stammte Prinz Albert, Ehemann von Königin Viktoria, die selbst fast nur deutsche Vorfahren hatte. Da der deutsche Name peinlich wurde, nannte man sich seit dem Ersten Weltkrieg nach dem englischen Stammsitz die „Windsors".

Republik.) Es ist klar, daß man das komplizierte Geflecht an Bündnissen, die daraus folgenden gegenseitigen Verpflichtungen, die Politik, die Ziele der einzelnen Staaten und das diplomatische Gezerre, das dem Krieg vorausging, hier nicht in wenigen Zeilen erschöpfend behandeln kann. Gestützt auf die Darstellungen Christopher Clarks versuche ich es wie folgt zusammenzufassen.

England war mit Frankreich verbandelt, nachdem man sich, was die Kolonien betraf, mittlerweile geeinigt hatte. 1898 wäre es wegen der Faschoda-Krise fast zum Krieg zwischen beiden gekommen, als sich die Kolonialtruppen beider Länder im Süden Sudans gegenüberstanden. Die sogenannte „Entente Cordiale" war inzwischen zur „Tripel Entente" mit Rußland erweitert worden. England und Rußland waren zwar geopolitische Gegenspieler in Zentralasien, aber mittlerweile haben wir schon oft gesehen, daß mächtige Staaten bei der Durchsetzung eigener Interessen nicht wählerisch sind, mit wem sie sich verbünden, wenn es gegen einen gemeinsamen Feind geht. (England wollte zwar den Kontinentalkrieg nicht unbedingt, kam aus der Nummer dann aber nicht mehr heraus.) Diesem Schritt zugrunde lag sicher das alte englische Bedürfnis nach „Machtbalance" auf dem Kontinent. Deutschland, das sich nolens volens Österreich wieder angenähert hatte, sollte nicht noch größeren Einfluß bekommen; die wirtschaftliche Stärke beider Reiche war sicher auch vielen ein Dorn im Auge. Frankreich war, wie beschrieben, bereits nach 1890 eng mit Rußland verbündet, zunehmend auch militärisch. Es gab mittlerweile gemeinsame Pläne, wie irgendwann gegen Deutschland vorzugehen wäre. Ein Krieg mit Deutschland sollte im Westen zunächst defensiv, im Osten offensiv geführt werden. Daher auch der immense Festungsbau in Frankreich an der deutschen Grenze. Auch in Belgien baute man auf Festungen und Bunker zur Abwehr eines Angriffs. Der in Frankreich schon bekannte „Schlieffen-Plan", in der ursprünglichen Fassung da aber schon nicht mehr zeitgemäß, bestimmte diese Taktik.

 Die Schmach von 1870/71 saß tief im französischen Militär und mit dem „Verlust" des Elsaß und Lothringens wollte man sich nicht zufriedengeben. Außerdem war Frankreich finanziell stark in Rußland, aber auch in Serbien und anderen Balkanstaaten engagiert. Mit Italien – „offiziell" mit Österreich und Deutschland liiert - hatte man geheime Übereinkünfte getroffen, was ja dann auch zu dessen Kriegseintritt gegen Österreich führte. Rußland verstand sich als „großer Bruder" aller slawischer Staaten, was nicht bei allen diesen gleich gut ankam, sehr wohl aber in Serbien. Wir werden noch sehen, wie. Rußland, als alter Feind der Türkei, war natürlich auch sehr daran interessiert, was sich am Bosporus tat. Die Meerenge zwischen dem Schwarzen und dem Mittelmeer war schon damals von großem Interesse. Die schwächelnde Türkei, nicht nur von Rußland, sondern auch von Griechenland und Bulgarien bedroht, die es beide auch zum Meer drängte, hatte aufgerüstet, indem Schiffe aus England und Material samt militärischen Beratern für das Heer aus Deutschland eingekauft wurden. Rußland mußte sich bezüglich des Bosporus aber etwas zurückhalten, um nicht mit England aneinanderzugeraten, das eine Präsenz russischer Schiffe im Mittelmeer ungern gesehen hätte. England seinerseits und auch Frankreich hatten ein Auge auf die arabische Halbinsel geworfen, die damals noch dem Osmanischen Reich zugehörig war. Von daher hielt man sich in Istanbul verstärkt an das Deutsche Reich, das dort auch viel investierte.

Kommen wir zu Österreich-Ungarn, zu dessen Staatsgebiet das heutige Tschechien, die Slowakei, Teile Polens, der Ukraine und Rumäniens (die Gebiete der „Siebenbürger Sachsen" und wo heute noch eine ungarisch stämmige Bevölkerung lebt) sowie Kroatien und

Bosnien gehörte, und nicht zu vergessen das heute zu Italien zählende, urösterreichische Südtirol. In diesem riesigen Vielvölkerreich gab es natürlich innere Spannungen, aber so marode, wie es von manchen Literaten und vor allem dem durch das Ausland tingelnden tschechischen Separatisten Edvard Beneš dargestellt wurde, war es beileibe nicht. Gerade die Tschechen genossen in den Jahren vor dem Ersten Weltkrieg weitreichende Privilegien, der später ermordete österreichische Thronfolger hatte sogar noch weitergehende Pläne gehabt. Außenpolitische Spannungen gab es teilweise mit Italien, aber viel mehr noch mit Serbien, das nach mehr Macht und Land auf dem Balkan gierte und deshalb auch mit Griechenland, Bulgarien und Albanien im Clinch lag. Serbiens Bestrebungen vor allem in Richtung Bosnien, Kroatien und Albanien wurden durch Rußland unterstützt (Panslawismus), welches ja damals direkt an die Donaumonarchie angrenzte (Ukraine). Von daher war man in Wien froh über die ziemlich leichtfertig erteilten, umfassenden Garantien aus Deutschland, im Falle einer Bedrohung durch das Zarenreich einzugreifen.

In diese Gemengelage hinein fielen 1914 die Schüsse in Sarajewo (Bosnien), die den österreichischen Thronfolger und seine Gattin töteten. Die Spuren des Attentäters wiesen eindeutig nach Serbien, dessen Geheimdienst schon lange Gruppierungen in Bosnien unterstützt und durch diese dort für Unruhe gesorgt hatte. Eine von Wien geforderte Untersuchung - auch durch österreichische Ermittler - wurde aber von Serbien abgelehnt, dessen Regierung von nichts zu wissen vorgab. Diese Position wurde von Rußland und Frankreich gleichermaßen unterstützt (warum wohl?). Man sprach also Österreich letztlich bewußt das Recht ab, auf diesen Affront in irgendeiner Form angemessen zu reagieren. Daraufhin erklärte man im natürlich aufgebrachten Österreich Serbien den Krieg. Rußland wollte nun zunächst eine gegen die Donaumonarchie gerichtete

Teilmobilmachung anordnen, um Deutschland herauszuhalten. Da das aber auf praktische Schwierigkeiten stieß und auch Frankreich hinter den Kulissen drängte, wurde dann doch eine Generalmobilmachung initiiert, was dann zum Kriegseintritt Deutschlands und in der Folge zu dem Frankreichs und Englands führte. Das Datum der russischen Generalmobilmachung wurde nach dem Krieg bewußt verfälscht, um den Eindruck zu erwecken, daß diese erst eine Reaktion auf die deutschen Mobilmachungsmaßnahmen war. Tatsache bleibt, daß Deutschland während der gesamten Julikrise (Österreich-Serbien-Konflikt) „eine Insel relativer Ruhe war", um aus Christopher Clarks bereits erwähntem Buch zu zitieren. Nachweislich versuchte Kaiser Wilhelm zuletzt sogar noch eine Verhandlungslösung in der Krise zu erreichen, fand allerdings in Wien, aber auch in weiten Kreisen der eigenen Regierung und des Militärs dafür keine Unterstützung mehr. Ob des vielfachen Hin und Her kaiserlicher Anordnungen bezüglich der Aktivierung der Streitkräfte war der deutsche Stabschef von Moltke einem Zusammenbruch nahe. „Ich möchte gerne gegen Franzosen und Russen Krieg führen, aber nicht gegen einen solchen Kaiser", soll er in seiner Verzweiflung gesagt haben.

Die nationalistische Verblendung war allenthalben gewaltig und die Außenpolitik praktisch aller Länder hatte paranoide Züge. Es ist unsinnig, hier einen Alleinschuldigen ausmachen zu wollen. Keiner der Protagonisten erkannte - und mancher wollte es vielleicht auch nicht - was hier auf Europa zukam. Die verantwortlichen Politiker Europas gingen immer noch von einem kurzen, heftigen Krieg mit ein paar großen Schlachten aus, wie es in jüngerer Vergangenheit ja noch gewesen war. Es sollte aber ein nie dagewesenes, vier Jahre andauerndes Gemetzel werden. Doch auch hier haben wir oft falsche Bilder vor Augen, genährt vor allem durch die Filmindustrie. Die Zahlen der Gefallenen dieses Krieges zeigen, daß auf deutscher und österreichischer Seite nur etwa halb so viel Verluste zu beklagen waren als auf gegnerischer Seite, und dies, obwohl Deutschland/Österreich-Ungarn ja offiziell die Angreifer waren und den Krieg letztlich verloren haben. Es gibt dafür eigentlich nur eine sinnvolle Erklärung und diese liefert uns zum Beispiel der amerikanische Autor John Mosier in seinem Buch „The Myth Of The Great War". Hätten deutsche oder österreichische Kommandeure ihre Truppen genauso in die Schlachten geführt, wie es die der Gegner getan hatten, wären die Verluste gleich hoch oder sogar höher gewesen. Aber die taktische und materielle Überlegenheit des deutschen sowie des österreichischen Heeres war deutlich. Praktisch alle Generale der Briten, Franzosen und Italiener hatten bis lange nach dem Krieg nicht verstanden, was auf den Schlachtfeldern wirklich passiert war, weil sie in aller Regel auch Opfer ihrer eigenen Propaganda wurden. Erst der im Sommer 1918 beginnende Einsatz der amerikanischen Streitkräfte, bestens ausgestattet und eigenständig agierend, brachte den Sieg der Alliierten.

Während des Krieges schon wurden falsche Zahlen und Berichte über angebliche Siege den politischen Führern Englands und Frankreichs präsentiert, soweit man diese überhaupt angemessen informierte. Ein gutes Beispiel dafür liefert die angebliche Schlacht an der Marne[65]. Der Vorstoß des deutschen Heeres im Westen war schnell. Die belgischen Forts - wie auch später die französischen - wurden durch den Einsatz neuartiger, mächtiger Haubitzen unerwartet schnell pulverisiert, und die deutschen Armeen standen sehr bald tief in Frankreich. Der deutschen Heeresführung war natürlich klar, daß durch den gleichzeitigen Einsatz des Heeres an der Ostfront im Westen die Ressourcen begrenzt waren. Also hatte man sich nach den ersten Erfolgen auf gut zu verteidigende

---

[65] Sogar der französische General Gallieni schrieb in sein Tagebuch: "Gab es eine Schlacht an der Marne?"

Stellungen zurückgezogen. Das blieb die Taktik während des ganzen Krieges: massiver Einsatz einer an Feuerkraft weit überlegenen Truppe um die gegenüberliegenden feindlichen Einheiten zu schlagen, danach Errichtung einer gut ausgebauten Verteidigungslinie mit sorgfältig angelegten Schützengräben beziehungsweise Rückzug auf eine solche. So hatte man auch die Möglichkeit, Truppen nach Bedarf zu verlegen. Dann wartete man auf die Gegenattacken, die in der Regel im Geschoßhagel der Artillerie und der Maschinengewehre zusammenbrachen. Da Franzosen und Engländer zwar über viel Feldartillerie, aber kaum über Haubitzen und Mörser verfügten, war der vorbereitende Beschuß der deutschen Gräben bei Gegenangriffen nicht sehr wirkungsvoll.

Auf diese Weise opferten ignorante französische, englische und italienische Generäle Division um Division, faselten von einem baldigen Durchbruch (der nie kam) und hofften, daß den Deutschen/Österreichern bald die Soldaten ausgingen, denn Opferzahlen wurden anhand der eigenen hochgerechnet und den Regierungen präsentiert. Hatte man sich dann nach vielen Verlusten endlich einmal an eine Position herangekämpft, läutete man die Glocken und verkündete einen großen Sieg. Meist hatten die deutschen Truppen nach ein paar Tagen den Gegner wieder zurückgeworfen, was dann allerdings nicht publiziert wurde. 1917 war die Moral im französischen und italienischen Heer nachweislich im Keller; bei den Briten sah es kaum besser aus. Die für einen solchen Krieg nicht oder nur unzureichend ausgebildeten Soldaten dieser Länder mußten immer wieder, die Briten anfangs sogar in offenen Formationen mit Trommlern und Pfeifern voran durch matschiges und mit Kratern übersätes Gebiet gegen die in gut ausgebauten Schützengräben verschanzten deutschen Truppen anlaufen. Noch im Sommer 1918, bevor die US-Streitkräfte einsatzbereit waren, wurde das britische Heer in einer von den Entente-Mächten aufgrund ihrer Fehlkalkulationen nicht vorstellbaren deutschen Großoffensive in wenigen Tagen praktisch dahin zurückgeworfen, von wo sie vor langer Zeit gestartet waren. Ähnlich erging es den Italienern, zwischenzeitlich durch französische und britische Einheiten verstärkt, an der italienisch-österreichischen Front in Norditalien. In Frankreich brachte es 1917 General Pétain, dem man im französischen Stab gerne Defätismus unterstellte, auf den Punkt: *„Erst schlagen sie uns, dann die Briten."* Dabei war er der einzige, der bei Verdun ein paar Erfolge verzeichnen konnte, indem er die deutsche Angriffstaktik kopierte. Kopiert wurde leider auch der unrühmliche, mithilfe unserer chemischen Industrie entwickelte gelegentliche Einsatz von Giftgas. Manchmal gingen solche Einsätze auch schief, wenn sich plötzlich der Wind drehte. Da Hitler, wie viele andere Kämpfer des Ersten Weltkriegs, entsprechende Erfahrungen mit Gas gemacht hatte, blieb der Einsatz solcher Mittel im 2. Weltkrieg aus. Erst im Vietnamkrieg griffen die Amerikaner wieder zu chemischen Waffen und zwar ausführlich. Neben dem, wie sich später herausstellte, krebserregenden Agent Orange probierten sie dann nachweislich so ziemlich alles aus, was mittlerweile zu haben war.

Doch wir haben etwas vorgegriffen und müssen uns den Verlauf des Krieges insgesamt noch einmal ansehen. Anfangs konnte Serbien den Österreichern zwar noch ganz gut standhalten, wurde später aber gründlich geschlagen. Die Reste der serbischen Armee zogen sich weit zurück. Die riesige Front der Donaumonarchie in Galizien war aber gegen die gewaltige Armee des Zaren nicht zu halten und man mußte unter erheblichen Verlusten große Gebiete aufgeben. Das Vorgehen Rußlands gegen das deutsche Heer in Ostpreußen hingegen geriet zum Desaster für die Angreifer. Bei Tannenberg wurde die russische Armee in einer Kesselschlacht vernichtend geschlagen. Der alte Feldmarschall Hindenburg wurde so der große Star der deutschen Generalität, der Plan wurde allerdings von den

Offizieren seines Stabes entwickelt. (Vorbild war die Schlacht, in der Hannibal bei Cannae die Römer besiegte.) Im Laufe des Krieges erlahmten dann die russischen Aktivitäten, in der Armee gab es Auflösungserscheinungen. Letztlich wurde nach der russischen Revolution[66] sogar ein Friedensvertrag mit den neuen Machthabern ausgehandelt, der allerdings später durch den Versailler Vertrag wieder aufgehoben wurde.

Um im Westen die französischen und britischen Heere in Schwierigkeiten zu bringen, war der Vorstoß durch das neutrale Belgien zunächst nicht zu vermeiden. Einen einfachen Durchzug deutscher Truppen hatte die belgische Regierung aufgrund englischer Garantien zuvor abgelehnt. In Belgien wähnte man sich durch die mächtigen Forts gut geschützt, hatte aber nie eine Chance. Die gut eine Woche dauernden Kampfhandlungen ermöglichten immerhin den Heeren der Entente in Frankreich noch eine geordnete Aufstellung, andernfalls hätte Deutschland den Krieg im Westen 1914/15 sehr wahrscheinlich siegreich beenden können.

Die englischen und französischen Armeen hätten jetzt entschlossen kooperieren können, aber jeder Oberbefehlshaber kochte halt sein eigenes Süppchen, was nicht immer hilfreich war. Sehr schnell schwanden, wie bereits beschrieben, die eigenen Kräfte und man karrte Kolonialtruppen aus aller Welt heran. Vor allem mußte man noch Waffen und Munition in großem Stil aus den USA beschaffen. Man benutzte dabei gerne Passagierschiffe, da diese in der Regel nicht attackiert wurden. Das änderte sich erst später. Die amerikanische Bevölkerung war zwar gerade in einer

---

[66] Die Reichsregierung schleuste den in der Schweiz lebenden Revolutionsführer Lenin während des Krieges nach Rußland ein. Das beschleunigte natürlich den Zerfall des Zarenregimes. Das Zarenreich war wahrscheinlich schon vor dem Krieg in einem schlechteren Zustand, als man die Donaumonarchie wähnte.

isolationistischen Phase, man interessierte sich nicht für die europäischen Händel. Aber die amerikanische Wirtschaft war über das steigende Auftragsvolumen verständlicherweise sehr erfreut. Die britische Marine kontrollierte natürlich die Seewege und die dadurch auf sich selbst gestellten deutschen Kolonien waren bald verloren. An der Westfront half das aber alles nichts. In der Hoffnung, die deutschen und österreichischen Heere zu schwächen, zog man zunächst Italien mit in den Krieg, dann Rumänien, das schnell durch deutsche und österreichische Einheiten besiegt wurde, und letztlich Amerika. Präsident Wilson hielt man einen Ende März 1917 verfaßten Brief des neuen österreichischen Kaisers Karl I.[67] an den französischen Präsidenten Poincaré unter die Nase, in dem Karl Frankreich ein Friedensangebot machte. Dieser hatte den Brief hinter dem Rücken seiner Regierung und ohne Absprache mit dem deutschen Reich geschrieben. Wenige Tage später traf er Kaiser Wilhelm II. in Bad Homburg und versicherte ihm die unverbrüchliche Treue Österreichs. Als der österreichische Außenminister dann auf anderen Wegen von diesem Brief erfuhr, stritt Karl ihm gegenüber einfach ab, daß er der Verfasser war.

Wilson wurde so von einem baldigen Zusammenbruch Österreichs und Deutschlands überzeugt. Den uneingeschränkten U-Bootkrieg erlaubte der Kaiser erst 1917, als der Kriegseintritt der USA nach Auffassung seiner Militärs ohnehin nicht mehr zu verhindern war. Tatsächlich schwankte Wilson bis dahin noch, denn er hoffte einen Frieden vermitteln zu können, was ihm dann aber verleidet wurde. Die Bosse der Rüstungsindustrie wußten sich vor Glück kaum noch zu fassen. Die „träge" Öffentlichkeit hatte man zum Glück schon seit zwei Jahren durch gezielte Kriegspropaganda gründlich bearbeitet. Insgeheim bis unters Deck mit Waffen und Munition beladene

---

[67] Franz Josef war 1916 gestorben.

Passagierschiffe waren ja eine gängige Methode der Belieferung vor dem Kriegseintritt, denn Deutschland hatte gewarnt, Frachtschiffe im Kriegsgebiet durch U-Boote zu attackieren. Im Falle der Lusitania ließ man entsprechende Informationen zum deutschen Geheimdienst durchsickern und wartete nicht vergeblich darauf, daß ein U-Boot diesen verkappten Waffentransport versenken würde, mitsamt den nichtsahnenden Zivilisten natürlich. Außerdem berieselte man die Öffentlichkeit mit Gräuelmärchen über die als Hunnen titulierten deutschen Aggressoren. Die guten Alliierten würden ja schließlich einen gerechten Krieg zur Befreiung der unterdrückten Völker führen.

Der Rest ist schnell erzählt. Über eine Million bestens ausgestattete amerikanische Soldaten wurden nach Frankreich verschifft. Der amerikanische Oberbefehlshaber war allerdings nicht so dumm, seine Truppen im Verbund mit französischen oder englischen Einheiten verheizen zu lassen. Die englischen und die französischen Kommandeure waren von ihrem Konzept nach wie vor überzeugt und stellten sich vor, ihre Heere mit amerikanischen Soldaten zu verstärken und wie gehabt weiterzumachen.
Er ließ sich bevorzugt von Pétain beraten, seine Leute von dessen erfahrenen französischen Veteranen trainieren und legte dann überaus erfolgreich los. Österreich-Ungarn war Mitte 1918 vor allem versorgungstechnisch tatsächlich am Ende und gab auf. Eine Folge der Seeblockade war natürlich, daß von außen praktisch nichts mehr nach Deutschland und zu seinen Verbündeten gelangen konnten. Die Mittelmächte, eine gute Beschreibung der ja nun eingekreisten Staaten, waren von Anfang an auf die eigenen, endlichen Ressourcen angewiesen. Auch die deutsche Bevölkerung ächzte; das ganze Land war ausgelaugt und der Unmut der Leute nahm zu. Der Generalstab sah keine Möglichkeit mehr, den Krieg erfolgreich zu beenden, da nun auch die Verluste dramatisch anstiegen. Deshalb verhandelte

die neue deutsche Regierung unter Reichskanzler Max von Baden, der wie die Generale in einer weiteren Dezimierung des durchaus noch nicht völlig geschlagenen Heeres durch die frischen amerikanischen Streitkräfte keinen Nutzen sah, folgerichtig auch nur mit den USA. Prinz Maximilian von Baden war im Oktober 1918 Kanzler einer Mehrparteienregierung geworden, die das Reich etwas demokratischer gestalten sollte. Das erleichterte nämlich die Verhandlungen mit Präsident Wilson, gab später aber auch den alten Kadern die Möglichkeit, die resultierenden Nachteile für Deutschland den Demokraten in die Schuhe zu schieben („Wer hat uns verraten? – Die Sozialdemokraten!"). Als die Verhandlungen ruchbar wurden, versuchte das Flottenkommando diese zu torpedieren, indem man eine sinnlose „letzte große Seeschlacht" mit der englischen Flotte plante, um wenigstens „in Ehren" unterzugehen. Revoltierende Matrosen verhinderten das zum Glück, es kam zu den Matrosenaufständen in Kiel und andernorts. Trotzdem verschärften die Amerikaner daraufhin die Bedingungen.

Mit einer anderen Mär muß aber an dieser Stelle auch aufgeräumt werden. Der Erste Weltkrieg hätte durchaus schon viel früher enden können. Die Zahl der Opfer auf beiden Seiten wäre dadurch deutlich geringer gewesen, von den politischen Folgen gar nicht zu sprechen. Allerdings hätte auch die alliierte Seite von ihren Maximalforderungen abrücken müssen. Seit Ende 1914 bis weit in das Jahr 1917 hinein wäre ein Kompromissfriede möglich gewesen, wie Holger Afflerbach in seinem neuesten Buch „Auf Messers Schneide" ausführlich nachgewiesen hat. Die deutsche Reichsregierung hatte, mal im Einklang mit den Militärs, mal trotz Gegenwind aus dem Hauptquartier und aus nationalistischen Kreisen, immer wieder über diplomatische Kanäle Friedensangebote gemacht beziehungsweise sich den Vorschlägen Wilsons, der ab 1916 zunächst vermitteln wollte, gegenüber offen zu zeigen versucht. Nicht immer war man dabei klug vorgegangen. Aber in den Stäben und Regierungen der Alliierten war zu keiner Zeit Kompromißbereitschaft vorhanden gewesen. Die militärische Lage war aus Sicht der Entente ganz offensichtlich unbefriedigend gewesen und man wollte bei möglichen Verhandlungen den Mittelmächten nicht entgegenkommen müssen. Lieber hatte man sich stattdessen mehr und mehr in finanzielle Abhängigkeit von den USA begeben, denn Frankreich und England konnten die enormen Kosten des Krieges sehr bald nicht mehr stemmen.

Präsident Wilsons 14-Punkte-Plan (1918) wurde letztlich die Basis für Friedensgespräche. Wilson war kein ausgesprochener Freund der Deutschen, aber nachdem bereits über achtzigtausend tote Amerikaner zu beklagen waren, wollte er den Krieg so schnell als möglich beenden. Deshalb ließ er Engländer und Franzosen wissen, daß bei ihrer Ablehnung seiner Bedingungen die USA einen Separatfrieden mit dem deutschen Reich aushandeln würden. Diese 14 Punkte waren zwar ungleich den Forderungen und Wünschen der Entente, aber da alle wußten, daß ohne die Amerikaner nichts zu gewinnen war, stimmten die Regierungschefs zähneknirschend zu. Dann war der Krieg aus und die Armeen zogen nach Hause.

Schon bald nach Kriegsende behaupteten französische und englische Generale mit aller Dreistigkeit, daß eigentlich ihre Armeen, quasi nur unterstützt durch die Amerikaner, das deutsche Heer besiegt hätten. Tatsache bleibt jedoch, daß die Heere der Entente ohne das amerikanische Expeditionsheer zu gar nichts mehr in der Lage gewesen wären. 1922 schrieb der Franzose Jean de Pierrefeu[68]: *„So wird man also die Geschichte [des Krieges] in fünfzig Jahren schreiben, wenn, nachdem die Zeitzeugen gestorben sind, verantwortungsvolle*

---

[68] Zitat aus Jean Galthier-Bossière: „Histoire de la grande guerre" (1932), Quelle: John Mosier. „The Myth Of The Great War". Übersetzung aus dem Englischen ins Deutsche durch den Autor.

Historiker die Archive des [französischen] Generalhauptquartiers durchforsten, sichtlich bemüht um gute, aussagekräftige Quellen. Laßt uns ihnen zurufen: Ein riskantes Unternehmen! Laßt uns sie alle warnen, denn Tag für Tag und vor unseren Augen zerstören sie [die Generale] die Wahrheit. Wenn die Historiker das nicht in Betracht ziehen, werden sie dafür sorgen, daß wir der Geschichtsschreibung in Zukunft nicht mehr vertrauen können."

9. „Es ist nicht Halbes, es ist nichts Ganzes..."[69]

Bevor es zu einem Ende der Kampfhandlungen und im Weiteren zu einem Friedensvertrag kommen würde, mußte Deutschland zunächst einmal diverse Forderungen umsetzen. Neben der Räumung von Gebieten und einer gehörigen Abrüstung war es die Demokratisierung des Regierungssystems, was letztlich die eher widerwillige Abdankung Kaiser Wilhelms bedingte. Reichskanzler Max von Baden und anfangs sogar noch der führende SPD-Politiker Friedrich Ebert hatten zwar die Monarchie zu retten versucht, da sie zu Recht politisches Chaos im Reich befürchteten, konnten es am Ende aber nicht. Es entwickelten sich dadurch nicht nur eine Regierungskrise, sondern richtig chaotische Zustände in Deutschland, was wiederum dazu führte, daß fast zeitgleich der Kommunist Karl Liebknecht und der Sozialdemokrat Philipp Scheidemann jeweils eine neue Republik ausriefen. In vielen Städten hatten sich zwar Soldatenräte nach sowjetischem Vorbild gegründet,

---

[69] Couplet von Otto Reutter

trotzdem setzten sich die gemäßigteren Sozialdemokraten durch, nicht zuletzt da sie sich mit den alten Militärs zusammentaten und zum Teil robust gegen kommunistische Revolutionäre vorgingen. Unter anderem wurden deren Wortführer Karl Liebknecht und Rosa Luxemburg durch aufgebrachte Soldaten umgebracht. Der Sozialdemokrat Gustav Noske war damals zunächst Volksbeauftragter für das Heer und die Marine, später Reichswehrminister. Seine Nähe zu den alten Militärs wurde ihm von den Linken immer wieder vorgeworfen.

Damals hatte die russische Revolution noch eine gewisse Strahlkraft und viele sahen im Kommunismus die Lösung aller Probleme. Wie es in Rußland unter Lenin (und später unter Stalin) wirklich zuging, wollten überzeugte Anhänger der Bewegung vermutlich nicht wissen - wie immer und überall. Sozialdemokratische und auch bürgerliche Politiker mahnten zur Westbindung, schon um rein wirtschaftlicher Gründe willen. Außerdem erhoffte man sich so, die Siegermächte milder stimmen zu können.

Diese Hoffnung sollte schnell zuschanden werden. Als die Abgesandten der Reichsregierung[70] nun in Versailles antreten mußten, stellten sie mit Entsetzen fest, daß in dem auf dem Tisch liegenden Friedensvertrag von US-Präsident Wilsons 14 Punkten, die ja Grundlage zur Einwilligung in die Kapitulation waren, praktisch nichts übriggeblieben war. Einer dieser Punkte war zum Beispiel das (etwas unklar formulierte) Selbstbestimmungsrecht der Völker. Da die Entente ja viele Länder in diesen Krieg involviert und allerlei Zusagen deren Gebietsansprüche betreffend gemacht hatte (inklusive den Polen, Tschechen und Slowaken gemachten Versprechungen über wieder- bzw. neu zu gründende Staaten),

---

[70] Die erste Regierung unter Scheidemann wollte den Bedingungen bezeichnenderweise nicht zustimmen, es kam zu Neuwahlen.

sahen die Pläne der europäischen „Sieger" natürlich nicht vor, daß die Franzosen die Saarländer, Lothringer und Elsässer[71], die Engländer die Iren, die Italiener die Südtiroler, die Serben die Kroaten und Bosniaken, die Rumänen die Ungarn und Deutschen im Banat und in Siebenbürgen oder die Polen, Tschechen und Slowaken die in ihren zukünftigen Staaten lebenden Deutschen beziehungsweise Österreicher fragen würden, wie und von wem sie regiert zu werden wünschten. (Das Thema der Kolonien wurde ohnehin völlig ausgeklammert.) Die wenigen Konzessionen, die hie und da durch den Versailler Vertrag gemacht wurden, sind später nicht selten unterlaufen worden. Speziell der Umgang der Tschechen mit den Rechten der Sudetendeutschen und Böhmen war skandalös und wurde sogar noch 1938 durch Lord Runciman, der zwischen Tschechen und Sudetendeutschen vermitteln sollte, stark kritisiert. Im Saarland gab es erst nach Jahren eine Volksabstimmung zugunsten Deutschlands. Und das Thema „Freie Stadt Danzig" und die damit verbundene Korridorfrage (eine Landverbindung zu Ostpreußen) diente später als willkommener Anlaß zum Krieg mit Polen. Diese im Wesentlichen von Deutschen geprägte und bewohnte Stadt wurde durch den Völkerbund verwaltet, da auch Polen sie, vor allem wegen des Ostseehafens, beanspruchte. Daß sie in Gdingen (Gdynia) bereits einen besaßen, ignorierten die Siegermächte geflissentlich.

Amerika interessierte sich nicht mehr für Europa und man überließ Franzosen und Engländern federführend die Verhandlungen. Diese hatten allerdings nie die Absicht, irgendetwas zu verhandeln, deshalb sprach man ja dann auch von dem Versailler Friedensdiktat.

---

[71] Hier war Wilsons Plan in sich unstimmig, da er auch die Räumung dieser Gebiete gefordert hatte. Vielleicht hielt er aber auch die Elsässer für Franzosen.

Joachim Fernau prägte für das Verhalten der US-Regierung zu Recht den Begriff „politische Fahrerflucht". Bei Ablehnung der nun für Deutschland katastrophalen Bedingungen drohte die englisch-französische Seite mit Besetzung von Landesteilen, weitergehende Aufspaltung des Reiches und sogar Wiederaufnahme von Kampfhandlungen, wozu man zu diesem Zeitpunkt in Deutschland nun gar nicht mehr in der Lage gewesen wäre. Also unterschrieben die Delegierten der Reichsregierung. Von den Rechten wurden sie dafür natürlich jahrelang geschmäht, obwohl sie ja eigentlich deren Suppe auslöffeln mußten.

Dieser „Vertrag" beraubte Deutschland nicht nur einiger Territorien, was einer seit jeher üblichen Praxis entsprochen hätte. (Nach dem Zweiten Weltkrieg ging noch viel mehr verloren). Auch Reparationszahlungen waren an sich nichts Außergewöhnliches. Franzosen und Engländer hatten ja bei Onkel Sam kräftig Schulden gemacht und wollten diese nun zusätzlich auf den „deutschen Buckel" abladen. Die Summen aber, die dadurch zustande kamen, waren astronomisch und nicht erfüllbar. Das wußten die Wirtschaftsfachleute der Sieger sehr genau. Doch nicht die Abzahlung der Schulden[72] war das insgeheim angestrebte Ziel, sondern mit diesen und anderen Auflagen ging es letztlich um die Zerschlagung einer unliebsamen Wirtschaftsmacht (Made in Germany!). Man wollte einen Konkurrenten loswerden.

---

[72] Es kam noch besser: Amerika vergab sehr bald Anleihen, um diese Schulden abzahlen zu können. Übrigens auch an England, Frankreich und andere Staaten. Die Schulden, sowie die Zinsen, durften aber nicht in Waren, sondern nur in Gold oder Dollar beglichen werden. Die Wall Street jubelte, wohl wissend, daß diese Kredite nie gänzlich getilgt werden könnten. Die USA würden so letztlich auf ihre Kosten kommen, alles aber als Zinszahlung deklariert. Die Schulden blieben natürlich, und da sie nun Zivilschulden waren, hätte eine Revision des Friedensvertrages daran nichts mehr geändert. So wurde Amerika zur größten Finanz- und Wirtschaftsmacht. Der Kapitalismus hatte sich die Politik nun endgültig unterworfen. In Zukunft würden Banker und Konzernbosse die Weichen stellen und ihren monetären Einfluß gnadenlos geltend machen.

Was natürlich in Deutschland - und nicht nur die nationalen Gemüter - zusätzlich aufregte, war, daß man Deutschland (zusammen mit Österreich) „vertraglich" als Alleinschuldigen an dem Krieg hinstellte und obendrein auch noch militärisch „kastrierte". Die Sieger erlaubten nur noch ein winziges Heer, ohne Panzer und schwere Geschütze. Außerdem durfte keine Luftwaffe mehr bestehen und schon gar keine Marine. Daher sollten die verbliebenen, wegen der Seeblockade kaum zum Einsatz gekommenen und praktisch völlig intakten Kriegsschiffe den Engländern übergeben werden. Die Schiffe wurden dann tatsächlich in einen englischen Hafen gebracht, dort aber samt und sonders von der deutschen Besatzung versenkt. Das machte die Sache freilich nicht besser.

Die Sieger sprachen natürlich von einer Befreiung des Landes, weil der angeblich despotische Kaiser, was er nach der damaligen Reichsverfassung nie war oder hätte sein können, nun endlich im holländischen Exil „Holz hacken" durfte[73]; nur zum Zeitvertreib natürlich. Insgeheim hofften die Hohenzollern auf eine Rückkehr an die Macht, was auch das spätere Kungeln der Prinzen mit den Nazis erklärt. Die hatten allerdings nie die Absicht die Monarchie erneut einzuführen.

Auch die Donaumonarchie wurde auseinandergenommen. Aus dem einst mächtigen Staat wurde ein kleines Ländchen, das sich dann gerne Deutschland angeschlossen hätte. Aber die Siegermächte erlaubten es nicht. Soweit zum Selbstbestimmungsrecht der Völker. Mit etwas Menschenkenntnis konnte man sich sehr bald darüber im Klaren sein, daß mit diesem „Friedensvertrag" die Saat zum

---

[73] Es existiert ein sehr bekannt gewordenes Photo aus der Zeit seines Exils.

170

nächsten Krieg gelegt war, der, wie wir heute alle wissen, noch viel schlimmer werden sollte.

Doch zunächst galt es für die neue, demokratische Regierung, die Scherben aufzulesen, die andere hinterlassen hatten. Es wurde eine neue, demokratische Verfassung geschrieben, auf der auch unser heutiges Grundgesetz zu Teilen basiert. Der erste Reichstag versammelte sich übrigens in Weimar, da es in Berlin noch drunter und drüber ging. Deshalb reden wir auch von der Weimarer Republik beziehungsweise der Weimarer Verfassung. Diese hatte leider einige gravierende Webfehler, was dann auch zum Scheitern der ersten deutschen Republik beitrug. Anders als wir es kennen, gab es keine 5-Prozent-Hürde bei Wahlen, sprich, im neuen Parlament saßen dutzende von Parteien. Das machte das Finden von Mehrheiten und natürlich auch eine Regierungsbildung unter Umständen sehr schwer, und solche Umstände sollten kommen. Außerdem hatte der Reichspräsident, anders als unser Bundespräsident, die Möglichkeit, über Notverordnungen massiv in die Politik einzugreifen, was ab dem Ende der zwanziger Jahre immer öfter geschah. Der erste Präsident war der Sozialdemokrat Friedrich Ebert. Als dieser 1925 starb, war das Klima im Lande schon so verändert, daß es zur Wahl des alten Feldmarschalls Hindenburg zum Präsidenten kam, der alles andere als ein überzeugter Demokrat war und den Republikgegnern zu noch mehr Einfluß verhalf.

Eine große Belastung zu Anfang der neuen Republik wurde der Verfall des Geldwertes. Der begann zwar schon während des Krieges, die Inflation der frühen zwanziger Jahre wurde dann aber so exorbitant, daß man erhaltenes Geld praktisch sofort ausgeben mußte, da die Preise bereits im Laufe eines Tages gewaltig in die Höhe schossen. Man kam mit der Herstellung neuer Geldscheine gar nicht mehr nach und bedruckte die vorhandenen einfach mit neuen Zahlen. Zuletzt existierten Banknoten mit Millionen-, Billionen- und sogar Milliardenwerten, mit denen man tatsächlich billiger eine Wand hätte tapezieren können als mit entsprechenden Tapeten. Erst eine Währungsreform (1923/24) machte diesem Wahnsinn ein Ende und es begann eine Zeit der wirtschaftlichen Erholung.

Nationalistische und rechtsradikale Splittergruppen machten der neuen Demokratie schwer zu schaffen. Legenden wurde gesponnen, so wie wir das heute auch kennen, um die Regierenden zu verunglimpfen oder ihnen Verrat an Deutschland vorzuwerfen. Zum Beispiel wurde (auch damals schon) immer wieder behauptet, die Verfassung sei im Wesentlichen von den Siegern geschrieben und dem Land aufgezwungen worden, weswegen man sie nicht akzeptieren sollte. Die bekannteste Verschwörungstheorie, wie man es heute nennen würde, war die „Dolchstoßlegende", wonach die Linken, speziell die Sozialdemokraten, dem unbesiegten Heer durch die Revolution quasi in den Rücken gefallen waren. Natürlich war das Heer 1918 noch keineswegs militärisch besiegt. Die Front verlief bei Kriegsende ja noch in Frankreich. Wie und warum es aber dann zum Waffenstillstand kam (siehe Kap. 8), wußte einer der führenden Verschwörer ganz genau. Es war nämlich der General Ludendorff, damals im Oberkommando vehement für die Aufnahme von Verhandlungen eintretend, der sich nun mit an die Spitze von Putschisten stellte und die Regierung stürzen wollte, im Verein mit etlichen alten Militärs, die ihre Entlassung gemäß dem Versailler Vertrag nicht akzeptieren wollten. Mithilfe einiger Einheiten, die eigentlich hätten aufgelöst werden sollen, marschierten sie im März 1920 in Berlin ein und vertrieben vorübergehend sogar die Regierung (der sogenannte Kapp-Putsch). Diese sogenannten Freikorps waren im Osten bei Kriegsende noch operierende Einheiten, die laut

Friedensvertrag zwar illegal, aber mit dem stillen Einverständnis der Sieger gegen die vertragswidrig auf das Baltikum vorrückende Rote Armee kämpften. (Deutschland wie auch die anderen durch die Westmächte neu gegründeten Staaten sollten dann auch Pufferstaaten sein zwischen dem Westen und dem aufstrebenden Sowjet-Rußland.) Die regulären Truppen griffen zunächst nicht ein, da deren Befehlshaber nicht auf „alte Kameraden" schießen wollten. Erst ein von der SPD mit den Gewerkschaften initiierter totaler Generalstreik[74] aller Arbeiter, gepaart mit der Unfähigkeit der Putschisten, anfallende Regierungsgeschäfte auszuüben (auch wegen interner Streitigkeiten), führten zum Zusammenbruch dieses Unternehmens. Die schwerbewaffneten Einheiten der Aufrührer lösten sich allerdings erst auf, nachdem ihnen quasi Straffreiheit garantiert wurde. Nur ein paar der Anführer kamen vor Gericht und erhielten - auch aus damaliger Sicht - lächerlich geringe Strafen in Form von Ehrenhaft; ein äußerst angenehmer Aufenthalt in Anstalten, die eher einem Hotel glichen. Die meisten anderen setzten sich nach Bayern ab, um sich später anderen rechten Gruppierungen anzuschließen. Aus diesen rekrutierten sich auch die sogenannten Fememörder, die in jenen Jahren etliche, ihnen unliebsame Politiker und Journalisten umbrachten und oft durch ähnlich gesinnte Richter mit geringen Strafen bedacht wurden, sofern es überhaupt zu einem Strafprozess kam.

Auch ein gewisser Adolf Hitler versuchte sich 1923 in München zusammen mit Gleichgesinnten an einem Putsch, unter den Verschwörern wieder unser alter Bekannter Ludendorff. Querelen der bayerischen Landesregierung mit Berlin nutzten Hitler und seine Genossen für einen bewaffneten Aufstand. Der wurde durch

---

[74] Es ging absolut nichts mehr. Dagegen war der Corona-Lockdown 2020 gar nichts.

Polizeieinheiten blutig niedergeschlagen, was den jungen „Führer" der bis dato kaum beachteten Nationalsozialistischen Deutschen Arbeiterpartei (NSDAP) in ganz Deutschland bekannt machte, ihm allerdings ebenso eine Festungshaft einbrachte. Dortselbst begann er sein berühmt-berüchtigtes Buch „Mein Kampf"[75] zu schreiben, schaffte aber nur die ersten Kapitel, denn die ursprünglich fünfjährige Haft wurde wegen „guter Führung" auf ein paar Monate verkürzt. Danach entschloß er sich, es mit dem viel effektiveren Marsch durch die Institutionen zu versuchen.

Doch nicht nur rechte, auch linke Gruppierungen probten gelegentlich den Aufstand auf lokaler Ebene. Mit diesen gingen die Ordnungshüter, wie auch die Justiz, aber ungleich rauer um. Linke Aktivisten waren schon zu Kaisers Zeiten in den Bevölkerungsschichten, aus denen Staatsanwälte und Richter üblicherweise stammten, nicht gerade beliebt. Aber in den zwanziger Jahren kamen vermehrt junge Leute jener Generation in diese Positionen, die durch nationalistische Studentenbünde geprägt und gegenüber „Sozis", Kommunisten und auch Juden äußerst voreingenommen waren, um es vorsichtig zu formulieren. Nebenbei: es gab damals unter den Juristen, speziell den Anwälten, recht viele Juden. Diese, oft aus besseren Kreisen stammend, waren sicher auch keine Freunde des Kommunismus.

In den ersten Jahren nach Kriegsende kam es immer wieder zu Konflikten mit den Franzosen und Engländern, da die Reparationszahlungen oft nicht zu begleichen waren. Die Sieger besetzten dann einfach Landesteile wie das Rheinland oder das Ruhrgebiet und holten sich, was sie brauchten. Das machte sie natürlich auch nicht beliebter und es gab Widerstand in der dortigen

---

[75] „Mein Krampf" wäre der bessere Titel für dieses wirre Zeugs gewesen.

Bevölkerung und Streiks. Das Thema der Reparationen blieb auch das einzige, das Deutschlands Außenminister in jenen Jahren beschäftigte. Alles andere war durch die vielen Klauseln des Friedensvertrages festgelegt worden und es gab praktisch keinen Handlungsspielraum. In den neu gegründeten Völkerbund, einem europäischen Vorläufer der UN, wurde Deutschland zunächst nicht aufgenommen. Es war der große Verdienst des hervorragenden konservativen Politikers Gustav Stresemann, der zeitweise Reichskanzler, zeitweise Außenminister war, daß nach jahrelangen Verhandlungen Deutschland Sitz und Stimmrecht in dieser Organisation erhielt, damit außenpolitisch wieder in Erscheinung trat und außerdem sehr viele der absurden Forderungen der Sieger fallengelassen wurden. Leider starb er überraschend 1929. Er gehörte der Zentrumspartei an. Allerdings hatte er auch in Aristide Briand (Frankreich) und Austin Chamberlain (Großbritannien) zwei führende Politiker als Pendant, denen die Versöhnung der Länder Westeuropas ebenso am Herzen lag.

Mit dem Tod Stresemanns und der in jenem Jahr zu allem Überfluß beginnenden Weltwirtschaftskrise starb die Hoffnung auf eine in naher Zukunft friedlichen Einigung mit den ehemaligen Gegnern, denn leider mangelte es der Republik einerseits an gemäßigten Politikern seines Formats, andererseits an Ideen, Mitteln und Möglichkeiten, dem wirtschaftlichen und dann folgenden politischen Chaos Herr zu werden.

In den Jahren zwischen der Währungsreform und der Wirtschaftskrise sah es für Deutschland gar nicht so schlecht aus. Die Wirtschaft erholte sich, Kunst, Kultur und auch die Wissenschaft gelangten wieder zu einer Blüte. Die führenden Wissenschaftler und mit ihnen die Universitäten waren ja nicht verschwunden, sondern zählten nach wie vor zur Weltspitze. (Pars pro toto seien erwähnt: Albert Einstein, Werner Heisenberg, Max Planck, die Granden der theoretischen Physik.) Ebenso die von diesen direkt profitierenden

Industrien wie Stahlproduktion und Maschinenbau, besonders die Chemie, die international immer noch führend war. 1925 wurde die IG Farben gegründet, ein Zusammenschluß der großen chemischen und pharmazeutischen Unternehmen Deutschlands, ein international praktisch konkurrenzloses Unternehmen. Erst nach dem Zweiten Weltkrieg wurde diese durch die Siegermächte aufgelöst, wobei die USA die in Amerika bestehenden Teile gerne übernahm und so auf diesem Gebiet schnell große Unternehmen kreierte. Der amerikanische Pharmariese Merck z.B. war ursprünglich der US-Ableger des heute noch in Darmstadt bestehenden Chemieunternehmens E. Merck.

Speziell Berlin entwickelte sich zu einer Kunst- und Kulturmetropole ersten Ranges. Neue Formen des Theaters, der Malerei, der Literatur oder der Musik entstanden (der Expressionismus, Bert Brecht, Kurt Weill, Alban Berg, Thomas Mann oder Max Reinhardt seien genannt) und die deutsche Filmindustrie stand der amerikanischen in nichts nach (F.W. Murnau, Fritz Lang u.v.m.). Künstler und Architekten des „Bauhaus" in Weimar, später Dessau und Berlin, beeinflußten die moderne Architektur in vielen Ländern (Walter Gropius, Lionel Feininger, Ludwig Mies van der Rohe u.a.). Die kulturelle Vielfalt und Freiheit lockte viele Menschen aus dem Ausland an, besonders Künstler. In jenen Jahren kamen auch viele Juden aus osteuropäischen Ländern in das für sie kulturell attraktive, zunächst auch sicherere Deutschland[76]. Sie alle trugen dazu bei, daß Berlin eine große Blüte erlebte. Am wirtschaftlichen Aufschwung Deutschlands hatten jüdische Unternehmer, deren Geschäftstüchtigkeit natürlich auch Neider hervorbrachte, einen großen Anteil. Viel mehr aber noch profitierte das Land von den

---

[76] Man kann darüber z.B. in Marcel Reich-Ranickis Biographie lesen, der damals aus Polen hierherkam. In Osteuropa, besonders Rußland wurden Juden häufig bedroht, oft auch vertrieben. Pogrom ist ein russisches Wort.

vielen jüdischen Ärzten, Wissenschaftlern, Juristen, Journalisten und Künstlern aller Art. Das sahen gewiß nicht alle so und über den „Moloch" Berlin rümpfte man in der Provinz und vor allem in rechten Kreisen die Nase. Das Zentrum der nationalistischen und leider auch rassistischen Bewegung war, wie bereits erwähnt, in München und aus den dortigen Bierkellern breitete sich dieser Mief mehr und mehr im ganzen Lande aus.

Der Absturz durch die Weltwirtschaftskrise 1929 war gewaltig. Praktisch alle Erfolge, die bis dato unter viel Mühen in Deutschland erreicht werden konnten, wurden durch den Börsenkrach in New York zunichtegemacht, dessen Auswirkungen Kapitalverlust und Pleiten im großen Stil waren. Nicht nur in Deutschland natürlich, aber hier fehlten den Regierenden zum einen die Mittel um gegenzusteuern, zum anderen die richtigen Ideen. Sie versuchten in ihrer Verzweiflung gegen die Krise anzusparen und machten die Lage dadurch noch schlimmer. Die Arbeitslosenzahlen schossen in ungeahnte Höhen, in der Folge die Verelendung breiter Schichten, denn eine angemessene Arbeitslosenunterstützung war nicht zu leisten und der rapide Kaufkraftverlust hatte entsprechend auch auf das Handwerk und den Einzelhandel Auswirkungen. Die Schlangen vor den Suppenküchen für Arme wurden lang und länger. Wie in solchen Situationen zu erwarten, stieg die Kriminalität, besonders unter Jugendlichen, enorm an. Leider auch die Selbstmordrate, sahen viele Menschen kaum noch Perspektiven für sich und ihre Angehörigen. Die Stunde der Populisten und Demagogen war gekommen.

Wenn alles gut läuft, finden es die allermeisten von uns bestimmt richtig, daß wichtige Entscheidungen von den Regierenden unter Abwägung verschiedenster Aspekte getroffen werden. Aber wird es schwierig, dann ist die Geduld schnell am Ende und wir werfen gerne demokratische Grundsätze über Bord. Dann erwarten wir, daß sofort und am besten nach unseren Wünschen und Vorstellungen gehandelt wird. Der „entscheidungsfreudige", starke Mann wird gefordert und man ist schnell geneigt, ihm zu folgen. (Starke Frauen dieses Typs soll es natürlich auch geben.) Dann ist es egal, wie kompliziert ein Sachverhalt ist. Wir sehen nur noch „Gordische Knoten" und applaudieren demjenigen, der sie mit dem Schwert zerhauen will, sprich uns einfache Lösungen verspricht. Auch sind die offenbar Schuldigen an der Misere schnell ausgemacht und bekommen allen Unmut zu spüren.

Auf dieser Klaviatur konnte der „Führer" der bis dahin vor sich hin dümpelnden NSDAP, Adolf Hitler, von allen am besten spielen. In den häufiger werdenden Wahlen Ende der zwanziger, Anfang der dreißiger Jahre wurden die Nazis zur stärksten Partei im Reichstag. Hitler, dessen Vorbild Mussolini[77], der starke Mann Italiens, war, versprach Deutschland wieder groß zu machen, indem er alle Parteien aus Deutschland verjagen, allen Arbeit geben, den Versailler Vertrag revidieren und überhaupt im Lande einmal richtig aufräumen würde. Er schimpfte auf die Presse (Lügenpresse), Juden (Weltverschwörung), Sozis und Kommunisten (vaterlandslose Gesellen) und traf mit seinen Tiraden offenbar den Nerv vieler. Er gab sich sehr volksnah, nahm aber unter der Hand ganz ungeniert auch die Unterstützung von Großindustriellen an. Ohne diese wäre der weitere Aufstieg der Partei so nicht möglich gewesen. Nebenbei:

---

[77] Mussolini, der Urvater aller Faschisten des 20. Jh. und Duce tituliert, saß zu dieser Zeit schon fest im italienischen Sattel. Er war ein anderer Typ als Hitler und hat diesen auch nie wirklich gemocht. Hitlers Judenhass teilte er nicht. Das machte ihn allerdings nicht zu einem liebenswürdigeren Menschen.

sollte Sie das alles irgendwie an das Gebaren eines leider sehr bekannten US-Präsidenten erinnern, liegen Sie definitiv nicht falsch.

Doch zurück zum Ende der Weimarer Republik. Auch die Kommunisten bekamen damals viel Zulauf. Die Regierungsbildungen, ja die gesamte Arbeit im Reichstag wurde schwieriger, da die antidemokratischen Gruppierungen stärker wurden. Auf den Straßen lieferten sich die Schlägertrupps der SA (Sturmabteilung) und kommunistischer Verbände viele Straßenschlachten. Die junge deutsche Demokratie war zu geschwächt, ihre Institutionen, die Justiz, die Behörden bereits zu sehr mit ultrakonservativen, nationalistischen Demokratiegegnern durchsetzt, um hier gegenhalten zu können. Die letzten zwei Reichskanzler der Republik, zwei Ex-Generale, die von Hindenburg eingesetzt wurden, konnten nichts mehr erreichen. Auch, weil die SPD sich zum Schluß einer Koalition verweigerte. So kam es, daß Hindenburg - allerdings widerwillig - den Chef der prozentual stärksten Partei, den er halb scherzhaft, halb verächtlich immer den „böhmischen Gefreiten" nannte, mit der Bildung einer Regierung beauftragte. Es wurde eine Koalitionsregierung mit Nationalisten anderer Parteien. (Hitler beziehungsweise die NSDAP hatte in freien Wahlen nie absolute Mehrheiten erreicht.) Man hoffte in nationalen Kreisen tatsächlich, Hitler irgendwie einhegen zu können. So kam es zur „Machtergreifung" am 30. Januar 1933, die man besser eine Bankrotterklärung einer Demokratie nennen sollte.

Merke: Faschisten sind eher selten Umstürzler, sie lassen sich wählen.

10. Der Vogelschiß[78]

Es stimmt ja: Wenn man etwa tausend Jahre deutscher Geschichte[79] ins Verhältnis setzt zu den zwölf Jahren, mit denen wir uns nun ausführlicher zu beschäftigen haben, dann ist das freilich nur eine sehr kurze Zeit. Es geht aber nicht um Zeitspannen, sondern viel wichtiger sind Ereignisse, welche die Geschichte eines Landes prägen und deren Folgen in dessen Zukunft eine Rolle spielen. Und dieses „Tausendjährige Jahrzwölft"[80], wie man es später sarkastisch nannte, hatte es wahrhaft in sich. Diejenigen, die Herrn Gauland zu oben genanntem Bonmot applaudiert haben, wollen diese Zeit am liebsten vergessen machen, denn der sich damals auftuende Abgrund an Ungerechtigkeiten, brutaler Gewalt und Unmenschlichkeit ist einem Land, welches man bis zur Naziherrschaft als das Land der Dichter und Denker bezeichnen konnte, wahrhaftig unwürdig. Wir werden mit dieser Geschichte aber leben und ihr Tribut zollen müssen. Dazu später mehr.

„Wie konntet ihr das zulassen?" wurde schon vor vielen Jahren die betroffene Generation von ihren Kindern und Enkeln immer wieder gefragt. Für den Politologen Daniel Goldhagen[81] war das leicht zu beantworten. Da wir Deutschen ja alle Antisemiten waren – für viele

---

[78] nach Alexander Gauland (AfD)
[79] Wenn man die Reichsgründung unter den Ottonen an den Anfang setzt, was sinnvoll ist, denn ab da entwickelten sich erst das eher germanisch geprägte Ost- und das eher romanisch geprägte Westreich (später Deutschland und Frankreich) auseinander.
[80] Hitler sprach von einem nun anbrechenden tausendjährigen Reich, wohl in Anlehnung an die Offenbarung des Johannes. Dort ist aber von einem Friedensreich (unter der Herrschaft Jesu) die Rede, was aber das nationalsozialistische wohl niemals geworden wäre. Es haperte ja von Anfang an damit.
[81] Daniel Goldhagen: Hitlers willige Vollstrecker

sicher noch sind - und wir wohl ein gewisses mörderisches Naturell besitzen, scheint es wohl für alle damals einfach nur ein weiterer Schritt gewesen zu sein. Ich übertreibe hier bewußt seine Thesen, die ich für abwegig halte. Darüber aber wurde vor vielen Jahren heiß diskutiert. Wenn ich mich heute so in manchen Ländern Europas oder auch in den USA umschaue, entdecke ich mittlerweile viele der faschistoiden und antisemitischen Verhaltensmuster, die angeblich so deutsch sein sollen. Und ein großer Teil der heutigen Nazischeiße in Wort und Bild (nein, ich entschuldige mich nicht für den Ausdruck) kommt ja nachweislich aus den USA zu uns. Den hassgeprägten Kommentaren zu allem Möglichen im Internet folgen ja bereits seit einigen Jahren entsprechende Taten, leider auch in unserem Land.

Wir halten noch einmal fest: In einer wirtschaftlich desaströsen Lage, in der die Parteien der demokratischen Mitte keine funktionierende Koalition mehr zustande brachten, drängten einflußreiche nationalkonservative Kreise letztlich darauf, den Anführer der stärksten Fraktion im Reichstag mit der Regierungsbildung zu beauftragen - in der Hoffnung, daß man ihn entweder entzaubern oder zumindest einhegen könnte. Man hatte natürlich das Beispiel Italiens (Mussolini) vor Augen, wähnte sich aber offensichtlich in einer anderen Situation beziehungsweise verkannte die Parallelen zwischen dem Vorgehen des „Duce" und den Intentionen Hitlers oder ignorierte sie einfach. Von einer Machtergreifung, wie die Nazis es nannten, kann eigentlich keine Rede sein. Es war ein durch die demokratische Verfassung legitimierter Akt des Reichspräsidenten, Hitler und der NSDAP „die Macht zu übergeben", mit in diesem Umfang sicher nicht gewollten Folgen.

Nun war am 30. Januar 1933 nicht plötzlich alles anders als am Tag zuvor. Was in den nächsten Jahren geschah, beschrieb ein namentlich nicht bekannter, sich als politisch uninteressiert beschreibender Deutscher nach dem Krieg so[82]: *„Inmitten dieser Entwicklung zu leben heißt, sie überhaupt nicht wahrnehmen zu können.... Jeder einzelne Schritt war so klein, so unbedeutend oder wurde so gut „erklärt" oder gelegentlich auch „bedauert", ... und wohin diese vielen „kleinen Maßnahmen", gegen die kein „vaterlandsliebender Deutscher" etwas haben konnte, einmal führen mußten, konnte man so wenig sehen, wie ein Bauer das Getreide auf seinem Acker wachsen sieht... Und eines Tages dann, aber zu spät, stürmen deine Prinzipien, sofern sie dir je bewußt waren, plötzlich auf dich ein. Dann wird die Last der Selbsttäuschung zu schwer und ein winziger Auslöser, in meinem Fall mein kleiner Junge, ..., der „Judenschwein" sagt, bringt alles mit einem Schlag zum Einsturz, und du siehst, daß alles sich verändert hat, komplett verändert, direkt vor deinen Augen."*

Es gab sicher viele Menschen, die gegenüber solchen Entwicklungen nicht von Anfang an vehement ablehnend waren. Die meisten hatten in jenen Tagen andere, existenziellere Probleme, deren Lösung sie durch eine neue Regierung erhofften, und politische Bildung an Schulen, wie wir das kennen, existierte nicht. Vor allem hatte es in Deutschland nie etwas Vergleichbares vorher gegeben. Natürlich waren unter den Leuten auch Hellsichtige, denen zumindest klar war, daß es mit Hitler zu ernsten Zeiten kommen würde und sehr wahrscheinlich erneut zu einem Krieg. Schon vor 1933, als sich abzuzeichnen begann, daß sich das politische Klima durch den Einfluß der Rechten nachhaltig verändern würde, hatten schon etliche bekannte Leute Deutschland den Rücken gekehrt. Der meist

---

[82] Zitiert in Milton Mayer: They Thought They Were Free - The Germans 1933-45 (Chicago 1981, S. 166-173); aus der deutschen Übersetzung von Madeleine Albrights Buch: „Fascism. A Warning".

unfreiwillige Exodus von regimekritischen und anderweitig unerwünschten Menschen nahm aber jetzt Fahrt auf und die Entrechtung und Verschleppung vieler in Konzentrationslager begann. Es ist gar nicht zu beschreiben, wie viel Substanz wir in jenen Jahren verloren haben[83] und an dem, was immerhin noch übrig blieb, können wir das enorme wissenschaftliche, technische und kulturelle Potential Deutschlands jener Jahre ermessen.

Die Skepsis gegenüber der Republik, wenn nicht sogar die Ablehnung derselben, inklusive ihrer Vertreter und Verfechter, fand sich in weiten Kreisen der Bevölkerung. Natürlich nahm sie durch das ständige Beschimpfen des „Systems" durch die Nazis zu. Dazu gehörte auch die Verächtlichmachung der freien Presse von rechten Ideologen. (Da wir heutzutage ähnliche Tendenzen sehen, sollten wir hellwach sein.) Auch der Antisemitismus wurde befeuert, unter anderem mit hanebüchenen Schriften, die von angeblich weltweiten jüdischen Verschwörungen handelten. Mitte bis Ende des neunzehnten Jahrhunderts schon hatte sich in ultranationalistischen Kreisen der einst religiös begründete Judenhaß zu einem eher säkularen, in sich aber auch widersprüchlichen gewandelt. Man brachte Juden einerseits mit dem ungezügelten Kapitalismus, andererseits auch wieder mit liberalen oder revolutionären, kommunistischen Ideen in Verbindung. Dazu kamen erste völkisch argumentierende Gruppierungen, die zum Beispiel hierzulande gerne die Reichsverfassung von 1871 zu Ungunsten jüdischer Mitbürger verändert haben wollten. Die Dreyfuß-Affäre[84] in

---

[83] Das hat andere, besonders die USA, auf vielen Gebieten entsprechend vorangebracht.

[84] Der Artillerieoffizier Dreyfuß wurde, weil er Jude war, mit bewußt gefälschten Beweisen des Landesverrats beschuldigt, verurteilt und in eine Strafkolonie verbracht. Erst sehr viele Jahre später wurde er rehabilitiert. Das Militär sperrte sich aber stets gegen eine Wiederaufnahme des Verfahrens, selbst als später der eigentliche Täter ermittelt werden konnte.

Frankreich zeigt aber, daß der Antisemitismus auch woanders groß war.

„Make America great again" unter Ausblendung aller Kollateralschäden ist eigentlich keine neue Idee unserer Tage. Wenn man nämlich anstelle Amerikas Italien oder Deutschland in diesen Slogan einbaut, hat man genau das, was damals Mussolini ebendort[85] und Adolf Hitler in unserem Lande zu tun propagierten. Die Nazis begannen nun Schritt für Schritt das Deutschland ihrer Vorstellungen aufzubauen. Die alte, durch Preußen geprägte Staatsauffassung (Rechtsstaat) wich recht schnell einer völkisch-rassistischen Ideologie, in der für Juden und andere „nichtarische" Menschen (von den Nazis als Untermenschen und schlimmeres tituliert) natürlich kein Platz mehr vorgesehen war. Aber nicht nur diese, auch Kommunisten und Regimekritiker unterschiedlichster Couleur waren nicht mehr sicher vor übelsten Anfeindungen, körperlicher Gewalt durch Schlägertrupps der SA, Verschleppung in Lager und auch gezielten Mordanschlägen. Parteien, Vereine, Gewerkschaften und Jugendverbände wurden sehr bald entweder verboten, so wie es Hitler ja in vielen Reden gesagt hatte, oder in nationalsozialistische Pendants zwangseingegliedert. Der Reichstagsbrand vom Februar 1933, den man den Kommunisten in die Schuhe schob, war dabei ein willkommener Anlaß, gegen Linke verschärft vorzugehen. Ein den Kommunisten nahestehender, aus den Niederlanden stammender Arbeiter wurde dabei festgenommen, der auf seine Alleintäterschaft pochte. Aber diese wurde schon damals von den Ermittlern der Polizei bezweifelt. Wer

---

[85] Italien als eine der Siegermächte des Ersten Weltkriegs durfte sich 1918 zwar das ehemals österreichische Südtirol einverleiben, blieb aber von weiteren Segnungen weitgehend ausgeschlossen. Am Verhandlungstisch in Versailles durften seine Vertreter nicht einmal Platz nehmen. Die auch daraus resultierenden politischen und wirtschaftlichen Schwierigkeiten Italiens der 1920er ebneten den Faschisten den Weg.

auch immer für den Brand verantwortlich war, der Anschlag kam den Nazis sehr gelegen.

Noch aber konnte Hitler, der ja mit einer Koalition regieren mußte, nicht nach Gutdünken schalten und walten. Gesetze mußten im Reichstag verabschiedet werden und da gab es schließlich noch die Verfassung, die auch für den Reichskanzler bindend war. Erneute Wahlen sollten das ändern.

Diese letzten freien Wahlen im März 1933, an der noch alle Parteien teilnehmen durften, brachten der NSDAP zwar überwältigende 44%, aber immer noch keine absolute Mehrheit, obwohl vonseiten der Nazis der Wahlkampf mit Einschüchterung von Gegnern und massiven Behinderungen von Wahlveranstaltungen und -werbung anderer Parteien geführt wurde. SPD und KPD erreichten zusammen immerhin noch gut ein Drittel aller Stimmen. Die Möglichkeit einer Verfassungsänderung im Sinne der neuen Machthaber über das Parlament war so noch nicht gegeben. Da kramte man aus den Untiefen der Verfassung die Möglichkeit eines Ermächtigungsgesetzes „zur Behebung der Not von Volk und Reich" hervor, das für solch eine Situation allerdings nie gedacht war. Bereits in Abwesenheit inhaftierter Abgeordneten der KPD und einiger der SPD und unter eigentlich verbotener Präsenz bewaffneter Nazi-Schergen der SS (Schutzstaffel) im Reichstag wurde das Gesetz durchgepeitscht. *„Es würde dem Sinn der nationalen Erhebung widersprechen und dem beabsichtigten Zweck nicht genügen, wollte die Regierung sich für ihre Maßnahmen von Fall zu Fall die Genehmigung des Reichstags erhandeln und erbitten,"* sagte Hitler und zeigte einmal mehr, was er von der von den Nazis oft als „Schwatzbude" titulierten Volksvertretung hielt. Vor allem Otto Wels von der SPD hielt in seiner Rede eindrucksvoll dagegen. Es nutzte nichts, die Diktatur hatte damit offiziell Einzug gehalten. Der greise Reichspräsident, der hier eigentlich hätte eingreifen müssen und können, schwieg, vermutlich ohne je begriffen zu haben, wem er da zur Macht verholfen hatte. Die nationalkonservativen Handlanger aber, die bei diesem Spiel mitmachten, sollten die nächsten auf der „Abschußliste" sein. Sie wußten es nur noch nicht. Hitler verachtete nämlich den alten (Geld-)Adel und die „Juncker" abgrundtief, brauchte diese Leute aber, denn diese Kaste stellte immer noch das Gros der Befehlshaber in der Reichswehr sowie der Industriebosse.

Mit dem Ermächtigungsgesetz in der Hand starteten die Nazis durch, und nachdem 1934 der alte Reichspräsident von Hindenburg gestorben war, übernahm Hitler auch noch dessen Amt und wurde dadurch zusätzlich Oberbefehlshaber der Wehrmacht. Nun wurde alles gleichgeschaltet: Presse, Rundfunk, Justiz, Universitäten, Schulen und sonstige Organe des öffentlichen Lebens. Das bedeutete gleichzeitig, daß nun Juden und sonstige unliebsame Personen aus allen Funktionen entfernt wurden. Jüdische Unternehmen wurden „arisiert", sprich enteignet, ihre einstigen Eigentümer konnten, wenn sie Glück hatten, noch das Land unter Zurücklassung ihres Hab und Guts verlassen. Die Rassengesetzgebung entrechtete die Juden, unter anderem wurde ihnen die deutsche Staatsbürgerschaft aberkannt. Der ganze Wahnsinn machte nicht einmal vor hochgeachteten oder hochdekorierten Persönlichkeiten halt (was es natürlich auch nicht besser gemacht hätte). Aber auch innerparteiliche Gegner wurden ausgeschaltet. Spektakulärster Fall war der SA-Führer Röhm, der 1934 mit einigen Anhängern mehr Einfluß wollte, als Hitler ihm zuzugestehen bereit war, und daraufhin eiskalt abserviert wurde (sogenannter „Röhm-Putsch"). Nicht alles natürlich wurde der Öffentlichkeit ausgiebig dargelegt und wenn, dann propagandistisch entsprechend aufbereitet. Auch deshalb wurde in der Bevölkerung vieles bewußt oder auch als vorübergehende Einschnitte beziehungsweise notwendiges Übel mitgetragen. Dagegen präsentierte man viel ausgiebiger die Wohltaten und Erfolge, mit denen nach und nach auch viele Skeptiker für „die Sache" gewonnen werden konnten.

Hitler wischte den Versailler Vertrag einfach beiseite (Deutschland trat auch aus dem von den Nazis ungeliebten Völkerbund aus) und begann zur Freude des durch die Versailler Restriktionen frustrierten Militärs massiv aufzurüsten. Später besetzte er sogar das nach dem Krieg entmilitarisierte Rheinland wieder mit Truppen. Daß hier die Siegermächte nicht eingeschritten waren, kann nur mit deren eigener Schwäche oder Interesselosigkeit wie im Falle der USA erklärt werden[86]. Zudem betonte Hitler permanent seine Friedfertigkeit. Und es waren ja offensichtlich innerdeutsche Angelegenheiten. Durch den wirtschaftlichen Aufschwung sank die Arbeitslosigkeit. Eines dieser großen Projekte, das vielen Menschen Arbeit brachte, war der berühmte Autobahnbau. Es war keine Idee der Nazis; die Pläne dafür stammten aus den 1920er Jahren. Jetzt wurden sie mit viel propagandistischer Begleitmusik umgesetzt. Wenn man heute alte Bilder davon sieht, wünscht man sich beim Durchfahren der vielen, praktisch menschleeren Baustellen unserer heutigen Autobahnen manchmal etwas der damaligen Betriebsamkeit zurück.

Tatsächlich wurde viel für die arbeitende Schicht getan, sei es im Wohnungsbau oder auch im kulturellen Bereich. Sehr beliebt waren die für die kleinen Leute bezahlbaren Urlaubsaktionen der Kraft-durch-Freude-Organisation, denn nach 1933 wurde per Regierungsbeschluß der Jahresurlaub auf bis zu drei Wochen erhöht,

---

[86] Auch die USA waren nach der Weltwirtschaftskrise schwer gebeutelt. Der neue Präsident Franklin D. Roosevelt hatte andere Sorgen. Zudem war in den 1930er Jahren der Isolationismus dort immer noch die vorherrschende Strömung.

was den Arbeitern überhaupt erst längere Urlaube ermöglichte und nebenbei diese, früher überwiegend den Linken nahestehende Bevölkerungsschicht zunehmend für den Nationalsozialismus gewann.

Außerdem holte Hitler viele der damals oft arbeitslosen Jugendlichen von der Straße mit heute sicher fragwürdigen Methoden, wie dem Reichsarbeitsdienst und anderen Organisationen, in denen die jungen Leute natürlich „auf Linie" gebracht beziehungsweise im Arbeitsdienst oder der Hitlerjugend (HJ) schon militärischem Drill unterzogen wurden. (Dieses System der Erziehung Jugendlicher wurde später in der DDR unter anderen Vorzeichen und anderen Bezeichnungen quasi komplett übernommen.) Das gefiel im Rückblick auf die Situation nach der Wirtschaftskrise viel mehr Leuten, als wir uns das vorstellen können. Man war damals auch durchweg der Meinung, daß junge Menschen erst einmal etwas für die Allgemeinheit tun sollten, bevor sie in das Erwachsenenleben entlassen würden. Leider ist auch dieser nicht ganz abwegige Ansatz - wie vieles andere - durch die Nazis mißbraucht worden und so in Mißkredit geraten. Die Wehrpflicht in der BRD war ja anfangs auch umstritten und bis zu ihrer Aussetzung zumindest unbeliebt. Allmählich dämmert es uns wieder, daß Wehrpflicht und Zivildienst oder alternativ das Soziale Jahr für Alle gar keine so schlechten Ideen sind. Aber von Pflichten wollen heutzutage viele nichts mehr wissen.

Man muß nicht lügen, wenn man sagt, daß es den Menschen, die nicht von den Nazis verfolgt wurden, Mitte der 1930er Jahre bis zum Krieg in vielerlei Hinsicht gutging. Wer sich nicht mit der politischen Führung anlegte, konnte in Ruhe leben. Wer etwas werden wollte, mußte allerdings, und sei es pro forma, „mitmachen", sprich der

Partei oder einer ihrer Organisationen beitreten. Die zu Recht gefürchtete geheime Staatspolizei (Gestapo), die man durchaus mit dem Ministerium für Staatssicherheit (Stasi) der späteren DDR vergleichen kann, war als Bedrohung immer präsent. Wenn ich heute höre, es sei unter Hitler nicht alles schlecht gewesen (so reden ja auch mittlerweile viele über die DDR), dann sage ich ganz klar ja. Nur, zu welchem Preis? Den blenden „Nostalgiker" gerne aus.

Es gab trotz allem Etliche, die aus politischen oder ethischen Motiven nicht „mitgemacht", gegebenenfalls sogar aktiv Widerstand geleistet haben. Letzteres endete nicht selten mit dem Tod oder langer Haft unter schlimmsten Bedingungen. Ihnen gehört unsere tiefste Bewunderung, auch wenn sie uns menschlich oder politisch nicht nahestehen. Es ist aber ebenso unredlich, alle zu verdammen, die sich mit dem Ungemach irgendwie arrangiert hatten. Die wenigsten Leute sind zum Helden geboren, ich bin auch keiner. Für die „zu spät geborenen Widerstandskämpfer" unserer Tage habe ich deshalb nur wenig Verständnis. Sie können nicht wissen, wie es sich damals lebte, und wollen es oft auch nicht.

Hitler hatte in den Wahlkämpfen der 1920er Jahre viele Versprechungen gemacht, ohne genau zu sagen, wie er diese eigentlich alle umzusetzen gedachte. Die Leute kannten ja das Hickhack im Reichstag und wie zäh das Durchführen politischer Projekte voranging. Der Vergleich der „nationalen Bewegung", wie das die Nazis nannten, mit einer Religion ist daher nicht abwegig. Man konnte Hitler glauben oder nicht, argumentativ bot er praktisch keine Angriffsfläche, und Debatten mit ihm waren so nicht möglich. Als er dann uneingeschränkt walten konnte und sich wirkliche wie auch scheinbare Erfolge einstellten, wuchs die Anhängerschaft, noch bis hinein in die ersten Kriegsjahre, entsprechend an. Wenige Jahre nach seiner Machtübernahme hatte er sein Deutschland verwirklicht.

Als 1936 in Berlin die Olympiade stattfand, glänzte das ganze Land zum Staunen der vielen ausländischen Gäste wie frisch poliert, was es ja gewissermaßen auch war. Sogar die Übergriffe auf Juden wurden für diese Zeit untersagt, um ausländische Gäste nicht zu verstören. In Berlin ging es fast wieder so zu wie in den „goldenen" Zwanzigern. Doch dieser Zustand, der manche vielleicht schon aufatmen ließ, war nur von kurzer Dauer. Ein erschreckendes und trauriges Ereignis war die sogenannte Reichskristallnacht von 1938, in der das „erzürnte Volk" jüdische Geschäfte und Synagogen in praktisch allen Städten Deutschlands zerstörte. Natürlich folgte dieser Wahnsinn einem exakt geplanten Drehbuch aus dem Hause der SA. Der Name Reichskristallnacht kommt übrigens von den auf der Straße liegenden Scherben der massenweise zerschlagenen Scheiben jüdischer Geschäfte und Einrichtungen. Auch der Name Reichspogromnacht ist dafür geläufig.

Ein sehr geschicktes Propagandaunternehmen wurde noch 1939 veranstaltet, als man ein Luxuspassagierschiff mit meist gutsituierten Juden belud, denen man so eine Ausreise zunächst nach Cuba „ermöglichen" wollte. Es kam, wie im Propagandaministerium mit gutem Grund erhofft. Cuba gestattete den Menschen die Einreise dann doch nicht. Auch die USA, die man dann alternativ ansteuerte, verweigerte sich letztlich. Der Kapitän, ein aufrichtiger Mann, hatte alles versuchte, was ihm durch seine Kontakte möglich war. Frustriert, ahnend was mit seiner „Fracht" geschehen würde, machte er sich wieder auf den Rückweg. Er verhandelte dabei mit verschiedenen europäischen Ländern. Kurz bevor er - mit Zustimmung der Betroffenen - den „Kahn" vor England auf Grund laufen lassen wollte, kam aus Holland, Belgien, Frankreich und England die erlösende Botschaft, daß sie die Leute aufnehmen würden.

Kann man zu dieser Zeit den Westmächten vielleicht noch Unwissenheit oder Ungläubigkeit bezüglich der wirklichen Situation der Juden im Deutschen Reich zugutehalten, so waren spätestens in den Kriegsjahren die durch Flüchtlinge, jüdische Verbände und sogar durch einige deutsche Offiziere über den Vatikan überbrachten Berichte über die massenhafte Tötung von Juden in den Lagern den jeweiligen Regierungen bekannt. Beeindruckt scheint es dort aber niemanden zu haben, denn es gab keinerlei Versuche, etwas dagegen zu unternehmen. Und in etlichen, während des Krieges besetzten Ländern in Ost und West haben nicht wenige Leute – nur zu oft freiwillig - bei diesem gigantischen Völkermord mitgemacht, auch wenn das heute in der Regel im Brustton der Überzeugung von den meisten geleugnet wird.

Nachdem Hitler und die Seinen Deutschland ihren Vorstellungen gemäß geformt hatten, meinten sie nun, sich endlich dem Feld der Außenpolitik widmen zu können. Offenbar blätterte man dabei das Buch „Mein Kampf" noch einmal durch und kam zu dem Ergebnis, daß endlich alle Deutschen in einem Reich leben sollten, welches gelegentlich vor allem nach Osten hin erweitert werden müßte, zumindest aber die Grenzen Maas, Memel, Etsch und Belt einzunehmen hätte. In Sachen Etsch (ital. Adige), sprich Südtirol ruderte Hitler aber schon zeitig zurück, um Herrn Mussolini nicht zu vergrätzen.
Hier propagierte man eine nach außen hin zumindest nachvollziehbare, aber von Hitler natürlich aus völkischer Ideologie geborene Korrektur der Versailler Bestimmungen, die ja das für die Friedensverhandlungen damals von Präsident Wilson geforderte Selbstbestimmungsrecht der Völker ignoriert hatten. Nun ist das in Einklang bringen von Wunsch und Wirklichkeit auf dem Feld der Außenpolitik definitiv etwas für Kenner internationaler Zusammenhänge und Profis der Diplomatie, sprich in diesen

Gefilden ausgebildeter und erfahrener Experten. „Politik ist Außenpolitik", schrieb einmal Oswald Spengler, „es gibt keine andere." Wer meint, daß ein geordnetes Schulwesen, die Straßenverkehrsordnung, das Erstellen von nationalen Umweltstandards, die Gestaltung des Wohnungsmarktes, Steuern, Gebührenverordnungen oder dergleichen hohe Politik ist, der irrt gewaltig. Was nutzen diese schönen Dinge, wenn einem währenddessen international „das Wasser abgegraben" wird?

Nun, Experten wie oben genannt hatten wir nach den Tagen der ersten mittelalterlichen Kaiser ohnehin nie sehr viele, die Nazis ganz sicher keine. Mit dem ehemaligen Sektverkäufer Herrn von Ribbentrop war man auf dem bis dahin erreichbaren Tiefpunkt angelangt. Aber da Faschismus fast immer mit einem übersteigerten Nationalismus und anderer Verbohrtheit einhergeht, ist Linientreue zwangsläufig eher gefragt als Fachkompetenz.

Zunächst griff Deutschland (neben Italien) 1936 mit der sogenannten Legion Condor in den spanischen Bürgerkrieg auf General Francos Seite ein. Viele befürchteten nun die Zunahme faschistischer Staaten in Europa, aber außer der UdSSR, die allerdings nur die kommunistischen Kämpfer unterstützte, hielten sich andere Länder bedeckt. Es kamen zwar viele Freiwillige aus aller Herren Länder, um mit den Republikanern zu kämpfen, sie konnten aber der durch deutsche und italienische Luftwaffenverbände massiv verstärkten Armee unter Franco letztlich nicht standhalten. Das deutsch-italienische Engagement zahlte sich allerdings nicht wirklich aus. Spanien unter Franco ließ sich später nicht dazu bewegen, mit in den Krieg einzutreten, da England bei einem Angriff auf Gibraltar mit der damals nicht zu verhindernden Einnahme der Kanaren drohte.

1938 inszenierte man den Anschluß Österreichs[87] an das Deutsche Reich. Unter diesen Voraussetzungen vereinnahmt zu werden, war gewiß nicht allen Österreichern recht. Sich aber nach dem Krieg als „erstes Opfer" des nationalsozialistischen Eroberungsfeldzugs darzustellen, wie viele das später taten, spricht den Bildern vom Einzug Hitlers mit den deutschen Truppen zwischen fröhlich jubelnden Menschen und seiner Rede in Wien vor einem begeisterten Massenpublikum absolut Hohn.

Auch dieses Unternehmen konnte noch als eine quasi innerdeutsche Angelegenheit verstanden werden, aber obwohl die anderen Länder nicht dagegen vorgingen, war doch der Stab über Deutschland längst gebrochen. Der nächste Coup Hitlers führte allerdings in weiten Kreisen Deutschlands tatsächlich zu Schnappatmung.

Es ging „zunächst" um das Sudetenland, also die westlichen Gebiete der damaligen Tschechoslowakei (das Egerland, Karlsbad usw.). Dort lebten mehrheitlich Deutsche, die nun aber zu diesem durch den Versailler Vertrag neugegründeten Staat (früher Teil der Donaumonarchie) gehörten. Die deutsche Bevölkerung des Sudetenlands, meist Arbeiter und Bauern, war in den 1920ern weitgehend sozialdemokratisch gesinnt. Die mehr als unglücklich zu nennende, international bekannte und auch kritisierte Behandlung

---

[87] Hitler stammte ja aus dem bereits erwähnten, inzwischen österreichischen Braunau am Inn, ließ sich später in Deutschland einbürgern, um politisch hier aktiv werden zu können. (Man wollte ihn in Österreich auch gar nicht mehr haben.) Schon 1934 gab es einen entsprechenden Versuch durch einen von den Nazis unterstützten Putsch, bei dem u.a. der österreichische Bundeskanzler ermordet wurde. Italien befürchtete, daß ein mit Deutschland vereintes Österreich Südtirol zurückfordern könnte und ließ Truppen am Brenner aufmarschieren. Der Putsch wurde niedergeschlagen und Hitler stoppte sein Engagement vorerst. Erst die deutsche Unterstützung der italienischen Expansion (Abessinien, Balkan u.a.) brachte die Annäherung Deutschlands an Italien und ermöglichte später den Anschluß Österreichs.

dieser nicht gerade kleinen Minderheit durch die tschechische Staatsführung - entgegen allen ursprünglich gegebenen Versprechungen - trieb die Leute in den 1930ern scharenweise in die Arme der nationalsozialistischen Rattenfänger um Konrad Henlein. Ein kluger Außenpolitiker hätte seine Freude daran, wenn er viele Anhänger seines Landes in benachbarten Staaten wüßte, die Unterstützer oder auch Faustpfand sein könnten. Nicht so Hitler. Er wollte die in seinen Augen nun reife Frucht pflücken, letztlich die komplette Tschechoslowakei von der Landkarte tilgen, jedoch England und Frankreich, natürlich auf Seiten der Tschechen und Slowaken, intervenierten. Es roch nach Krieg, aber die Regierungschefs Frankreichs und Englands wußten genau, daß sie militärisch zu diesem Zeitpunkt nicht wirksam hätten eingreifen können, und versuchten deshalb, Hitler mit einigen Zugeständnissen „zu beruhigen" (Appeasement-Politik). Unter Ausschluß tschechischer Emissäre kamen England, Frankreich, Italien und Deutschland überein, das Sudetenland dem Deutschen Reich zu überlassen. Ein weiteres Beispiel dafür, daß kleine Länder letztlich nur Spielbälle in der Hand der Großen sind. Die UdSSR wurde übrigens bei den Verhandlungen nicht mit einbezogen; eine grobe Nichtachtung, die Stalin später dazu bewog, den Nichtangriffspakt und die Teilung Polens mit Deutschland zu vereinbaren.

Es nutzte letztlich den Tschechoslowaken nichts, obwohl einige Politiker nach dem „Verrat" ihrer eigentlichen Garanten versuchten, sich dem Reich anzubiedern. Keinen Monat später ließ Hitler Prag besetzen und gründete das „Reichsprotektorat Böhmen und Mähren". Damit setzte er sich eindeutig über die kürzlich gemachten Vereinbarungen hinweg. Aber es geschah nichts. In Berlin brach Jubel aus, Hitler schien alles zu gelingen. Man machte vor allem dem Premierminister Chamberlain in England viele Vorwürfe. Letztlich hatte er aber so zumindest England die nötige Zeit verschafft, sich auf den kommenden Krieg vorzubereiten. (Wir haben das übrigens in den Jahren vor dem aktuellen Ukrainekrieg trotz unübersehbarer Hinweise nicht getan.) Erst in den Jahren 1938-40 entwickelten die Briten ihre schlagkräftigen, modernen Abfangjäger und übrigens auch - in weiser Voraussicht wohl - ihre großen Langstreckenbomber. Da in Deutschland bis Kriegsende solche Bomber, weil vor dem Krieg nie geplant, praktisch nicht vorhanden waren[88], ist klar, daß unsere Militärplaner zunächst einmal nicht vorhatten, alle größeren Städte der Gegner systematisch und sinnlos in Steinwüsten zu verwandeln.

In Frankreich hingegen machte man im Prinzip den gleichen Fehler wie vor dem Ersten Weltkrieg. Man zählte Soldaten und (veraltete) Geschütze, baute Festungen an der Grenze und übersah, daß sich die deutsche Taktik längst wieder weiterentwickelt hatte. In Polen sattelte man die Kavalleriepferde - immerhin. Daß Hitler und seine Clique, mittlerweile schwindelfrei geworden, nun den Krieg unbedingt wollten, war nicht mehr zu übersehen, auch wenn in ergreifenden Reden immer das Gegenteil beschworen wurde. Es hörte im Ausland ohnehin keiner mehr zu.

Ein willkommener Anlaß aus alten Tagen sollte als Auslöser herhalten: Danzig.

---

[88] Einige Passagierflugzeuge vom Typ Focke-Wulf Condor wurden während des Krieges dazu umgebaut, andere Entwicklungen kamen zu spät, waren unzuverlässig und spielten mangels Masse ohnehin keine besondere Rolle mehr.

11. „Zum Donnerwetter, wer scheißt denn hier so lange?!"[89]

Es ist ja nicht so, daß immer der am Krieg Schuld trägt, der ihn zuerst erklärt oder zuerst geschossen hat. Angriff ist oftmals die einzig erfolgversprechende Verteidigung. Man kann auch jemandem mit „friedlichen" Mitteln wie Wirtschaftssanktionen oder Waffenlieferungen an dessen Gegner so zusetzen, daß der Betreffende die Geduld verlieren muß und die Fäuste sprechen läßt. Oder man garantiert jemandem Unterstützung, damit dieser sich auf eine Auseinandersetzung einläßt, die er alleine wohl niemals führen würde. Es gibt viele Varianten, um für die Nachwelt anderen den „Schwarzen Peter" zuzuschieben. Einige davon wurden auch im letzten Weltkrieg hie und da angewandt. Gegebenenfalls erfindet man einfach einen plausibel klingenden Kriegsgrund, so wie die USA zuletzt für den Krieg gegen den Irak die angeblich vorhandenen und natürlich nie gefundenen Massenvernichtungswaffen oder wie Rußland aktuell beim Angriff auf die Ukraine die dort angeblich herrschenden Faschisten.

Der offizielle Beginn des Zweiten Weltkrieges war am 1. September 1939. Hätte Deutschland diesen gewonnen, stünde in unseren Geschichtsbüchern bestimmt, daß polnische Truppen zuerst geschossen hatten und „seit 5.45 Uhr zurückgeschossen" wurde. Natürlich schreiben vor allem die Sieger Geschichte und stellen sich selbst gerne als Unschuldslämmer dar. Wie es wirklich losging ist

---

[89] Aus Carl Zuckmayers „Der Hauptmann von Köpenick"

heute trotz allem völlig unstreitig. Es gibt sogar Hinweise, daß in Polens Südwesten deutsche Einheiten schon vor dieser Uhrzeit die Grenzen überschritten hatten.

Unstreitig ist auch, daß Hitler unbedingt den Krieg mit Polen wollte. In Vorbereitung dessen hatte das Reich einen Nichtangriffspakt mit Stalin geschlossen und in einem geheimen Zusatzprotokoll wurde die Aufteilung Polens vereinbart, sowie die Einnahme der baltischen Staaten seitens Rußlands.

Als Kriegsgrund bot sich erfreulicherweise eine sehr reale Sache an, nämlich die dem Versailler Vertrag geschuldete, absurde Situation der Stadt Danzig und die damit verbundene, ungelöste Korridorfrage, in der man mit Polen einfach nicht übereinkam. Die deutsch geprägte und größtenteils von Deutschen bewohnte Stadt Danzig an der Ostsee, nun umgeben von dem neu- beziehungsweise wiedergegründeten polnischen Staat, sollte vom Völkerbund verwaltet werden, da Polen diesen Ostseehafen beanspruchte. Natürlich hatten sich im Verlauf der Jahre auch immer mehr Polen dort angesiedelt. Der polnische Nationalismus jener Jahre stand dem deutschen übrigens in nichts nach, und Gebietsansprüche seitens der Regierenden auf einige Gebiete von Nachbarstaaten gab es auch. Es soll vielerorts in Polen auch zu Handgreiflichkeiten gegenüber dort lebenden Deutschen gekommen sein, was natürlich stets bestritten wurde.

Gegenüber den deutschen Forderungen war man auch deshalb so kompromißlos, weil Frankreich und vor allem England Polen vollmundig garantierten, im Falle einer Kriegserklärung Deutschlands diesem ebenfalls den Krieg zu erklären. Hitler wollte eigentlich „im Westen Ruhe haben". Daher gab es immer wieder diplomatische Annäherungsversuche Deutschlands an Frankreich und England, aber der englische Außenminister Eden ließ sich zu keinen Konzessionen mehr bewegen. Das Ende der Appeasement

Politik war gekommen, infolgedessen England Churchill zum Premierminister gewählt hatte.

Als es dann losging, traten Frankreich und England zwar wie angekündigt in den Krieg ein, aber während Polen - voraussehbar völlig chancenlos - binnen drei Wochen überrannt wurde, passierte an der deutschen Westfront wenig bis nichts. Es setzte sich zwar ein anglofranzösisches Heer unter General Gamelin in Bewegung, dieser stoppte aber den Vormarsch, trotz eigener Übermacht, kurz vor dem völlig überschätzten und kaum ausreichend besetzten Westwall. Gamelins Begründung dafür lief im Grunde genommen auf Furcht vor Feindberührung hinaus. Wer weiß, welche Traumata aus dem Ersten Weltkrieg ihn da heimgesucht hatten. Dieses monatelange Stillhalten wurde schnell „Drôle de Guerre" genannt, freundlich übersetzt: der Sitzkrieg. Es spielte Hitler in die Hände und untergrub zudem die Disziplin der alliierten Einheiten, was sich dann bitter rächte.

Um hier jetzt nichts mehr anbrennen zu lassen, stürzte sich die Wehrmacht ab 1940 auf die Länder im Westen sowie auch Dänemark und Norwegen (zur Verhinderung möglicher englischer Operationen aus dem Norden). Den modernen, schnell vorstoßenden Panzer- und Panzergrenadierverbänden[90], unterstützt durch Schlachtflieger, Jagd- und Sturzkampfbomber (Stukas), hielt Frankreich gerade einmal sechs Wochen stand. Das britische Expeditionskorps (zusammen mit französischen und belgischen Einheiten) entging bei Dünkirchen um Haaresbreite der absoluten Katastrophe, weil aus unerfindlichen Gründen den deutschen

---

[90] „Nicht kleckern, sondern klotzen!", war das Prinzip des für die Panzertruppen zuständigen Generals Guderian. Bewegliche, von der Infanterie viel unabhängiger agierende Panzerverbände waren eine taktische Neuerung. Eine ähnliche Idee hatte auf alliierter Seite der französische Panzergeneral Charles de Gaulle. Die wurde aber vom französischen Generalstab schlichtweg ignoriert.

Panzerverbänden ein kurzer Stopp befohlen wurde. Vermutlich war es Hitler selbst, der wohl immer noch hoffte, England könne überzeugt werden aus dem Krieg auszusteigen. Nur weil England alle irgendwie verfügbaren Schiffe und Kähne aufbot, die über den Kanal schwimmen konnten, rettete man so immerhin etwa dreihunderttausend Soldaten aus dem Kessel und vor Tod oder Gefangenschaft. Am Strand stapelte sich das gesamte schwere Gerät samt Munition. Das zumindest war kurzfristig ersetzbar.

Durch die deutschen Erfolge ermutigt, begann nun auch Mussolini an seiner Idee eines „neuen Römischen Reiches" zu arbeiten. Allein, dem italienischen Militär gelang praktisch nichts. Anfangs wehrte sich der Duce noch gegen deutsche Waffenhilfe. „Germanen" in seinem erträumten Mittelmeerreich waren eigentlich nicht vorgesehen. Also kämpften sehr bald deutsche Truppen auf dem Balkan, in Griechenland und Nordafrika, zunächst sehr erfolgreich übrigens. Sehr zu Hitlers Ärger verhielt sich Spanien neutral und ging nicht gegen die Briten auf Gibraltar vor. Dadurch konnte die englische Flotte im Mittelmeer ungehindert agieren, was vor allem die Versorgung des Afrikakorps extrem erschwerte und letztlich zum Scheitern des Einsatzes in Nordafrika führte.

Daß England nicht entscheidend besiegt, geschweige denn besetzt werden konnte, wurde ein schwerwiegendes Manko der deutschen Kriegsführung. Weder der Luftkrieg gegen deutsche Industrien, Häfen und Städte noch die Landung von Bodentruppen großen Stils auf dem westeuropäischen Festland (1944) wären damals ohne Stützpunkte in England möglich gewesen.
Die britische Überlegenheit zur See hätte umgekehrt eine Landung deutscher Truppen in England zumindest äußerst schwierig gemacht. Diese zu kompensieren, setzte man zunächst auf die Erringung der Luftüberlegenheit, auch und gerade über dem

englischen Festland. Nun zahlte sich aus, daß Chamberlain durch seine Hinhaltepolitik den englischen Jäger- und Bomberentwicklern zusätzliche Zeit verschafft hatte. Die neuen Abfangjäger machten der Luftwaffe das Leben schwer. Nicht, daß Deutschland auch über bessere Jagdflugzeuge hätte verfügen können. Die gab es durchaus, wurden aber zu der Zeit nicht in ausreichender Zahl gebaut. Der schon vor dem Krieg im Prinzip fertige Düsenjäger Me262 wurde wegen, im Vergleich zu herkömmlichen Jägern, zu hohen Spritverbrauchs gar nicht erst ins Rüstungsprogramm aufgenommen. Die dann als eine der „Wunderwaffen" ab 1944 noch eingesetzten wenigen Exemplare erstaunten zwar den Feind, änderten aber nichts mehr am Verlauf der Dinge.

Da sich die Luftwaffe zunächst auf die Zerstörung von Flugplätzen, Häfen und diversen Verteidigungsanlagen konzentrierte, sah es anfangs trotzdem gar nicht so schlecht aus. Erst ein noch verhältnismäßig kleiner Angriff der neuen englischen Langstreckenbomber auf Berlin im August 1940 brachte die Wende[91]. Es war kein Angriff aus purer Verzweiflung, sondern der richtigen Einschätzung der Psyche Hitlers geschuldet. Der tobte nämlich und befahl nun die Angriffe „Bombe für Bombe" auf englische Städte. Das war zwar schlimm für deren Bewohner, aber dadurch wurden zum einen die Flugplätze der englischen Jäger sowie die für die Aufklärung wichtigen Radarstationen kaum noch attackiert, zum anderen die für gerade solche taktischen Einsätze entwickelten deutschen Mittelstreckenbomber auf Ziele umgelenkt, wo sie nicht so viel Schaden in strategischer Hinsicht anrichten konnten.

---

[91] Durch einen deutschen Angriff auf Londoner Hafenanlagen wurden fast zwangsläufig auch schon Teile der Stadt getroffen. Daher wird behauptet, daß die Luftwaffe mit der gezielten Zerstörung von Städten in England begonnen hatte. Ich halte das für fragwürdig. Es ist aber richtig, daß die Luftwaffe zuvor schon in anderen Ländern bewußt Städte bombardiert hatte, z.B. im Spanischen Bürgerkrieg, dann in Polen und Holland. Aber diese Angriffe und auch die auf engl. Städte halten einem Vergleich mit den engl.-amerikanischen Flächenbombardements ab 1942 kaum stand. Letztere entbehren m.E. spätestens ab 1945 auch jeglicher Legitimation als Zerstörung kriegswichtiger Ziele.

Außerdem waren sie so leichte Beute für die nun unbehelligt zum Einsatz kommenden englischen Jäger geworden. Die Verluste stiegen deshalb deutlich an, und ohne eine entsprechende Lufthoheit war an eine Invasion der britischen Insel nicht mehr zu denken. Folglich brach man das Unternehmen ab und beschränkte sich auf zwangsläufig immer seltener werdende Luftangriffe, zuletzt nur noch mit den V1- und V2-Geschossen. Die V1 war eine Art Marschflugkörper oder Drohne, zunächst produziert von der Firma Fieseler in Kassel. Die V2-Rakete wurde während des Krieges von dem genialen Wernher von Braun entwickelt und zum großen Teil von Zwangsarbeitern aus den KZs gebaut. Hätten die Sieger einen Raketenbauer mit auch nur ansatzweise den Fähigkeiten wie deren von Brauns besessen, könnten wir sicher sein, daß jener im Nürnberger Prozeß auf der Anklagebank hätte Platz nehmen müssen. So durfte er stattdessen für die Amerikaner Raketen bauen. Was lehrt uns das?

Was dann noch blieb, war natürlich der U-Boot-Krieg gegen englische Schiffe, die dringend benötigtes Material einmal wieder über den Atlantik herbeischafften, und diesmal völlig ungeniert. (Nach dem offiziellen Kriegseintritt der USA wurden natürlich auch amerikanische Schiffe zum Ziel.) Auch hierbei war man anfangs durchaus recht erfolgreich. Erst der Einsatz verbesserter Techniken zum Aufspüren und Bekämpfen der U-Boote brachte die Wende und nicht zuletzt die Tatsache, daß der englische Geheimdienst recht bald in der Lage war, den deutschen Funkverkehr zu entschlüsseln. Alan Turing, ein genialer Mathematiker, hatte eine Art Computer entwickelt, der die durch die deutschen Enigma-Geräte verschlüsselten Funkbotschaften wieder dechiffrieren konnte[92]. Der vom Secret Service klug dosierte Einsatz dieser Fähigkeit ließ auf

---

[92] Das dankbare England verurteilte nach dem Krieg den homosexuellen Turing zu einer „Behandlung", die ihn schwer erkranken und depressiv werden ließ und ihn so 1954 in den Selbstmord trieb. Immerhin, bereits 2013 wurde er posthum begnadigt.

deutscher Seite niemanden ahnen, daß dem Feind deshalb viele Einsätze und Truppenbewegungen im Voraus bekannt waren.

Im Juni 1941 ließ Hitler, trotz unverrichteter Dinge im Westen, die Wehrmacht in Rußland einmarschieren. Ein unsinniges, irrwitziges und außerdem fehlerhaft vorbereitetes Unternehmen, das allein Hitlers kruden Ideen vom Volk ohne Raum geschuldet war. Natürlich kann man argumentieren, daß Stalin auch so seine Pläne hatte. Nachdem sich die westeuropäischen Heere gegeneinander verausgabt hätten, so dessen Idee, würde er ungehindert einige Gebiete in Osteuropa unter seine Kontrolle bringen können. Es erstaunt dann allerdings schon, wie viel mehr an Einfluß und Territorien ihm die westlichen Siegermächte bereits bei den Konferenzen von Teheran und Jalta noch während des Krieges zugestanden haben. Wie erfreut wohl die Polen waren, deren Offizierskorps in Katyn von den Russen ermordet worden war, deren Aufstand gegen Kriegsende niedergeschlagen wurde, weil die Rote Armee bewußt nicht eingriff und deren Land nach dem Krieg durch Stalin einfach nach Westen verschoben wurde, damit er seinen Teil (Hitler-Stalin-Pakt) behalten konnte. Der zu der Zeit der Konferenzen schon schwerkranke und eigensinnig gewordene Roosevelt tat seinem lieben „Uncle Joe" so manchen Gefallen. Es war übrigens Churchills Idee, Polen einfach nach Westen zu verschieben. So konnte er Stalin, der natürlich seinen Teil Polens behalten wollte, und die sich in England befindliche polnische Exilregierung zufrieden stellen. Es erstaunt immer wieder, welche Allianzen sich bilden und wie. Die Völker Osteuropas scheinen den Westmächten offenbar egal gewesen zu sein, ansonsten müßte man davon ausgehen, daß bezüglich des stalinistischen Terrors eine Naivität sonders gleichen im Westen geherrscht hatte.

Der unvorbereiteten und noch nicht durch modernes Gerät hinreichend ausgerüsteten russischen Armee erging es 1941 zunächst genauso wie den anderen Heeren davor. Sehr schnell standen die deutschen Armeen tief in Rußland, wobei sie - anders als Napoleons Grande Armée - Moskau nie einnahmen. Aber selbst, wenn das gelungen wäre, hätte es genauso wenig gebracht wie damals. Es kam der Winter, und die dafür unzureichend ausgerüsteten deutschen Truppen mußten erste Niederlagen hinnehmen. Die mehrere tausend Kilometer langen Nachschubwege über matschiges, dann vereistes oder meterhoch zugeschneites Terrain, zum Teil durch Partisanen angegriffen, erschwerten die Versorgung beträchtlich. Letztlich kam es, wie es kommen mußte: Rußlands sehr viel größeres Potential an Soldaten, die mit den klimatischen Bedingungen natürlich besser zurechtkamen, und eine schnell hochgefahrene Kriegswirtschaft im riesigen, für die damaligen Gegner unerreichbaren Hinterland brachten die Wende. An mehreren zwangsläufig dünn besetzten Frontabschnitten durchbrachen im Winter 1942/43 massiv angreifende frische Truppen die Linien und umzingelten schnell die komplette deutsche 6. Armee bei Stalingrad. Diese mußte schließlich kapitulieren. Danach ging es nur noch um Rückzugsgefechte.

Auch das Engagement in Nordafrika endete mit mehreren Niederlagen. Inzwischen waren bereits US-amerikanische Truppen beteiligt. Daß Amerika sich an diesem Krieg letztendlich aktiv beteiligte, ist eigentlich nicht überraschend. Wie es dazu kam, ist allerdings sehr interessant. Die weit überwiegende Mehrheit der Amerikaner war gegen einen Eintritt in einen europäischen(!) Krieg. Präsident Franklin D. Roosevelt, absolut kein Freund der Deutschen, hatte sogar noch 1940 bei den Wahlen[93] hoch und heilig versprochen,

---

[93] 1932 wurde der Demokrat F.D. Roosevelt Präsident der USA. Durch den „New Deal" und die Einführung einer ersten Sozialgesetzgebung gewann er nach den Jahren der Wirtschaftskrise innenpolitisch viel Ansehen und wurde 1936 wiedergewählt. Da in Europa

die USA da herauszuhalten. Mit seinem Leih- und Pachtgesetz begannen die USA jedoch, die Alliierten massiv mit Waffenlieferungen zu unterstützen, besonders England, und riegelten dann außerdem den chinesischen Markt ab, um den ökonomischen Druck auf Japan zu erhöhen. (Die Japaner, mit Deutschland im Bündnis, kämpften auch gegen England, nämlich in den Kolonien Südostasiens.) Darüber gab es 1940/41 eine harte ideologische Auseinandersetzung mit den Mitgliedern des „America First Committee", was es damals tatsächlich schon gab und keine spätere Erfindung Donald Trumps ist. Manche deuteten dieses Gesetz als Verletzung des Völkerrechts zugunsten Großbritanniens, mit dem absichtlich Racheakte provoziert werden sollten (na sowas!). Durch die Einstellung vertraglich vereinbarter Öllieferungen Amerikas an Japan und eine durch Roosevelt angeordnete vermehrte Präsenz US-amerikanischer Kriegsschiffe im Pazifik setzte man tatsächlich Japan so unter Druck, daß mit einer Kriegserklärung zu rechnen war. Der amerikanischen Regierung lagen dann ja auch nachweislich Informationen vor, daß diese vorbereitet wurde. Man rechnete insgeheim allerdings mit einem Angriff auf Japan nähergelegene US-Stützpunkte auf den Philippinen.

Es gab und gibt jede Menge Verschwörungstheorien bezüglich des japanischen Angriffs im Dezember 1941 auf Pearl Harbor (Hawaii). Es ist eine Sache, wenn ein US-Schlachtschiff in einem kubanischem Hafen, in dem es eigentlich nichts zu suchen hat, „plötzlich" in die

---

bereits Krieg herrschte, gewährten ihm die Amerikaner 1940 sogar eine dritte und 1944, vielleicht schon aus Gewohnheit, obendrein eine vierte Amtszeit. Er starb allerdings Anfang 1945.

Luft fliegt (Auslöser im spanisch-amerikanischen Krieg 1898[94]) oder man ein Passagierschiff bis unters Deck voller Militaria bewußt durch den Gegner versenken läßt (Erster Weltkrieg). Eine andere Sache ist es, wenn ein riesiger Stützpunkt mit allem Drum und Dran zu Klump gebombt wird. Ich kann mir nicht vorstellen, daß Roosevelt ein solches Desaster einfach in Kauf genommen hätte. Warum auch? Jeder andere kleinere Angriff, ja selbst nur die japanische Kriegerklärung hätte für das gereicht, was er erreichen wollte, um einerseits endlich in Europa massiv eingreifen zu können und andererseits der amerikanischen Rüstungsindustrie endlich mehr Umsatz zu generieren. Die Industriemagnaten lagen ihm deswegen garantiert schon länger in den Ohren. Nun, dieser von den US-Militärs so nicht für möglich gehaltene Überraschungsangriff der Japaner fachte die Kriegsbegeisterung natürlich mächtig an. Es gab einige japanische Befehlshaber, die vor einem Krieg mit den USA gewarnt hatten, unter anderen auch der Admiral, der den Angriff auf Pearl Harbor dann durchführen mußte. Der massive Überfall sollte einen Großteil der US-Flotte zerstören und abschrecken beziehungsweise Japan „Luft verschaffen". Ersteres gelang zwar, aber die Befürworter des Krieges hatten offensichtlich sowohl die amerikanische Wirtschaftskraft als auch den psychischen Effekt eines solchen Angriffs falsch eingeschätzt. Jedenfalls, um den ursprünglichen Gedanken fortzuführen, allein durch die japanische Kriegserklärung mußte Hitler, als Verbündeter Japans, Amerika auch den Krieg erklären. Damit war Roosevelt fein heraus. So macht man das in Fachkreisen!

---

[94] Dieser aus wirtschaftlichen Interessen geführte Krieg brachte den USA die Inbesitznahme von Kuba, Puerto Rico, Guam und den Philippinen ein, womit sie damals de facto auch Kolonialmacht wurden.

Zurück zum Geschehen in Europa. Nachdem die USA nun ganz offiziell der Kriegsallianz beigetreten waren, schwante sicher den meisten Deutschen, daß dieser Krieg nicht mehr zu gewinnen war. Im Offizierskorps konnte man sicher von einer Gewißheit sprechen, auch wenn das zunächst praktisch keiner laut zu sagen wagte. Spätestens nach den katastrophalen Niederlagen 1943 bei Stalingrad und in Nordafrika konnte es nur noch um Schadensbegrenzung gehen, selbst wenn Hitler und sonstige Nazi- und SS-Bonzen immer noch von einem Endsieg faselten.

Im Herbst 1943 landeten alliierte Truppen auf Sizilien und etwas später auf dem italienischen Festland und läuteten das Ende der Herrschaft Mussolinis ein. Viele Italiener, mittlerweile durch die Diktatur zermürbt und kriegsmüde, gaben den Widerstand auf oder wechselten sogar die Seite. Der Duce wurde offiziell abgesetzt und begab sich in Norditalien unter den Schutz deutscher Verbände. Um den Zusammenbruch der italienischen Front zu verhindern, hatte die Wehrmacht zusätzliche Einheiten dorthin verlegt. Die Planung und Vorbereitungen der Landung in der Normandie liefen allmählich an.

Spät, im Grunde zu spät, begannen Widerständler im Militär und auch in Behörden, der absehbaren Katastrophe entgegenzuwirken. Sie alle „wählten die Ungnade, wo durch Gehorsam keine Ehre mehr zu gewinnen war"[95]. Wer waren diese Menschen? Die meisten von ihnen waren Offiziere aus oft alten preußischen Familien, unter ihnen die Grafen von Moltke, Yorck von Wartenberg, von Trott zu Solz, von Einsiedel, von Trotha, von der Schulenburg, von Lehndorff und - vor allem als einer der Initiatoren - Henning von Tresckow, um

---

[95] Nach der berühmten Grabinschrift des alten Preußengenerals Johann Friedrich Adolf von der Marwitz.

nur die bekanntesten anzuführen. Die Genannten hatten schon etliche bedeutende Offiziere als Vorfahren gehabt. Graf von Stauffenberg, der spätere Attentäter, war allerdings Schwabe. Viele der Widerständler hatten auch einen christlichen Hintergrund. Die Nazis hatten natürlich auch versucht die Kirchen zu vereinnahmen. Das gelang nur zum Teil. Evangelische Geistliche wie die Pastoren Niemöller und Bonhoeffer (Bekennende Kirche) oder der ganz offen gegen Euthanasie und andere Verbrechen der Nazis predigende katholische Bischof von Münster, spätere Kardinal von Galen seien hier als Beispiele genannt.

Dann gab es auch noch solche, die der alten Arbeiterbewegung entstammten wie zum Beispiel Carlo Mierendorff und Theodor Haubach, beide auch dekorierte Erste-Weltkriegsteilnehmer. Sie alle waren entweder niemals Anhänger der Nazis gewesen oder hatten sich durch verschiedenste Erlebnisse von dem Wahn abgekehrt. Es waren natürlich nicht die ersten. Schon Jahre davor hatten sich eher den Kommunisten nahestehende Gruppen gebildet, die als „Rote Kapelle" bezeichnet und zum Teil direkt vom russischem Geheimdienst aufgebaut wurden. Diese setzten allerdings auf Geheimnisverrat an russische Stellen durch Funkverkehr und unterschieden sich so erheblich von den Mitgliedern des „Kreisauer Kreises" und den Männern um Stauffenberg, denen es um die Beseitigung des für Deutschland unerträglich gewordenen Regimes aus eigener Kraft ging, verbunden mit Friedensverhandlungen, und um die Rückbesinnung auf die vor der Machtübernahme der Nazis noch bestehend gewesenen rechtsstaatliche Verhältnisse im Reich. Ich kann nicht sagen, wie erfolgreich die Funkerei der „roten Kapellmeister" bezüglich des Geschehens auf den Schlachtfeldern in Rußland tatsächlich war. Der englische Geheimdienst jedenfalls hatte viel bessere Möglichkeiten, wie bereits beschrieben. Jedenfalls wurden auch die Leute um Harro Schulze-Boysen und Hans Coppi nach und nach entdeckt und um 1942 entsprechend „unschädlich" gemacht. Es stellte sich dann aber heraus, daß die verschiedenen Gruppen der sogenannten Roten Kapelle nicht so sehr miteinander vernetzt waren wie angenommen.

Wer in jenen Jahren in den osteuropäischen Kriegsgebieten eingesetzt war, hatte zwangsläufig auch die menschenverachtenden Maßnahmen gegen die dortige Zivilbevölkerung mitbekommen und zumindest von den Konzentrationslagern wie Auschwitz, Majdanek oder Treblinka gehört, ohne vielleicht alle grausamen Details wirklich zu kennen. Darüber hinaus ist es aber zweifelhaft, daß das Gros der Zivilbevölkerung über den grausamen Massenmord an Juden und anderen genauer Bescheid wußte. Ich denke, daß es der politischen Führung sicher nicht daran gelegen war, irgendwelche Details darüber zu verbreiten. So sicher war man sich über die möglichen Reaktionen im Volk auch nicht. Deportation von Menschen in Arbeitslager, wie offiziell dargestellt, ist eine Sache. Millionenfacher Massenmord noch einmal eine ganz andere. Und es ist natürlich auch Unsinn zu behaupten, die Wehrmacht hätte prinzipiell damit nichts zu tun gehabt, sondern ausschließlich SS-Verbände. Es gab sicherlich viele in Heer, Marine und Luftwaffe, die diese Mordbrennerei ablehnten. Die meisten ließen es trotzdem geschehen. Einige versuchten zumindest Härten abzumildern, denn „so ganz nebenbei" tobte ja auch ein fürchterlicher Krieg, und wer selbst täglich ums Überleben kämpft, hat tatsächlich noch andere Probleme. Diejenigen, die sich trotzdem ernsthafte und weitergehende Gedanken machten, wie man bei einem so geführten Krieg nach der zu erwartenden Niederlage dastehen würde, mußten sich erst einmal finden, Vertrauen fassen, zuverlässige Mitstreiter rekrutieren, Pläne schmieden und letztlich alles vorbereiten. Viele unterschätzen, welchen Aufwand das in diesen Zeiten bedeutet hatte.

Mittlerweile waren im Juni 1944 alliierte Truppen in der Normandie gelandet. Daß dieses Unternehmen gelingen würde, war keineswegs sicher. An einigen der durch Bunkeranlagen gut befestigten Landungsabschnitten gab es trotz massiven Einsatzes von Schiffsartillerie und Bombern erhebliche Verluste. Geschickt verteidigende deutsche Truppen machten den oft unerfahrenen GI's auch noch etliche Wochen viele Probleme. Da Hitler und einige Generale in seinem Umfeld die Invasion bei Calais erwarteten und sich auch nicht davon abbringen ließen, selbst noch, als die Aktion schon begonnen hatte, waren die gut ausgestatteten Einheiten zum Gegenschlag auf die sich noch sortierenden alliierten Verbände nicht vor Ort verfügbar. Nun rückten die Gegner also auch noch von Westen vor. Deshalb versteht man nun auch, daß sämtliche Bemühungen der Widerständler, sich über Kontakte nach England um Unterstützung der Pläne zum Umsturz und Friedensverhandlungen zu bemühen, scheitern mußten. Es interessierte auf alliierter Seite niemanden mehr. Die bedingungslose Kapitulation war alleiniges Ziel geworden und ein zukünftiges Deutschland würde ausschließlich von den Siegern und von ihnen bestimmten Personen gestaltet werden.

Trotzdem wagte man am 20. Juli 1944 den Anschlag auf die Führungsriege um Hitler im Hauptquartier in Ostpreußen (sogenannte Wolfsschanze) in Verbindung mit der Machtübernahme in Berlin und der Festnahme von Regierungsmitgliedern (Operation Walküre). Das Ganze scheiterte im Grunde an zwei Dingen: Zum einen, und das war wohl das Entscheidende, schaffte es der durch Kriegsverletzungen an den Händen behinderte Stauffenberg nicht, beide mitgeführten Sprengsätze scharfzumachen. Daher explodierte eben nur einer, dessen Sprengkraft aber nicht zur vollständigen Zerstörung des Raumes genügte und Hitler lediglich verletzte. Zum anderen verhinderte der den Nazis absolut ergebene Kommandeur des Berliner Wachbataillons, nachdem man ihn vom Überleben Hitlers überzeugt hatte, daß die Aktionen im Regierungsviertel erfolgreich ablaufen konnten. Dieser Mensch, dessen Name ich bewußt nicht nennen werde, verunglimpfte nach dem Krieg, erstaunlicherweise nur als Mitläufer eingestuft, bis an sein Lebensende die Widerständler um Stauffenberg als billige Verräter und trat auch mit anderen rechtsextremen Tiraden immer wieder auf. Er starb 1997 friedlich in Spanien.

Wären Stauffenberg und die Seinen erfolgreich gewesen, hätte sich an der Niederlage Deutschlands mit all den Folgen natürlich prinzipiell nichts verändert. Aber ein Großteil der Opfer dieses Irrsinns auf deutscher Seite starben erst ab Mitte 1944 bis Kriegsende und die meisten unserer Städte wären entweder nie oder zumindest nicht so stark zerstört worden. Stauffenberg und einige seiner Mitstreiter wurden in Berlin umgehend standrechtlich erschossen. Den anderen wurde der Prozeß gemacht, wenn man das Geschrei und die wüsten Beschimpfungen des Richters Freisler als solchen bezeichnen will. Die Urteile waren ohnehin schon geschrieben. Es wurde mitgefilmt, die Aufnahmen gibt es noch. Vielleicht sollte sich mancher, der bis vor wenigen Jahren von einer Corona-Diktatur gefaselt und sich zum Beispiel mit Sophie Scholl verglichen hatte, während Gerichte „Querdenker"-Proteste unter Auflagen zuließen, diese Streifen einmal in Ruhe ansehen. Für die Jüngeren unter uns: Sophie Scholl, ihr Bruder und einige Freunde (die „Weiße Rose") verteilten als Studenten Flugblätter gegen die Diktatur und wurden dafür hingerichtet.

Was ist zu den letzten zehn Monaten dieses Krieges noch zu sagen? Bereits im Februar 1943, nach der Katastrophe von Stalingrad, hatte der Propagandaminister Goebbels - natürlich vor ausgesuchtem Publikum im Berliner Sportpalast - das Land auf die kommenden Geschehnisse eingestimmt. *„Wir werden auf den Meeren kämpfen, … wir werden in der Luft kämpfen, wir werden unser Land verteidigen, was immer es uns auch kosten möge … Ihr fragt, was ist unser Ziel? Ich kann die Antwort in einem Wort geben: Sieg. Sieg um jeden Preis – Sieg trotz allem Terror – Sieg, wie lang und hart der Weg auch immer sein mag, denn ohne Sieg gibt es kein Überleben …".* Verzeihung, das sagte natürlich nicht er, sondern Winston Churchill 1940 im Unterhaus[96]. Pfui, werden Sie sagen, man darf doch Churchill so nicht mit Goebbels gleichsetzen! Die Politiker als solche sicher nicht. Aber das, was Goebbels tatsächlich sagte, war faktisch auch nichts anderes. Goebbels fragte - natürlich rhetorisch - nach den üblichen aufhetzerischen Tiraden einfach: *„Wollt ihr den totalen Krieg? …",* wofür man ihn später einen elenden Durchhalteverbrecher nannte. Wie weit Churchill gegebenenfalls zu gehen bereit gewesen wäre, mußte der zum Glück ja nie beweisen.

Dem *„Ja!"* aus tausend und mehr Kehlen folgte, was zumindest diese so heiß begehrten. Der Krieg, besonders die erwähnten letzten zehn Monate, wurde total in jeder Beziehung. Die Zivilbevölkerung litt sehr wohl auch schon im Ersten Weltkrieg, ohne daß auf deutschem Boden je ein Schuß gefallen war. Aber durch die absolute Luftüberlegenheit der Alliierten konnte niemand mehr, egal wo, sicher sein. Waren die Flächenbombardements - selbst auf weniger große Städte - schon schlimm genug, mußte man mittlerweile auch

---

[96] "I have nothing to offer but blood, toil, sweat and tears … You ask, what is our aim? I can answer in one word: Victory. Victory at all costs – Victory in spite of all terror – Victory, however long and hard the road may be, for without victory there is no survival. "

auf Feld und Flur mit Tieffliegerangriffen rechnen. Die schossen auf alles, was sich bewegte. Dazu kam, daß die nun völlig außer Rand und Band geratenen Parteibonzen die Bevölkerung regelrecht terrorisierten. Natürlich wußten die genau, was man mit ihnen bei Kriegsende im Falle ihrer Ergreifung machen würde. So reihte sich ein absurder Befehl an den anderen. Wehe dem, der widersprach! Todesurteile, standrechtliche Erschießungen und Ähnliches waren an der Tagesordnung, und auch die Vernichtungslager, von Fliegerangriffen kurioserweise verschont, arbeiteten leider mit Hochdruck weiter. Mittlerweile standen bereits 15-/16-jährige Jugendliche und ältere Männer an der Front, natürlich völlig unfähig, den Feind noch aufzuhalten. Die sich oft durch Eis und Schnee kämpfenden Flüchtlingsströme aus den Ostgebieten wurden lang und länger. Der Tod war ständiger Begleiter, auch weil sie durch russische Tiefflieger beschossen wurden. Spätestens Anfang 1945 war die Kriegswirtschaft völlig zusammengebrochen. Daß es nicht eher geschah, war dem geschickt, aber auch rücksichtslos agierenden Rüstungsminister Albert Speer zu verdanken. Zwangsarbeiter, KZ-Insassen und auch Kriegsgefangene wurden natürlich brutal herangezogen, was niemanden wundern dürfte[97]. In den letzten Wochen des Krieges saß Hitler mit seiner Entourage im Bunker der Reichskanzlei und schob - psychisch am Ende - imaginäre oder kaum noch existente Divisionen hin und her. Es interessierte draußen nicht mehr.

Am 28. April wurde der Duce ermordet, am 30. April begingen Goebbels (mit Familie) und am 1. Mai Hitler Selbstmord. Dem Volk, sofern es überhaupt noch zuhörte, verkündete man unverfroren, der

---

[97] In manchen Kleinbetrieben oder Bauernhöfen wurden Zwangsarbeiter noch vergleichsweise gut behandelt.

Führer wäre heldenhaft im Kampf um Berlin gefallen. Großadmiral Dönitz, der in Norddeutschland weilte, übertrug man die Staatsgeschäfte oder was davon noch übriggeblieben war. Am 8. Mai kapitulierte die Wehrmacht. Der Krieg war aus. Zum Glück und in jeder Beziehung! Wären die Kämpfe noch, sagen wir einmal fünf Monate weitergegangen, wer weiß, wo die ersten Atombomben abgeworfen worden wären.

Am damals festen Willen der US-Regierung, diese neuen Waffen einzusetzen, sollte man nicht zweifeln. Die fieberhaft vorangetriebene Entwicklung der Atombomben hatte man sich schließlich einiges kosten lassen. Fieberhaft übrigens deswegen, weil man Sorge hatte, daß Nazideutschland zuerst eine solche Waffe entwickeln könnte. Machen wir uns nichts vor, Hitler würde eine Atombombe bei Lage der Dinge 1944/45 bestimmt eingesetzt haben, wenn er eine gehabt hätte. Daß man in den USA Deutschland eine solche Entwicklung zutraute, noch dazu mitten in einem vom Krieg bereits gezeichneten Land, ist ein weiteres Indiz für das damals immer noch bestehende, bekannt hohe Potential deutscher Wissenschaftler und Ingenieure. Zwar war die Kernspaltung in Deutschland 1938 von Otto Hahn zusammen mit Lise Meitner[98] und anderen erfunden und 1939 international publiziert worden, aber während des Krieges hatte das mit der Nutzung der Kernenergie befaßte Team unter dem bedeutenden Physiker und Nobelpreisträger Werner Heisenberg kaum noch die Mittel und Möglichkeiten, eine Atombombe zu entwickeln, geschweige denn eine zu bauen, wenn sie es denn je wirklich gewollt hatten. Natürlich bastelte man auf Druck etwas daran herum und machte sich so

---

[98] Lise Meitner war Jüdin und konnte mit Hahns Unterstützung nach Schweden emigrieren. Sie arbeiteten aber weiter zusammen an der Publikation.

unabkömmlich. Heisenberg, der nach 1933 zeitweise von Vertretern der „deutschen Physik" als Anhänger der „jüdischen Relativitätstheorie" diffamiert wurde, hatte sich schon früh mit der Frage befaßt, ob man Politikern eine solche Waffe überhaupt in die Hände legen sollte. Die zivile Nutzung der Atomenergie befürwortete er aber immer.

Es war wohl der in die USA emigrierte Albert Einstein, der - die Genialität seiner alten Kollegen kennend - die amerikanische Regierung vor der Möglichkeit des Baus einer Atombombe in Deutschland gewarnt hatte. Er, bei der Entwicklung nicht selbst beteiligt, riet dann aber von einem Einsatz ab, als nach dem ersten Test in der Wüste von Nevada die grauenvolle Wirkung sichtbar wurde. Was macht man nun mit einer so teuer erworbenen, brandneuen Waffe, noch dazu, wenn man von den verbliebenen Gegnern keine entsprechenden Reaktionen mehr erwarten kann?

Nach dem für Japan überraschenden Abwurf der Bomben im August 1945 auf Hiroshima und Nagasaki, woraufhin auch Japan kapitulierte, erklärten die USA, daß der Krieg auf diese Weise viel schneller beendet werden konnte und die eigenen Verluste dadurch natürlich geringer ausgefallen waren. Das war sicher richtig; der Zweite Weltkrieg aber, wie die anderen von den USA geführten Kriege danach, machen deutlich, daß auch die angeblich so christliche amerikanische Nation die gegnerische Zivilbevölkerung nicht zwingend als möglichst zu verschonende Nichtkombattanten betrachtet.
Schon der amerikanische Bürgerkrieg (1861-65) hatte gezeigt, daß man es sogar mit quasi eigenen Landsleuten auch nicht besser machte. Nachdem sich die Hauptarmeen in einer Pattsituation gegenüberlagen, schickte man eine neu aufgestellte Armee unter General Sherman los, um den Süden in die Zange zu nehmen.

Joachim Fernau beschrieb es in seinem Buch über die USA einmal so: Es sollte keine Greifzange, sondern eine Flachzange sein. „Kill and destroy" war Shermans Befehl, in dessen Befolgung er im Süden einfach alles plattmachen ließ, auch wenn es militärisch keinen Nutzen hatte.

„*In God We Trust*" steht auf den amerikanischen Dollarnoten. Seit 1945 vertrauen sie, wie mittlerweile alle Großmächte, wohl eher ihrem Atomwaffenarsenal. Wie sollte man es Israel, dem Iran, Nordkorea oder anderen Ländern verdenken, diesem Beispiel nachzueifern? Und damit wollen wir dort anknüpfen, wo wir in unserer Geschichte stehen geblieben waren.

12. „*Herr Ober, die Rechnung!*"

Bevor wir uns der Besetzung des Landes, den Beschlüssen der Sieger, der Entnazifizierung und den Kriegsverbrecherprozessen zuwenden, müssen wir uns an dieser Stelle aber erst noch einmal etwas ausführlicher mit den Auswüchsen des Nationalsozialismus und den bis in unsere Tage reichenden Folgen beschäftigen.
Es ist schlimm genug, daß in diesem Krieg von allen Seiten bewußt und zuhauf Zivilisten zu Zielen gemacht wurden. Dabei stehen meines Erachtens den diversen Grausamkeiten der deutschen Besatzer, besonders im Osten, die alliierten Luftangriffe auf praktisch alle größeren Städte[99] und die spätere massenweise

---

[99] Gleiches gilt auch für den Krieg gegen Japan, der ja wie erwähnt im Einsatz von Atombomben seinen Höhe- oder besser Tiefpunkt hatte.

Vertreibung Deutscher aus ihrer Heimat in nichts nach. Aber wirklich schlecht wird mir, und Ihnen hoffentlich auch, wenn man sich neben der meist unsäglichen Behandlung speziell russischer Kriegsgefangener, mit Konzentrations- oder Vernichtungslagern und damit den etwa sechs Millionen zivilen Opfern unseres Rassenwahns befassen muß. Darunter waren hauptsächlich Juden und Menschen mit jüdischen Vorfahren aus vielen Staaten Europas, allerdings auch Roma und Sinti, psychisch Kranke, Behinderte[100], politische Gegner und auch etliche Kirchenleute, die den Nazis zu christlich waren. Darüber hinaus gab es sicherlich noch viele andere Menschen, die - teils über Jahre - auf schlimmste Weise verfolgt, schikaniert und drangsaliert wurden. Wenn manche Rechtsradikale – offensichtlich unbelehrbar - heute von einer anderen Erinnerungskultur faseln, dann doch nur deshalb, weil sie zu feige sind, sich dem von Deutschen damals verbreiteten Grauen zu stellen. Im Grunde sind sie die geistigen Nachfahren jener Nazischergen, die sich meist, ihrer Untaten und einer zu erwartenden Strafverfolgung sehr wohl bewußt, bei Kriegsende entweder in ferne Länder abgesetzt haben oder in der Provinz untergetaucht, vielleicht auch durch Lug und Trug den Untersuchungsbehörden durch die Lappen gegangen waren oder es zumindest versucht haben. Auf die Idee, beizeiten selbst für „ihre Sache" an der Front als Kämpfer zu sterben, kamen viele dieser Leuteschinder erstaunlicherweise nicht. Es gilt aber auch die richtigen Lehren zu ziehen. Dazu später mehr.

Nicht nur unsere Städte, sondern auch so mancher „Himmel" war mit großem Krachen zerborsten, um es biblisch auszudrücken. Es war eindeutig vorbei mit Herrenrasse, deutscher Überlegenheit und dem Großmachtgehabe. Sehr schmerzhaft hat man uns

---

[100] Stichwort Euthanasie: Auch dieser Begriff wurde durch die Nazis umgedeutet und letztlich mißbraucht, indem sie aus „rassehygienischen Gründen" in speziellen Kliniken geistig und körperlich behinderte Menschen umbrachten oder schlicht krepieren ließen.

zurechtgestutzt, und aus jener gemachten Erfahrung sollten wir uns in Zukunft besser keinen Illusionen mehr hingeben, gerade weil wir unser Land lieben! Das wäre übrigens echter Patriotismus. Es sind die Nationalisten, die auf andere herabschauen oder andere Völker hassen.

Warum Menschen hierzulande - beileibe nicht alle - für diesen Wahn empfänglich waren, wie die Situation in den Jahren war, in denen sich die Diktatur anbahnte, habe ich versucht zu beschreiben, auch die politischen Gegebenheiten, die dazu wesentlich beigetragen haben. Dies alles entschuldigt natürlich nichts und niemanden. Es gibt da allerdings noch ein psychologisches Moment, das meines Erachtens nicht außer Acht gelassen werden darf und im Grunde von allen Demagogen, welcher Art auch immer, genutzt wird. Hoimar von Ditfurth hat es in einem seiner Bücher[101] ausführlich beschrieben und ich versuche es wie folgt zusammenfassen. Ausgehend vom „Neandertaler in uns" (v. Ditfurth) oder auch dem „alten Adam" (biblisch) war es eine vieltausendjährige Kulturleistung des Menschen, sicher mit vielen Auf und Abs, einen Stand zu erreichen, den wir als Zivilisation bezeichnen. Dazu haben Religion (im besten und eigentlichen Sinne) und Philosophie, speziell in Europa der Humanismus und die Aufklärung, beigetragen. Jeder, vor allem der Kinder erziehen will, weiß, daß die Grundzüge des Zusammenlebens erst erlernt werden müssen und immer Energie erfordern, sie einzuhalten. Das kann man dann Beherrschung oder Selbstdisziplin nennen. Wir alle haben Triebe, Ängste und Ressentiments. Das ist ganz normal, weil es tief in unseren Genen steckt (Neandertaler!). Aber wir haben gelernt, zumindest die meisten von uns, wie wir als erzogene, zivilisierte Menschen damit umgehen müssen. Fehlverhalten wird in einer Gesellschaft zumeist durch erzieherische Maßnahmen sanktioniert, gegebenenfalls auch durch rechtliche Schritte, denn wir haben viele der erworbenen

---

[101] Siehe Hoimar von Ditfurths Biographie: „Innenansichten eines Artgenossen"

Normen in Gesetze gegossen. Darüber hinaus gibt es kulturell sicher etwas unterschiedliche Kataloge von Dingen, die „man eben nicht tut", wobei ich manchmal denke, daß zumindest der des einstmals christlichen Abendlandes heute scheinbar nicht mehr existiert.

Wie nun aber, wenn wesentliche Teile unserer Humanität oder Rechtsvorstellungen von einer politischen Führung als obsolet oder als ihrem Menschenbild (weiß, arisch oder was auch immer) nicht entsprechend eingestuft werden und jene Machthaber gleichzeitig Mitmenschen bestimmter Religion, Nationalität, politischer Einstellung oder einfach anderen Aussehens als minderwertig darstellen, sprich, wenn es plötzlich „in Ordnung ist", andere zu beleidigen, zu schikanieren, zu berauben oder gar umzubringen? Da fühlt sich mancher tatsächlich befreit von Zwängen und meint, dann endlich einmal „auf den Putz hauen" zu können. Das ist wie in der Thermodynamik: Ordnung herzustellen braucht Energie, Unordnung kommt von allein und setzt sogar Energie frei.

Um nun genau das zu befördern, bemühen sich solche Diktaturen gerne um die Jugend und Kinder vermittels Jugendorganisationen und Erziehungsanstalten mit entsprechend „geschultem" Personal. Die Erziehung einem womöglich nicht linientreuen Elternhaus zu überlassen, wäre auf Dauer ja nicht zielführend. (Wie schön, daß es heutzutage soziale Medien gibt, die gezielte Einflußnahme erleichtern.) Bei alledem können sich die angeblich so antifaschistischen Linken übrigens auch angesprochen fühlen. Der Kommunismus oder Sozialismus, wo auch immer er zur Staatsdoktrin wurde, und sei es nur vorgeblich, hat mindestens genauso viele Opfer hinterlassen. Allein in der Sowjetunion übertrafen die Opferzahlen unter Stalin in summa die von den Nazis bei weitem. Von China unter Mao und seinem heutigen Nachfolger im Geiste gar nicht zu reden.

Der Mensch neigt aus sich heraus wohl eher selten zu Exzessen oder schreckt gar davor zurück. Anders ist die Lage, wenn sich Gruppen bilden. Man schaukelt sich gegenseitig hoch und der Druck, dann alles mitzumachen, steigt mitunter gewaltig an.

In den Jahren vor 1933 gab es natürlich viele Menschen in Deutschland, die nichts mehr zu verlieren hatten, durch Kriegserlebnisse geprägt oder gar traumatisiert waren. Dazu kommt, daß die Kindererziehung damals nicht gerade darauf ausgelegt war, über klare Ansagen der Autoritäten nachzudenken, sondern sie schlicht zu befolgen. Durch den Umbau des Rechtstaates durch die Nazis in eine von Rassenvorstellungen geprägte Diktatur zwang man praktisch die Menschen zum Befolgen des zum Recht gewordenen Unrechts und gewöhnte letztlich viele daran beziehungsweise verringerte dadurch allmählich die Schwelle, von sich aus Unrecht zu tun. Da die Nazis sehr geschickt die Verantwortlichkeit für die Grausamkeiten auf viele Schultern verlagerten, konnte sich praktisch jeder hinter irgendwelchen Vorschriften oder Befehlen gut verstecken. Der Fall Adolf Eichmann ist dafür ein gutes Beispiel. Dem Mann, der die Deportationen organisiert und die Eisenbahnzüge in die Vernichtungslager koordiniert hatte, dann untertauchte und von israelischen Agenten später in Südamerika[102] aufgespürt werden konnte, wurde 1960 in Israel der Prozeß gemacht. Das vermutete Ungeheuer stellte sich, überspitzt ausgedrückt, eher als ein dienstbeflissener Behördenleiter heraus, der eigentlich nur „seinen Job" ordentlich gemacht hatte. Er selbst hätte ja niemanden ermordet, sagte er. Die Philosophin Hannah Arendt, selbst Jüdin und beizeiten aus Deutschland in die USA emigriert, schrieb als Prozeßbeobachterin darüber. Sie nannte das die Banalität des Bösen. So gedacht, agiert und später vor ihren Anklägern argumentiert haben viele, denen der innere Kompaß der Menschlichkeit durch stets gehegte Vorurteile und darauf aufbauende, jahrelange Indoktrination abhandengekommen war.

---

[102] Einer der bevorzugten Fluchtpunkte für Hitlers Mordbrenner aller Dienstgrade.

Es ist einfach nicht zu beschreiben, was uns diese zwölf Jahre alles gekostet haben: das Finanzielle ist vielleicht noch am besten zu beziffern. Seit den Tagen Konrad Adenauers bis in unsere hinein wurden riesige Summen als Wiedergutmachung bezahlt. Die DDR, neu gegründet und streng antifaschistisch, hatte sich da aber stets zurückgehalten. Dort lebten ja angeblich keine alten Nazis mehr.

Es ist natürlich völlig klar, daß in der Nazizeit unrechtmäßig angeeignetes Gut an die ursprünglichen Besitzer zurückgegeben werden muß beziehungsweise eine angemessene Entschädigung fällig wird, wo das warum auch immer nicht möglich ist. Ungleich schwieriger ist es, Summen für Zwangsarbeit, Folter, geraubte Lebensjahre oder gar Menschenleben festzusetzen. Zum Glück gibt es ja die vielen, zum Teil international agierenden Verbände, die dafür gerne gutbezahlte Anwälte, vorwiegend aus den USA, beschäftigen. Dagegen wäre nicht viel zu sagen, wenn die dann ausgehandelten oder auch vor Gerichten erstrittenen Gelder, abzüglich der im Verfahren sicher mitberücksichtigten Anwaltskosten, dann auch gänzlich den Opfern zugutekommen würden. Das dem im Falle der Jewish Claims Conference (JCC) und anderer jüdischer Organisationen nicht unbedingt so war, hat Norman G. Finkelstein in seinem 2000 erschienenen Buch „Die Holocaust-Industrie" dargelegt[103]. Der Autor hat sich damit und übrigens nicht nur deswegen in seiner „community" viele Feinde gemacht. Er schrieb auch darüber, wie finanzstarke jüdische Organisationen und Geschäftsleute den Holocaust zur politischen Waffe umgeformt haben.

Wir haben uns, und das geht schon über das rein Monetäre hinaus, durch das Treiben der Nazis politisch und moralisch erpreßbar gemacht und sind nun mal keine Großmacht, die dergleichen

---

[103] Abba Eban (langjähriger israelischer Außenminister): „There's no business like Shoah-Business" oder auch Rabbi A. J. Wolf: „Mir scheint, der Holocaust wird verkauft – er wird nicht gelehrt" (zitiert in „The Holocaust Industry" von Norman G. Finkelstein).

Versuche einfach ignorieren kann. Trotzdem sollten wir meines Erachtens gerade dann den Erpressungsversuchen solcher Länder oder Gruppen zu widerstehen trachten, wenn durch deren Geschichte oder auch aktuelle Politik sich eine ebenfalls deutlich sichtbare Blutspur zieht beziehungsweise der Holocaust für politische Zwecke ganz offensichtlich instrumentalisiert wird, so wie es Finkelstein in seinem Buch beschreibt. Um das klarzustellen: Ich will hier nichts relativieren, geschweige denn, daß ich etwas von den Ungeheuerlichkeiten der Nazis abstreiten wollte. Es kommt mir aber auch nicht darauf an, ob man nun den Holocaust für das größte Menschheitsverbrechen aller Zeiten hält oder irgendeinen anderen Massen- oder Völkermord und ob man hier überhaupt sinnvolle Vergleiche ziehen kann. Die Verantwortung dafür, in aller Zukunft solche und ähnliche Untaten zumindest bei uns zu verhindern, bleibt bestehen. Daran sollten wir uns übrigens messen lassen, wollen wir uns auch weiterhin als ein Kulturvolk verstehen. Darüber hinaus wäre es gut, wenn wir uns abgewöhnen, anderen fortlaufend Moral zu predigen, wie das mittlerweile leider oft geschieht und sogar auch ein Zug deutscher Außenpolitik geworden ist. Dies soll nicht heißen, daß berechtigte Kritik nicht vorgebracht werden darf.

Wie schwer wir uns durch die Geschehnisse von 1933-45 damit tun, sieht man sehr gut am Beispiel Israel. Diesen Staat würde es ohne den Holocaust - zumindest so – wohl nicht geben. Gefordert und geplant hatten ihn zionistische Kreise übrigens schon lange vor der Nazizeit, inklusive einer allmählichen Vertreibung der ansässigen Palästinenser. Hierbei hatte man sich die britische Kolonialpolitik zunutze gemacht beziehungsweise sie massiv durch jüdisch-britische Geldgeber beeinflußt. Von den damaligen Drahtziehern führen direkte Linien zu den heutigen orthodoxen und zionistischen Politikern um Benjamin Netanjahu[104]. Man kann zwar verstehen, daß für die in Europa verfolgten Juden nach den gemachten Erfahrungen

---

[104] Näheres darüber in Michael Lüders Buch: „Krieg ohne Ende?"

ein eigener, souveräner Staat im Land ihrer Vorfahren erstrebenswert war und ist sowie dessen dauerhafte Existenz und Sicherheit oberste Priorität hat. Dies aber in Anbetracht der von israelischen Politikern gerne verleugneten permanenten Unterdrückung und nicht nur versuchten Vertreibung von Palästinensern sogar zur Staatsräson zu erklären, ist schlicht grotesk. Immerhin kann man Israel nur dazu gratulieren, daß unsere Bundeswehr nicht dafür einstehen muß. (Das machen im Zweifelsfall die offiziell nicht existenten Atomwaffen Israels.) Seit Jahrzehnten hat sich Israel bei vielen seiner Aktionen gegen die Palästinenser wiederholt nicht um das Völkerrecht geschert und die Behandlung dieser steht in erstaunlichem Kontrast zu dem, was man als Lehren aus dem Umgang mit Menschen während der Nazizeit eigentlich gezogen haben müßte. Schon in den 1920er Jahren begann die jüdische Landnahme, wogegen sich die Palästinenser nachvollziehbar nicht einfach so in ihr Schicksal ergeben haben, aber die damalige Kolonialmacht sowie die spätere Schutzmacht USA haben trotz arabischer Einwände nie nachdrücklich interveniert. Deshalb entstand ja auch immer wieder bewaffneter Widerstand, mehr aus Verzweiflung als aus Hass.

Die Töne aus der israelischen Politprominenz des rechten, religiösen Lagers zum Thema Palästina oder Palästinenser hören sich schon seit geraumer Zeit gelinde gesagt verstörend an. Der 1994 verstorbene jüdische Wissenschaftler und Philosoph Yeshayahu Leibowitz hatte in den Siebziger Jahren einmal auf offener Bühne den damaligen israelischen Regierungschef Menachem Begin, der als junger Mann interessanterweise einer jüdischen Untergrund- oder genauer Terrororganisation angehört hatte, als „Judennazi" beschimpft. Die Besatzungspolitik Israels in den Palästinensergebieten war schon damals mehr als umstritten. Hierzulande muß man dagegen schon sehr genau auf das achten, was man sagt, wenn man die Zerstückelung des Westjordanlandes durch jüdische Siedlungen oder das Thema Gazastreifen anspricht. Kritik an der Politik Israels wird, weil unbequem, fälschlicherweise und bewußt als Antisemitismus deklariert und deshalb mitsamt dem Kritiker verworfen. Das hat zuletzt sogar etliche jüdische Historiker und Politologen betroffen, die dem regierungsoffiziellen Narrativ der derzeitigen israelischen Führung faktenbasiert widersprechen, was die Absurdität dieser Antisemitismusvorwürfe widerspiegelt.

Wir waren zu Recht erbost, als vor ein paar Jahren (ausgerechnet) der türkische Regierungschef Erdogan unserer Regierung Nazimethoden vorwarf, weil er hierzulande keine Wahlkampfauftritte durchführen durfte. Aber auch bei Diskussionen im eigenen Land wird gerne einmal die Nazikeule geschwungen. Das ist manchmal recht praktisch, wenn man sich nicht mit unbequemen Argumenten auseinandersetzen will, hat aber den Nachteil, daß der oder die so Stigmatisierten irgendwann in genau jene Lager abzugleiten drohen, in die er oder sie eigentlich nicht gehören. Auch ein äußerst konservativer Mensch ist noch lange kein Faschist und man sollte ihm oder ihr eine demokratische Gesinnung nicht einfach absprechen. Auch „besorgte Bürger" sind oftmals einfach nur und manchmal sogar zu recht besorgt.
Zum öffentlichen Diskurs gehören jedoch immer Respekt und Toleranz sowie die generelle Akzeptanz von Fakten und Wahrheiten. Wenn unter dem Geschrei, man dürfe hierzulande dies und das angeblich nicht mehr offen aussprechen, Halbwahrheiten, offensichtliche Lügen, blanker Haß, krude Hirngespinste, Geschichtsverdrehungen und Beleidigungen übelster Art verbreitet werden, gar mit Aufrufen zu Gewalt und Drohungen kombiniert, dann wird der Boden des demokratischen Mit- und Gegeneinanders von solchen Leuten definitiv verlassen.
Wohin das alles führen kann, haben wir zum Beispiel in den USA gegen Ende der ersten Amtszeit Donald Trumps gesehen und daß er diese Ausschreitungen sogar befeuert hat, kann mittlerweile als

bewiesen gelten. Die Geister, die er über Jahre herbeigerufen hat, ist man zwangsläufig nicht wieder losgeworden, im Gegenteil. Wenn man sich die Bilder so einiger „Trumpisten" anschaut, erstaunt es doch immer wieder, daß die alten Nazis so viele Fans gerade auch in den USA haben. Oft steckt aber auch eine in republikanischen Milieus seit Anbeginn vorhandene Antipathie gegen „übermächtige" Regierungen schlechthin dahinter. Dazu kommen dann noch Hardcore-Rassisten. Hier vermischen sich Krawallbrüder mit unterschiedlichsten Ansichten, die allerdings ein gemeinsames Feindbild haben: die pluralistische Demokratie. Zu allem Überfluß haben diese Gruppen ein ziemlich scharfes Schwert in der Hand, nämlich ein fast völlig unkontrolliertes Internet.

Doch wir brauchen kein Fernglas, um solche Entwicklungen zu sehen. Die Veränderung der AfD von Lucke bis Höcke folgte dem gleichen Muster und vor allem durch ihr „neuerworbenes" Klientel erleben wir eine deutliche Zunahme von Haß, Hetze und Gewalt, die dann auf linker Seite gerne erwidert wird.

Eine andere Folge aus diesem zwölfjährigen Schlamassel ist, daß wir, nach einer Erklärung für diesen Wahn suchend, absurderweise auch so manchen großen Geist aus fernerer Vergangenheit, der über Juden warum auch immer schlecht gedacht hatte, zu einem Wegbereiter des Massenmords durch die Nazis abstempeln. Wenn über einen solchen gesprochen wird, dann immer mit dem Hinweis auf dessen wie auch immer gearteten Antisemitismus. Luther hatte ich schon erwähnt, der damals - wie praktisch alle Theologen und Kleriker - die Juden als Christusmörder ansah. Aber deswegen sind ihm seinerzeit sicher nicht die Herzen der Menschen entgegengeflogen. Der religiöse Antisemitismus war ja bereits in der Zeit der Kreuzfahrer europaweit verbreitet. Noch schlimmer hat es Richard Wagner getroffen, einen der bedeutendsten Komponisten, an dessen

Schaffen kein Musikstudent weltweit vorbeikommt[105]. In jungen Jahren, als man seine Musik - wie so oft bei Neuerungen - noch nicht entsprechend wertschätzte, war der etwa gleichaltrige Felix Mendelssohn-Bartholdy in aller Munde. Jener stammte aus einer sehr bekannten und wohlhabenden jüdischen Familie, war dann aber zum Christentum konvertiert. Der noch jüdischen, der deutschen Kultur jedoch stark zugetanen Verwandtschaft soll er gesagt haben, daß er nicht zum Christentum, sondern zu Johann Sebastian Bach übergetreten wäre. Der wurde hierzulande ja nicht umsonst als fünfter Evangelist angesehen. (Felix' Großvater war der bedeutende Rabbiner und Gelehrte Moses Mendelssohn.)

Aus lauter Frust schrieb Wagner damals sein heute zu Unrecht oft zitiertes Werk gegen die Juden. Es war ein ausgemachter Blödsinn, noch dazu schlecht geschrieben. Wir wissen heute, daß er jüdische Freunde hatte, jüdische Musiker durchaus schätzte und sich sein Leben und Wirken ganz gewiß nicht um die Vernichtung des Judentums drehte, sondern um Musik, vornehmlich die Oper. In seine Musikdramen, speziell den „Meistersingern", hat man später natürlich mit allen Mitteln versucht, antisemitische Tendenzen hineinzulesen. Ich halte das für Unsinn und die meisten Fachleute auch. Vielleicht hätte man sich besser mit seinem englischen Schwiegersohn Houston Stewart Chamberlain beschäftigen sollen, der nun wirklich ein ausgewiesener Antisemit war, was etliche seiner Bücher beweisen. Den hatten die Nazis nachweislich besonders ins Herz geschlossen. Nun hatte der später allseits, auch von jüdischen Musikern und Kunstliebhabern, geschätzte Komponist das Pech, daß nicht einmal so sehr Hitler, aber einige seiner Konsorten diese Opern mochten und die Festspiele, wie vieles

---

[105] Wagners Opern kann man mögen oder nicht, sie haben für dieses Genre aber Maßstäbe gesetzt. Musiktheoretisch hat Wagner Wegweisendes geschaffen und viele Komponisten beeinflußt (Bruckner, Mahler u.a.). Er hat sogar Instrumente entwickelt, um bestimmte Klangvorstellungen umsetzen zu können, z.B. die nach ihm benannte Wagnertube. Auch an Planung und Bau des Bayreuther Festspielhauses war er maßgeblich beteiligt.

andere, für den Nationalsozialismus vereinnahmten. Dabei spielten Wagners Nachfahren in Bayreuth leider eine fragwürdige Rolle. Letztlich bleibt aber festzuhalten, daß in der Nazizeit in Deutschland vergleichsweise wenig von Wagner aufgeführt wurde, dafür umso mehr Hitlers Lieblingsoperette „Die Lustige Witwe" von Lehár, ohne allerdings die jüdischen Librettisten (Textschreiber) zu nennen. Ich hoffe nur, daß Lehár deswegen nicht auch noch auf den Index kommt.

Es ist immer schwierig, wenn man Menschen vergangener Epochen meint mit heutigen Moralvorstellungen messen zu müssen. Aus deren Fehlern zu lernen ist natürlich sinnvoll, aber ihre Leistungen sollten anerkannt bleiben und die Personen entsprechend gewürdigt werden. Etwas anderes ist es freilich, wenn sich Künstler in jener Zeit von den Nazis haben protegieren oder gar vereinnahmen lassen. Da muß man schon einmal genauer hinschauen.

Man könnte dem allen noch so manches Thema anfügen, aber ich denke, es ist nun Zeit, mit den Geschehnissen nach dem Ende des Krieges weiterzumachen.

Es gab schon während des Krieges viele tolle Ideen, wie danach mit den ewig kriegstreibenden, stets renitenten Deutschen und ihrem nun endlich zur Verfügungsmasse gewordenen Land umzugehen wäre. Massensterilisation, Rückentwicklung zu einem Agrarstaat, weitgehende Gebietsabtretungen an die umliegenden Staaten sind nur ein paar Stichworte aus dem Katalog unterschiedlichster Forderungen. Darüber, daß die Sieger bei ihrem Einmarsch nicht alle Deutschen einfach „mit Zaunlatten erschlagen hatten"[106], wunderten sich damals vor allem viele unserer Landsleute selbst, nachdem allmählich und für alle erkennbar herauskam, was während der letzten Jahre in Deutschland und den im Krieg besetzten Gebieten

---

[106] Das befürchtete Hoimar von Ditfurths Vater (in H.v. Ditfurths Biographie: „Innenansichten eines Artgenossen")

alles geschehen war. Wie so oft scheiterten die meisten Vorhaben der Sieger an der Realität, zumal das absurde Bündnis zwischen den drei Westalliierten und der Sowjetunion Risse bekam und folgerichtig bald zerbrach.

Als sich gegen Ende des Krieges amerikanische und russische Soldaten im östlichen Teil des deutschen Trümmerhaufens begegneten, war die Welt der Sieger scheinbar noch in Ordnung. Während im Westen Amerikaner, Briten und sogar Franzosen von recht vielen Deutschen als Befreier oder zumindest Friedensbringer begrüßt wurden, war man im Osten von den einrückenden Russen nur bedingt begeistert. Durch die vielen Flüchtlinge aus Ostpreußen, Schlesien und anderen östlichen Landesteilen drangen natürlich auch die vielen Geschichten von Vergewaltigungen und Verschleppungen von Zivilisten an die Ohren der Leute. Da die Wehrmacht und vor allem die Verbände der Waffen-SS, gerade in Rußland die Zivilbevölkerung oft wie Vieh oder auch schlimmer behandelt hatte, konnte man zu Recht nicht mit einem gnädigen Umgang durch die russischen Besatzer rechnen. Man muß dazusagen, daß die Verluste der roten Armee gewaltig waren, was vorwiegend der von Stalin und seinen Generalen verordneten Kriegsführung zu verdanken war. Diese war nicht gerade auf Schonung der eigenen menschlichen Ressourcen ausgelegt, getreu den nie veränderten Maximen der russischen Generalität: Russische Soldaten sind nicht zu bedauern, russische Weiber gebären stets neue.

Etwa 2,7 Millionen getöteter deutscher Soldaten an der Ostfront standen um die 13 Millionen russische gegenüber. Auch in diesem Krieg kamen insgesamt gesehen auf einen gefallenen deutschen Soldaten mehrere gegnerische, ähnlich wie im Ersten Weltkrieg. Die Niederringung Deutschlands hatte die Alliierten also wieder einmal viel gekostet und man mußte daher mit drastischen Maßnahmen der Sieger rechnen.

Die fingen natürlich recht schnell an, nach Verantwortlichen zu suchen und dem Rest der Bevölkerung die faschistische Gesinnung auszutreiben. Man nannte das dann Entnazifizierung. Von den wenigen verbliebenen Nazigrößen und hohen Militärs einmal abgesehen, wurde die Bestrafung anderer Täter jedoch bald zum Problem. Es waren zu viele, die nach den zunächst einfach gestrickten Maßstäben der Sieger zur Bestrafung anstanden. Man merkte sehr bald, daß man nicht einfach jeden, der in der Partei und anderen Organisationen der Nazis war, erschießen, aufhängen oder einsperren konnte. Mitläufer und Akteure waren nicht ohne Weiteres auseinanderzuhalten, und schließlich brauchte man auch kompetente Leute, um alles am Laufen zu halten oder überhaupt wieder in Gang zu bringen. Sicherlich versuchten die Sieger „unbelastete" Personen (oft Emigranten) oder, wie die Russen, alte kommunistische Kader[107] da einzusetzen, wo sie selbst nicht eigene Leute installieren konnten oder wollten. In diesen Jahren sind sicher etliche Menschen zu Unrecht bestraft worden, ganz sicher aber sehr viele wirkliche Nazis den Strafverfolgern entkommen. Manchen holte später noch seine Vergangenheit ein, andere hatten Glück oder waren für die Siegermächte beziehungsweise später auch für die neuen Regierungen in West- und Ostdeutschland unverzichtbare, zumindest gut zu verwendende Fachleute. Da schaute man schon einmal großzügigst über manche Karriere unter den Nazis hinweg.
Wir wollen nicht zu weit vorgreifen. Zunächst versammelten sich die Oberhäupter Amerikas, Rußlands und Englands im noch intakten Schloß Cecilienhof bei Potsdam zu ihrer berühmt gewordenen Konferenz, in der über die Nachkriegsordnung und auch zu erhebende Reparationen verhandelt wurde. Frankreich war dabei übrigens nicht vertreten. Womöglich war sein Anteil am Sieg über Deutschland zu überschaubar gewesen. Immerhin durften die

---

[107] Etliche deutsche Kommunisten lebten im Exil in Moskau und kamen dann zurück, manche waren in hiesigen Gefängnissen oder Lagern gewesen.

Franzosen später auch Besatzungsmacht sein. In der Konferenz trat schnell zutage, daß sich die Westalliierten und die Sowjetunion nicht nur „auseinandergelebt" hatten, sondern auch, daß sich Stalin nicht unbedingt um die in den Vorläuferkonferenzen von Teheran und Jalta getroffenen Vereinbarungen scherte. Zusammenfassend kann man sagen, daß hier der „Kalte Krieg" begann und so mancher heiße Krieg in Fernost (Korea, Vietnam) seinen Ausgangspunkt hatte.

Für Deutschland bedeutete dies zunächst, daß das Land in vier, eigentlich sogar fünf Besatzungszonen aufgeteilt wurde, in denen die jeweiligen Besatzer ohne Rücksprache mit den anderen tun konnten, was sie wollten. Grob gesagt bekamen die Briten den Nordwesten, die Russen Mitteldeutschland (Sie lesen richtig!) und Teile Ostpreußens, die Franzosen den Südwesten und die Amerikaner Bayern, Hessen und Rheinland-Pfalz. Da die Westmächte aber alle auch in Berlin einen Fuß haben wollten, mußten die Amerikaner dafür die Teile Thüringens und Sachsens räumen, die sie zunächst erobert hatten, und den Russen überlassen. Ein gemeinschaftlicher Kontrollrat in Berlin sollte Deutschland quasi regieren, aber die divergierenden Interessen der Besatzer machten das zunehmend unmöglich. Kommen wir zu der so kaum bekannten fünften Besatzungszone, das eigentliche Ostdeutschland (Schlesien, Pommern, Ostpreußens südlicher Teil). Diese deutschen Gebiete jenseits der „Oder-Neiße-Linie" sollten offiziell von Polen nur verwaltet werden. Insgeheim hatten sich die Sieger ja längst dahingehend geeinigt, Polen nach Westen zu verschieben. Viele Bewohner waren schon gegen Kriegsende vor den Russen gen Westen geflohen, aber es lebten dort noch etliche Millionen unserer Landsleute. Stalin, der seinen Teil Polens, den er aufgrund des Paktes mit Hitler der Sowjetunion einverleibt hatte, nun nicht mehr herauszurücken brauchte, machte die deutschen Ostgebiete nun ganz offiziell zu polnischem Staatsgebiet. Dabei verbreitete er zusätzlich die Lüge, daß ohnehin kaum noch Deutsche mehr dort seien. Daraufhin vertrieben die Polen - mit russischer Unterstützung

- die „wenigen" (mehrere Millionen) der noch verbliebenen Deutschen aus ihrer Heimat. Den nördlichen Teil Ostpreußens um Königsberg (russ. Kaliningrad) behielten die Russen. Man versuchte dort natürlich alle Spuren der Deutschen auszuradieren. Aber selbst heute noch existieren zum Beispiel in Kaliningrad die alten Kanalisationsdeckel, auf denen deutlich „Königsberg" zu lesen ist.

Was nun die Reparationszahlungen anbelangte, wurde das alles wegen Uneinigkeit auf später vertagt. Allerdings bedienten sich vor allem die Russen, in geringerem Ausmaß auch Franzosen und Engländer an den Industrieanlagen (Demontagen), die sie in ihren jeweiligen Zonen vorfanden. Es war noch erstaunlich viel Brauchbares übrig, wie erwähnt Minister Albert Speers Verdienst. Etliche Produktionsanlagen waren unter anderem durch Verlagerung in Bunker oder Stollen vor Luftangriffen geschützt worden.
Da es hier um unsere Geschichte geht und nur bedingt um die Österreichs, sei nur noch erwähnt, daß man dort ähnlich wie bei uns verfuhr. Allerdings wurde Österreich als „erstes Opfer deutscher Aggression" recht schnell wieder unabhängig (in den Grenzen vor 1938) und, der Neutralität verpflichtet, 1955 wieder ein souveräner, eigener Staat. Die Lust mit uns wieder einmal ein gemeinsames Deutschland zu bilden, wie nach dem Ersten Weltkrieg, dürfte den eigentlich auch deutschen Österreichern in all den Jahren gründlich vergangen sein. Eigentlich Schade, daß es so weit gekommen ist.

Eines der wenigen Dinge, bei dem die Alliierten noch gemeinsam agierten, waren die Nürnberger Kriegsverbrecherprozesse 1945/46. Diese waren durchaus ein Novum, denn bisher hatten sich Regierende und hohe Militärs nach einem Krieg noch nie vor Gericht für übergriffiges Verhalten gegenüber ihren Gegnern oder Zivilisten verantworten müssen. Von Hermann Göring und vielleicht noch Rudolf Heß abgesehen, mußte man sich dabei allerdings auf die zweite, natürlich mitverantwortliche Garnitur beschränken. Heß war offiziell Hitlers Stellvertreter in der Partei gewesen, hatte später aber vermutlich kaum noch Einfluß. Mitten im Krieg war er - für alle überraschend - allein nach England geflogen, vielleicht um die Briten noch zum Einlenken zu bewegen. Was immer er auch zu erreichen gedachte, man nahm ihn natürlich ohne Weiteres gefangen. Göring beging in seiner Zelle dann doch noch Selbstmord, 12 Angeklagte wurden zum Tode verurteilt, Heß, Speer und andere kamen zumeist für lange Zeit in das dafür hergerichtete Gefängnis nach Berlin-Spandau. Hier einfach von Siegerjustiz zu sprechen, greift definitiv zu kurz. Alle Angeklagten hatten sich ihr Urteil „redlich verdient". Wenn man hier überhaupt etwas einwenden will, dann sicher, daß es zumindest ein Treppenwitz der Geschichte war, wenn im Falle der Sowjetunion Vertreter einer grausamen, menschenverachtenden Diktatur über die einer anderen, ebenso schlimmen richten durften. Darüber hinaus ist es nicht gerade so, daß sich unsere Richter seitdem der in diesen Prozessen angeprangerten Verhaltensweisen deutscher Militärs, Politiker und Wirtschaftsbosse immer enthalten hätten. Auch schon während des Weltkrieges setzten sie sich oft selbst über manches hinweg, was sie anschließend uns vorgeworfen hatten[108]. Später gab es dann noch die Kriege in Vietnam, Algerien, Afghanistan, Irak, um nur die bekanntesten zu nennen, bis hin zu dem derzeit stattfindenden in der Ukraine, die in einer Weise angezettelt beziehungsweise geführt wurden und werden, daß es einen graust. Von den blutig niedergeschlagenen Demonstrationen und Aufständen da und dort will ich gar nicht reden. Der mittlerweile bestehenden internationalen Gerichtsbarkeit für Kriegsverbrechen und Völkermord (Den Haag) entziehen sich praktisch alle Großmächte und von ihnen gedeckte Menschenschinder.

---

[108] Darüber schrieb Marion Gräfin Dönhoff in ihrem Buch „Macht und Moral".

13. „*Vorwärts immer, rückwärts nimmer!*"[109]

Auch wenn der Slogan praktisch nur im kommunistischen Teil Deutschlands kursierte, trifft er aber sehr gut das, was nach dem Kriege erstaunlich schnell überall in Deutschland zu spüren war. Die erste Zeit nach Kriegsende, in der hierzulande natürlich keiner wußte, wie es weitergehen sollte, war noch geprägt durch eine verständliche Stagnation. Kaputte Städte, kaputte Infrastruktur, Obdachlose, Kriegsversehrte, Flüchtlinge und eine schlechte Versorgungslage lähmten das Land. Dazu kamen harte Winter, die auch nichts besser machten. Es waren Hungerjahre. Heutzutage kümmern sich Psychologen und sonstige Berater um Afghanistanheimkehrer oder anderweitig vom Krieg traumatisierte Menschen. Damals wurden die Rückkehrer aus Krieg und Gefangenschaft wie auch die vielen zivilen Opfer der Ereignisse mit ihren Kriegstraumata weitgehend sich selbst überlassen. Dazu kamen die vielen verarmten Flüchtlinge aus den Ostgebieten, die eine neue Bleibe suchten. Gezielte Hilfsprogramme waren damals eher selten und finanziell sicher alles andere als üppig ausgestattet.

Mit dem Aufbau erster Strukturen durch die Sieger in ihren jeweiligen Zonen entwickelte sich allmählich auch wieder der Wille zum Wiederaufbau des Landes. Zunächst kümmerten sich die Menschen verständlicherweise um das eigene Umfeld, was schwierig genug war. Durch den Krieg waren viele Familien auseinandergerissen worden. Angehörige zu finden oder zu ermitteln, ob sie überhaupt noch lebten, trieb sehr viele Menschen damals um. Die Beschaffung selbst der einfachsten Dinge war für die allermeisten ein großer Kampf. In den verbliebenen Geschäften war für Geld kaum etwas zu bekommen (dann schon eher auf dem Schwarzmarkt), und da dieses ohnehin nichts mehr wert war,

---

[109] Erich Honeckers Motto

entstand ein blühender Tauschhandel. Dazu mußte man natürlich etwas zum Tauschen haben. Zigaretten, aber auch andere Dinge, die man von den Besatzern erhaschen konnte, wurden schnell die neue Währung. Es wurde geklaut und „organisiert". Aber wem hätte man das verdenken können?

Daß sich in Zentraleuropa nun kein gigantisches Armenhaus auf Dauer etablierte, verdanken wir zunächst den vielen Menschen, die sich nach einiger Zeit aufrafften, um mit oder ohne Unterstützung der Besatzer Land und Leute aus der Misere herauszuführen, aber mehr noch dem inzwischen massiv gewordenen Konflikt zwischen den beiden Großmächten UdSSR und USA. Wenn man sich die daraus folgende wirtschaftliche Entwicklung Westdeutschlands bis in die sechziger Jahre hinein anschaut, könnte man fast meinen, daß Deutschland den Krieg gewonnen hatte. Das konnte man zwar nicht für den Osten Deutschlands sagen, aber, wenn man die DDR der 60er/70er Jahre mit anderen sozialistischen Staaten in jenen Jahren vergleicht, sah es dort sogar noch ganz gut aus. Der Wunsch unserer europäischen Nachbarn und Kriegsgegner, Deutschland endgültig unter die Füße zu kriegen, was aus deren Sicht sogar verständlich war, wurde durch die neue politische Marschrichtung des US-Präsidenten Truman und seiner Nachfolger einfach beiseite gewischt. Die Rolle der „bösen Buben" der Weltgeschichte stülpte man nun kurzerhand den Russen über, mit ihnen allen Kommunisten weltweit. Was waren dagegen schon die paar alten Nazis, die hie und da noch überblieben. Während in den USA schon bald der rassistische Ku-Klux-Klan fröhliche Urständ feierte, wurden dort gleichzeitig Linke und alle, die man für solche hielt, in einer Weise verfolgt, denunziert, verhört und aus der Gesellschaft verbannt, die der spanischen Inquisition alle Ehre gemacht hätte (McCarthy-Ära). Prominentestes Opfer dieses Irrsinns war Charles „Charlie" Chaplin, der sich deshalb dann in der Schweiz niederließ.

Immerhin verzichtete man auf Scheiterhaufen. Selbst in Europa versuchte die amerikanische Diplomatie mit vielerlei Mitteln, die in Westeuropa fast überall existierenden kommunistischen Parteien zu bekämpfen. Doch zurück zu uns.

Nach Kriegsende wurde die Einheit Deutschlands von allen Seiten zwar oft genug beschworen, aber schon bald war klar, daß es unter den gegebenen Umständen dazu wohl nicht kommen würde. Während die Russen in ihrem Teil Deutschlands ein kommunistisches, moskauhöriges System errichteten, wie ja auch in den anderen osteuropäischen Ländern, vereinigten im Westen Amerikaner und Briten zunächst ihre Zonen. Sicher auch auf sanften Druck der Amerikaner kam etwas später die französische Zone noch hinzu, denn Frankreich brauchte auch die natürlich an Bedingungen gekoppelte amerikanische Unterstützung. Scherzbolde nannten das Konstrukt bald „Trizonesien". Allein das Saarland wollten die Franzosen, wie schon öfters, gerne unter ihre Fittiche nehmen. Es sollte ein „eigenständiges" Land werden, natürlich unter französischem Einfluß stehend. Damit konnten sich die Franzosen aber weder bei der Bevölkerung noch bei den anderen Besatzungsmächten auf Dauer durchsetzen, weswegen das Saarland 1956 wählen und dann 1957 der Bundesrepublik beitreten konnte.

Um den Kommunismus eindämmen zu können, brauchten die Amerikaner unbedingt die Europäer, also auch die Deutschen, zumindest soweit sie im westlichen Machtbereich lebten. Europa war aber insgesamt durch den Krieg wirtschaftlich heruntergekommen. Da entwickelte der damalige US-Außenminister Marshall einen durchaus genialen Plan, der alles erfüllte, was man sich in den USA nur wünschen konnte. Dieser kostete Amerika letztlich keinen einzigen Cent (im Gegenteil!), verhalf den westeuropäischen Ländern insgesamt zu Aufbau und Wohlstand und konnte so propagandistisch hervorragend genutzt werden, um die USA als wohlwollende Führungsmacht der freien Welt darzustellen. Freilich erwartete die US-Regierung, daß man ihre politischen Leitlinien dafür zumindest weitgehend übernahm. Letzteres war für Trizonesien in seiner Verfassung ohnehin alternativlos.

Für Westdeutschland (noch nicht, aber bald Bundesrepublik) sah der Plan so aus, daß Amerika Waren auf Pump lieferte. Wer die kaufen wollte, nahm bei der dafür gegründeten staatlichen Kreditanstalt für Wiederaufbau (KfW) einen Kredit auf. Mit diesem Geld (mit welchem? gleich!) finanzierte die KfW diverse Wiederaufbauprojekte. Mit den durch das so entstandene Wirtschaftswachstum eingenommenen Steuern bezahlte die Regierung irgendwann später die Schulden mit Zinsen zurück. Überall, wo mit KfW-Mitteln etwas gebaut oder wieder in Stand gesetzt wurde, stand natürlich auf großen Schildern, daß das durch den Marshallplan ermöglicht wurde. Im Grunde haben wir unseren Wiederaufbau selber bezahlt, wie die anderen Länder auch. Trotzdem war der Marshallplan eine wirklich gute Idee und sein Erfinder erhielt später zurecht dafür den Friedensnobelpreis.

In der damals russischen Zone wurde natürlich auch wiederaufgebaut und die spätere DDR stand nach vielen Jahren, wie erwähnt, im Sozialismus wirtschaftlich vergleichsweise gut da. Die Lebensleistung der Menschen dort war nicht geringer als die derer im Westen und gleich gar nicht waren sie dümmer. Der Sozialismus ist letztlich nicht wegen schlechter Schulen und Universitäten gescheitert. Es fehlten schlicht die Ressourcen und vieles war politisch eben nicht erwünscht.

Kommen wir nun zum Thema Geld. Für den Wiederaufbau Deutschlands war die wertlose, alte Reichsmark nicht zu gebrauchen und der Schieberei samt den Schwarzmärkten mußte ein Ende gemacht werden. Im Geheimen bereiteten die Westmächte eine Währungsreform vor, die uns 1948 die Deutsche Mark (DM) und über Nacht Geschäfte voller Waren brachte. Die UdSSR reagierte darauf mit der Abriegelung Westberlins. Stalin wollte die Stadt mitsamt den Westalliierten quasi aushungern und letztere zum Abzug aus Berlin bringen. Die berühmte Luftbrücke machte dem aber einen Strich durch die Rechnung, indem die sogenannten Rosinenbomber fast ein Jahr lang den Westteil der Stadt versorgten. Letztlich gaben die Russen die Blockade auf und führten in Ostdeutschland dann ebenfalls eine neue Währung ein, allerdings ohne Warenfülle, dafür mit Menschenschlangen vor den Läden. Die Gräben zwischen West und Ost vertieften sich zusehends, Berlin wurde de facto eine geteilte Stadt.

Westdeutsche Ministerpräsidenten und Politiker wurden dann von den Westmächten aufgefordert, die Gründung einer föderalen Republik vorzubereiten und eine Verfassung auszuarbeiten. Das schmeckte vielen nicht, denn die von ihnen noch erhoffte Einheit Deutschlands rückte so in weite Ferne. Die gesamtdeutsche Länderversammlung zeigte aber auch bereits die Unmöglichkeit einer Zusammenarbeit der Ministerpräsidenten im Westen mit denen der Länder in der russischen Besatzungszone auf. Deshalb einigte man sich mit den Westmächten zunächst darauf, quasi nur einen Entwurf zu machen, den man dann Deutsches Grundgesetz nannte.

Verschwörungstheoretiker behaupten gerne, daß die Sieger uns dieses aufgezwungen hätten und es eigentlich gar keine richtige Verfassung ist. Tatsache ist, daß die Verfassungsgebende Versammlung sich im Prinzip an der Verfassung der Weimarer Republik orientierte, die ja gewissermaßen auch ein Bundesstaat, aber zentralistischer geformt war. Unter dem Eindruck dessen, was dann vor und während der Nazizeit mit und trotz der Verfassung geschah, wurden unter anderem der Föderalismus und die Stellung des Individuums gestärkt, der Einfluß des Staatsoberhauptes auf die Regierungsarbeit minimiert sowie ein Asylrecht eingeführt. Dieses Grundgesetz bekam in der BRD dann den Rang einer Verfassung, weswegen man sich bei Unklarheiten ja auch an das

Bundesverfassungsgericht wenden muß. Der Bundesrepublik beitretende Länder übernehmen dieses dann zwangsläufig, wie im Falle des Saarlands und nach 1990 der östlichen Bundesländer. Daß unser Grundgesetz - neuen Entwicklungen Rechnung tragend - gelegentlich wieder verändert beziehungsweise solchen angepaßt wurde, ist verständlich und nötig. Die Verfasser haben glücklicherweise und mit Bedacht für solche grundlegenden Veränderungen eine Zweidrittelmehrheit im Bundestag vorgesehen. Am Beispiel des Brexits oder der Einführung des umstrittenen Präsidialsystems in der Türkei sehen wir, daß bei leicht manipulierbaren Volksentscheiden durch gezielte Desinformation und falsche Versprechungen einfache Mehrheiten schnell herzustellen sind und dann Fakten geschaffen werden, die gerade auch voreiligen und leichtfertigen Befürwortern unabsehbare, oft schwerwiegende Probleme bereiten.

Am 23. Mai 1949 war es dann so weit. Die Bundesrepublik wurde gegründet, woraufhin am 7. Oktober des gleichen Jahres die Sowjetunion in ihrer Besatzungszone die Deutsche Demokratische Republik konstituierte. Die ehemals deutschen Ostgebiete hatte man ja schon Polen zugeschanzt.

Der französische Romancier François Mauriac sagte einmal: „Ich liebe Deutschland. Ich liebe es so sehr, dass ich zufrieden bin, weil es gleich zwei Deutschland gibt."[110]. Nun, dieser Zustand hielt bekanntlich bis 1990 an. Im Westen etablierte sich die Bundesrepublik, eine föderale, parlamentarische Demokratie, die sich bewußt als Nachfolgestaat des alten Reiches verstand und den zweiten deutschen Staat als solchen nicht anerkannte. Der erste frei gewählte Bundeskanzler war der Rheinländer Konrad Adenauer, vor 1933 Mitglied der katholischen Zentrumspartei und

---

[110] Eigentlich hätte er drei sagen müssen, denn Österreich ist auch ein deutscher Staat. Was auch sonst!

Oberbürgermeister in Köln, von den Nazis geschaßt, zeitweise inhaftiert und bei seinem Amtsantritt als Kanzler schon recht betagt. Er war nach dem Krieg Mitbegründer der CDU. Bonn wurde nach einigen Diskussionen und sicherlich auch auf Adenauers Wunsch die neue Hauptstadt.

Im Osten verstand sich die DDR als ein neuer deutscher Staat (mit alter Hauptstadt), der mit unserer gemeinsamen Historie aber eigentlich nichts zu tun haben wollte. Was an dieser Republik nun demokratisch war, müßte man die kommunistischen Dialektiker fragen. Die im Osten ebenfalls sehr starke SPD wurde auf Moskaus Betreiben mit der KPD zwangsvereint zur Sozialistischen Einheitspartei Deutschlands (SED). Erster Staatsratsvorsitzender war Walter Ulbricht, der gar nicht so oft mit Moskau telefonieren mußte, so sehr hatte er den Stalinismus im Blut. Natürlich gab es offiziell auch noch ein paar andere, bestenfalls geduldete Parteien, die sogenannten Blockflöten. Aber mehr als hie und da etwas „herumpiepsen" war für diese nicht drin. Die SED bekam bei Wahlen sogar bis zum Ende der Honecker-Ära offiziell noch Zustimmungsergebnisse, die sich selbst heutige Diktatoren zu veröffentlichen kaum noch trauen würden.

Der Wiederaufbau im Westen bis hin zum „Wirtschaftswunder" verlief vergleichsweise rasant. Westdeutschland machte aus den Möglichkeiten des Marschallplans deutlich mehr als die west- und südeuropäischen Nachbarstaaten. Trotz, vielleicht auch wegen der anfänglich noch stattfindenden Demontagen von Industrieanlagen entstand hier binnen eines Jahrzehnts einer der größten Industriestaaten der Welt und einer der modernsten. Es mußte ja praktisch alles neu errichtet und installiert werden. Der Nachholbedarf der Bevölkerung, der Wille, das Desaster schnell hinter sich zu lassen, und das nicht zuletzt nach wie vor große Potential an qualifizierten Arbeitskräften machten das möglich.

Dazu trugen in großem Maße natürlich auch die vielen Flüchtlinge aus den östlichen Gebieten bei. Adenauer setzte von Anfang an strikt auf Westbindung, was wirtschaftlich vernünftig war, ihm aber auch viel Kritik seitens der Sozialdemokratie einbrachte. Viele sahen dadurch, sicher nicht zu Unrecht, die baldige Wiedervereinigung Deutschlands gefährdet. Ein nicht zu unterschätzender Motivationsschub für Westdeutschland war übrigens der überraschende Gewinn der Fußballweltmeisterschaft 1954. Das gab so mancher vom Krieg gebeutelten Seele wieder Schwung.

Nach Gründung der Montan-Union[111] mit Frankreich, Italien und den Benelux-Ländern (1951) verhandelte man bereits auch über eine europäische Verteidigungsgemeinschaft mit westdeutscher Beteiligung, als Stalin, darüber alarmiert, vorschlug, ein vereinigtes, unabhängiges und neutrales Deutschland zu gründen. (Allerdings hätte dieses ganz offiziell auf die Ostgebiete jenseits der „Oder-Neiße-Linie" verzichten müssen. Der Verzicht auf diese Ostgebiete blieb in der BRD lange ein politisches Streitthema zwischen Konservativen und Sozialdemokraten.) Da das vom Westen aus vielerlei Gründen damals nicht akzeptiert wurde[112], verfestigte sich die Teilung. Aus der europäischen Verteidigungsallianz wurde zunächst aber nichts, da es in Frankreich Widerstände bezüglich des Aufbaus einer solchen Streitmacht unter Beteiligung deutscher Truppen gab. Das war durchaus nachvollziehbar; selbst im Nachkriegsdeutschland gab es ja viele Gegner einer Wiederbewaffnung. Aus heutiger Sicht würde ich sagen, daß hier eine Chance vertan wurde, denn man plante doch eine gemeinsame europäische Armee. Mit der Gründung der NATO wurde die Bundesrepublik 1954 in diese aufgenommen und die Wiederbewaffnung initiiert, 1955 rückten die ersten Rekruten der

---

111 Wirtschaftliche Zusammenarbeit auf dem Kohle-Stahl-Sektor. Vorläufer der EWG und späteren EU.
112 Mittlerweile tobte auch schon der Koreakrieg, der Vietnamkrieg bahnte sich an.

Bundeswehr ein. Außerdem - Reichsbürger aufgepaßt! - erhielt die Bundesrepublik 1955 ihre volle Souveränität. Einzig für Berlin und ein zukünftiges Gesamtdeutschland behielten sich die Alliierten zunächst noch einige Rechte vor. Ein anderer wichtiger Meilenstein war der deutsch-französische Freundschaftsvertrag von 1963. Es ist dem alten General Charles de Gaulle, zu jener Zeit französischer Präsident, hoch anzurechnen, daß er diesen mit Adenauer abschloß. Eine jahrhundertalte Feindschaft wurde damit endlich aufgelöst. Aber auch Freundschaften müssen gepflegt werden, vor allem solche! Die Kanzler Schmidt und Kohl waren da vorbildlich. Derzeit besteht da noch viel Verbesserungsbedarf.

Der Wiederaufbau in der DDR führte nicht zu einem Wirtschaftswunder, sondern zunächst einmal zu einem ernsthaften Aufstand gegen die kommunistischen Machthaber. Am 17. Juni 1953 revoltierten in Berlin vor allem Bauarbeiter, die mit der geplanten Arbeitsnormenerhöhung, de facto einer massiven Lohnkürzung, nicht einverstanden waren. Die Regierung der DDR mußte sparen, denn die Wirtschafts- und Versorgungslage war schlecht, nicht zuletzt auch wegen der Reparationsforderungen der osteuropäischen Siegerländer (auch Polens, das danach übrigens auf weitere Reparationen verzichtete, aber zuletzt unter der rechtskonservativen Regierung wieder an den Versailler Vertrag erinnernde Forderungen erhob). Am Marschallplan durfte und wollte man ja nicht teilnehmen. Viele Maßnahmen, wie Enteignungen und andere stalinistische „Reformen", sorgten für Unzufriedenheit in der Bevölkerung und der Exodus in den Westen nahm zu. Schließlich konnte man damals in Berlin noch problemlos in den Westteil gehen und Vergleiche ziehen. In Ostberlin eskalierte die Situation und konnte nur durch den Einsatz russischen Militärs unter Kontrolle gebracht werden. (Ähnliche Szenarien ereigneten sich dann auch 1956 in Ungarn und 1968 in der Tschechoslowakei.) Ganz sicher wollten auch im Osten viele Menschen einen neuen, gerechteren Staat aufbauen, und man sollte niemandem pauschal beste Absichten absprechen. Aber die eiserne Hand der Stalinisten erstickte viele guten Ideen und Vorhaben schon im Ansatz, da die Machthaber den Menschen mißtrauten. Schon Lenin sagte: „Vertrauen ist gut, Kontrolle ist besser." Die Mittel des neuen Regimes zur Unterdrückung waren im Grunde die alten der Nazis, nur die Ideologie hatte gewechselt.

Als Reaktion auf die Gründung der NATO entstand 1955 eine osteuropäische Militärallianz, der sogenannte Warschauer Pakt. (Einzig das sozialistische Jugoslawien unter dem Staatschef Tito konnte sich aus diesem „Bündnis" heraushalten.) Es entstand im Zuge dessen die Volksarmee der DDR, die in den neuen Militärpakt integriert wurde. Man hatte in der SED speziell Adenauer mit der Gründung der Bundeswehr immer Kriegstreiberei vorgeworfen. Verschwiegen wurde dabei aber stets, daß es in Ostdeutschland schon lange zuvor Betriebskampfgruppen und auch eine kasernierte, mit Waffen gut ausgestattete „Volkspolizei" gab.

Der ganze Theaterdonner des Ostens half letztlich nichts. Im Wettlauf der Systeme konnte man - außer vielleicht in militärischer Hinsicht - immer weniger mithalten[113]. Das lag keineswegs an schlechterer Ausbildung und fehlendem Knowhow oder gar an mangelnder Leistungsbereitschaft, was bestenfalls in den letzten Jahren der Existenz der DDR ein Problem wurde. Die mehr und mehr in den Westen abwandernden Fachkräfte konnten in der BRD ansatzlos weitermachen. Dem Land drohte ein nicht mehr auszugleichender Verlust an Akademikern und anderweitigen Fachleuten. 1961 zog Ulbricht die Notbremse und schottete mit dem Mauerbau mitten durch Berlin die DDR endgültig ab. Der

---

[113] Der Zwang oder Wunsch, je nach Ansicht, in der militärischen Rüstung gleichzuziehen oder sogar besser zu sein, band natürlich Ressourcen, die dem zivilen Leben letztlich fehlten.

„antifaschistische" oder eher antikapitalistische „Schutzwall", der sich letztlich quer durch ganz Europa zog, hatte nur den einen Sinn: Niemand sollte das gigantische Gefängnis namens Osteuropa verlassen können. Notfalls wurde geschossen. Die wenigen wie Sportler, Künstler, Wissenschaftler oder Geschäftsreisende, denen man noch das Privileg einer Reise in den Westen gönnte, umgab in der Regel ein Troß von Aufpassern, selbst wenn sie als überzeugte Parteigänger galten. Später durften auch Rentner gelegentlich das westliche Ausland besuchen. Nichtheimkehrer in dieser Bevölkerungsgruppe hätte die DDR sicher gut und gern verkraftet.

Falls es Ihnen nicht aufgefallen sein sollte, möchte ich es sicherheitshalber erwähnen. Beide Deutschlands waren in jenen Jahren der Außen- und Sicherheitspolitik völlig enthoben. Man gehörte einem Block an, und die jeweilige Großmacht gab die Richtung vor. Es war durchaus angenehm, daß man sich auf diesem nach wie vor schwierigen Feld nicht ernsthaft zu betätigen brauchte. Allerdings kommt man dadurch auch schnell außer Übung. Daß Deutschland durch die Wiederbewaffnung hüben wie drüben alsbald wieder in „alte Tugenden" zurückfallen würde, was sicher viele damals befürchteten, kann man aus heutiger Sicht ganz bestimmt verneinen. Ein Blick auf unsere derzeitige Bundeswehr, aber auch auf unser Verteidigungsministerium, läßt an Deutschlands Harmlosigkeit ganz sicher nicht zweifeln. Speziell die Bundeswehr galt schon lange vor der Wiedervereinigung eher als Trachtenverein, der einen möglichen Feind lediglich unterhalten sollte, bis richtige Soldaten kämen. Mangels eigener Einsicht kann ich zwar nichts Konkretes über die DDR-Volksarmee sagen, bin mir aber ziemlich sicher, daß es da auch nicht viel besser aussah[114].

---

[114] Nebst den einschlägigen Unterweisungen durch Vorgesetzte in meiner eigenen Militärzeit in der Bundeswehr, beziehe ich mich u.a. auch auf die Schilderungen der Wehrpflichtzeit in der DDR in dem Roman „Der Turm" von Uwe Tellkamp.

Während man im Osten Deutschlands bald wieder zu Feierlichkeiten aufmarschierte, mit markigen Worten die ewige Treue zur Sowjetunion beschwor, Helden der Arbeit und dergleichen kürte, sozialistische Parolen allenthalben von sich gab und sich nebenher gegenseitig bespitzelte oder auch von den Profis der Staatssicherheit aushorchen lassen mußte, gab man sich im Westen mehr und mehr dem Wohlstand und Konsum hin. Das Alte schien vergangen und sollte möglichst vergangen bleiben. Der Kalte Krieg beförderte natürlich zusätzlich den Unwillen, sich mit der Nazizeit zu beschäftigen. Es ist sicher nachvollziehbar, daß gerade ehemalige Soldaten nicht über ihre fürchterlichen Kriegserlebnisse sprechen wollten oder konnten beziehungsweise Großstädter über ihre Nächte in den Luftschutzkellern. Können wir ermessen, von welchen Alpträumen die Menschen dieser Generation nachts geplagt waren? Ist da die Flucht in eine heile Welt oder auch eine Verklärung der Vergangenheit nicht verständlich? In diesem Klima, speziell der 1950er Jahre, war es natürlich für so einige ehemalige Anhänger der Nazis leicht, sich eine neue Existenz aufzubauen. Akademiker, Juristen, Verwaltungsfachleute und andere Spezialisten wurden dringend gebraucht; da schaute man nicht immer so genau hin, was diese vor und während des Krieges so alles (mit-)gemacht hatten. Darüber hinaus gab es so manche „Seilschaften", die sich gegenseitig deckten.

Für die meisten Jugendlichen im Westen wurde die amerikanische Kultur prägend, was in vielen bürgerlichen Elternhäusern sicher für ausreichend Konfliktpotential sorgte. Zu stark war in diesen Kreisen noch die Prägung durch die Erziehung vorangegangener Jahrzehnte. Junge Leute setzten sich zunehmend von den traditionellen Werten der Älteren ab, was schließlich in den Studentenprotesten der Jahre 1968 und folgende gipfelte. Nicht nur hier, sondern in vielen Ländern Westeuropas prallten die Gegensätze aufeinander. In der Bundesrepublik änderte sich auch das politische Klima. Die

Sozialdemokraten waren zwar schon seit 1949 recht stark, konnten nun aber nach einer ersten Koalition mit der CDU die Mehrheit gewinnen und unter dem sehr populären Willy Brandt mit der FDP eine Regierung bilden. Daß gerade bei den Jüngeren praktisch alles hinterfragt wurde, führte einerseits dazu, daß man endlich begann, die Vergangenheit aufzuarbeiten und sich mit den Untaten der Nazis auseinanderzusetzen, brachte jedoch andererseits teils umstrittene, bisweilen fragwürdige Auffassungen von Politik, Gesellschaft und Erziehung hervor wie zum Beispiel die antiautoritäre Erziehung, ein Irrweg, der im extremsten Falle sogar die frühe Sexualisierung von Kindern einbezog.

Besonders radikale Leute (Baader-Meinhof-Gruppe, später **Rote-Armee-Fraktion**) begannen Terroranschläge auf einige führende Industrielle, Bankiers und Politiker zu verüben. Die sozialliberale Regierung, von den Konservativen stets hart attackiert, mußte sich neben der ersten großen Wirtschaftskrise (Ölkrise) nun auch noch einige Zeit mit diesem für die Bundesrepublik neuen Problem herumschlagen. Besonders zu nennen die dramatisch endende Geiselnahme israelischer Sportler während der Olympiade in München (1972) durch PLO-Anhänger. Erst danach wurde eine Anti-Terror-Einheit aufgebaut, die bei der Entführung eines deutschen Flugzeugs in Mogadischu (1977) erstmals zum Einsatz kam.

Was die Wirtschaft betraf, waren die fetten Jahre erst einmal vorbei. Die soziale Marktwirtschaft Ludwig Erhards hatte - anders als der heutige Neoliberalismus - nicht nur die deutsche Wirtschaft großgemacht, das ganze Land profitierte davon. „Wohlstand für alle" war das Motto und keineswegs ein leeres Versprechen. Eine entsprechende Besteuerung sowie auch ein noch vorhandenes Gefühl des Maßhaltens der Wirtschaftskapitäne sorgten dafür, daß die Schere zwischen Arm und Reich nicht zu groß war. Ab 1960 bis 1973 kamen viele Menschen aus ärmeren Ländern Süd- und Südosteuropas sowie der Türkei, anfangs noch gezielt geworben, da es mehr Arbeit als Arbeiter gab. Die damals so genannten Gastarbeiter kamen teilweise aber auch auf Betreiben ihrer Herkunftsländer, die sich so soziale Probleme vom Hals schafften. Sie alle kamen freiwillig, von daher sind mittlerweile zu hörende Forderungen vor allem der Nachkommen türkischer Arbeiter nach Ausgleichszahlungen für damals erlittene Nachteile mehr als fragwürdig. Es wäre den Menschen in ihren Heimatländern nicht besser ergangen als hier wie Canan Topçu sehr informativ in ihrem Buch „Nicht mein Antirassismus" schreibt. Daß diese Menschen später einmal einfach alle wieder in ihre Länder zurückgehen würden, stellte sich zumeist als Trugschluß heraus. Deren Kinder wie auch die meisten dieser Leute selbst, integrierten sich vergleichsweise geräuschlos in die Gesellschaft, leider mit Ausnahme vieler der damals eingewanderten Türken.

Schon Ende der 1960er Jahre verlor das Wirtschaftswachstum an Fahrt. Marktsättigung, teurere Rohstoffe, aber auch neue internationale Konkurrenz waren einige der Gründe. Es war abzusehen, daß es so, wie es war, sicher nicht weitergehen würde. Der Sozialstaat funktionierte allerdings gut und konnte vieles abmildern.

In der DDR hatte 1971 Erich Honecker endlich seinen langjährigen Vorgänger Ulbricht abgesägt – pardon, abgelöst. Nicht wenige erhofften sich nun mehr Freiheiten und es sah eine ganze Weile recht gut aus. Um dem Westen zu zeigen, daß der Sozialismus auch glänzen kann, wurde vermehrt investiert, allerdings auf Pump. Da Lebensmittelpreise, Mieten und andere Kosten gedeckelt und Renditen so natürlich nicht zu erwirtschaften waren, stieg die Staatsverschuldung trotz des Exports vieler Produkte in den Westen[115] horrend an, was der DDR letztlich auch zum Untergang gereichte. Arbeitslose gab es offiziell nicht, alle waren beschäftigt mit

---

[115] Durchaus gute Waren, die fast ausschließlich exportiert wurden und im eigenen Land meist nicht zu bekommen waren.

entsprechender Entlohnung, nur nicht selten, ohne wirklich viel arbeiten zu können. Die Planwirtschaft versagte an allen Ecken und Enden. Den Verfall eines Großteils der Betriebe und der Infrastruktur konnte das international zusammengeschnorrte Geld letztlich nicht mehr aufhalten. Mit den wenigen Freiheiten in Kunst und Kultur war es dann übrigens auch bald vorbei, denn eines ist eine Diktatur nie: kritikfähig.

Die SPD-geführte Regierung in der Bundesrepublik hatte von Anfang an Abstand von der konfrontativen Haltung gegenüber der DDR und anderen Ostblockstaaten genommen. „Wandel durch Handel" und die Entspannungspolitik markierten die neue Richtung. Brandts Kniefall in Warschau und die vielerlei Gespräche mit der russischen und der DDR-Führung ernteten viel Kritik seitens der Konservativen, brachten aber etwas Bewegung in das Verhältnis der Blöcke.

Während die DDR aber innerlich zunehmend erstarrte, kamen in der BRD mit den Atomkraftgegnern und der Friedensbewegung, die sich der sogenannten Nachrüstung[116] mit Marschflugkörpern und Mittelstreckenraketen seit den späten 1970ern entgegenstellten, starke Protestbewegungen auf, aus denen sich zusammen mit vielen, mittlerweile sehr umtriebigen Umweltschützern zu aller Überraschung eine neue Partei formte, die Grünen. Das Nachrüstungsprojekt war aber auch bei vielen jüngeren Sozialdemokraten unbeliebt. Kanzler Schmidt verlor zusehends die Unterstützung seiner Partei. Dazu kam, daß der Koalitionspartner FDP zusätzlich mit der Wirtschaftspolitik haderte. Das führte zu einem Schwenk der Partei zur CDU hin und brachte Helmut Kohl letztlich die Kanzlerschaft ein (1982). Dieser war auch nicht gerade überall beliebt und wurde vor allem wegen seines bräsigen Dialekts gerne verspottet. Nach wenigen Jahren wuchs auch innerhalb seiner

---

[116] Unter SPD-Kanzler Helmut Schmidt beschlossen, nach dessen Abwahl unter Helmut Kohl (CDU) durchgeführt.

Partei der Unmut gegen ihn und seinen Führungsstil, woraufhin einige führende „Parteifreunde" sogar versuchten, ihn auf einem Parteitag loszuwerden, allerdings erfolglos.

Und dann kam Gorbatschow.

Einschub: Der Islam

Vor einigen Jahren wurde über einen Satz gestritten, den der damalige Bundespräsident Wulff in den Raum gestellt hatte. Er sagte, daß der Islam auch zu Deutschland gehöre, was schnell zu Widerspruch führte. Angesichts diverser Terrorakte, des Gebarens des sogenannten Islamischen Staats im Nahen Osten und einiger Fundamentalisten hierzulande wurde zum Teil sehr hitzig diskutiert. Ich selbst wohnte zu der Zeit einmal einer Veranstaltung bei, in der die Islamexpertin Lamya Kaddor den Islam in seinen Grundzügen vorstellen sollte. Sehr bald konfrontierten sie einige auf Krawall gebürstete Zuhörer mit diversen aufreizenden Koranzitaten und Frau Kaddor mußte sich viel ausführlicher als geplant mit extremistischen Positionen befassen, die weder von ihr noch vom Großteil aller Muslime geteilt werden. Ihr eigentliches Thema kam dementsprechend leider viel zu kurz.

Da beginnend mit der Anwerbung türkischer Arbeiter vor mehr als fünfzig Jahren sehr viele muslimische Glaubensgenossen hier ansässig wurden und deren Nachkommen zu einem großen Teil tatsächlich hier beheimatet sind (insg. ca. 5,5 Millionen in 2020), ist die Frage der Zugehörigkeit in gewisser Weise sinnlos geworden. Bezieht man sie speziell auf den Anteil des kulturellen Einflusses in der Geschichte Deutschlands, läßt sie sich so beantworten: Indirekt hat unser Land - sowie andere europäische Länder - nicht unerheblich von Muslimen profitiert. Ohne das antike Wissen, oft nur noch in arabischen Schriften existierend, und so manchen wissenschaftlichen, medizinischen und technischen Erkenntnissen orientalischer Herkunft, die über Kreuzfahrer und Händler beziehungsweise über Kontakte zu islamischen und jüdischen Gelehrten im maurischen Spanien nach ganz Europa transportiert wurden, hätte sich das Abendland insgesamt wohl kaum so entwickelt wie geschehen. Natürlich haben letztlich hier ansässige, später meist christliche Völker und nach Zentraleuropa zugewanderte Juden unsere Kunst und Kultur entscheidend geprägt, letztgenannte in Deutschland im Wesentlichen seit der Zeit der Aufklärung. Muß es denn ein Schade sein, wenn nun auch hier mit uns lebende Muslime ihre Spuren auf diesen Gebieten hinterlassen? So, wie viele Juden hier vor etwa 250 Jahren begannen sich verstärkt in die Gesellschaft einzubringen und sie letztlich mitgeformt haben, könnten doch auch hier beheimatete Muslime, ohnehin nun meist deutsche Staatsbürger, verstärkt das Leben in diesem Lande mitgestalten.

Bei diesem Gedanken wird es manchem mulmig, was bei den sehr widersprüchlichen Erscheinungsformen des Islam und dem dreisten bis manchmal kriminellen Auftreten einzelner testosteronübersteuerter Orientalen, diverser Familienclans aus dem Nahen Osten oder anderer radikaler Gruppierungen hierzulande nachvollziehbar ist. Über das Thema Integration ist bereits so viel geschrieben worden, daß ich mir hier die Aufzählung der mannigfaltigen Probleme und der Versäumnisse der Politik ersparen kann. Achmad Mansour oder auch Hamed Abdel-Samad haben viel über diese Dinge geschrieben, die allerdings keine Seite gerne hört. Beide leiden übrigens nicht unter germanischer Islamophobie, werden dafür aber gerne von radikalen Muslimen geschmäht und sogar bedroht.

Daß Menschen aus anderen Kulturkreisen, die sich in einer neuen Heimat niederlassen wollen oder oftmals müssen, ihre Sitten,

Gebräuche und eben auch Religionen im Gepäck haben, ist eine Binsenweisheit. Sich in unsere Gesellschaft weitgehend einzugliedern, eine berechtigte Forderung meines Erachtens, fällt natürlich nicht jedem leicht. Da muß man schon des Öfteren über den eigenen Schatten springen und eine Balance zwischen Traditionen, Überzeugungen und dem gesellschaftlichen Leben in der neuen Heimat finden. Es fällt auf, daß allermeist Muslime damit Probleme haben[117], übrigens nicht nur bei uns. Um das besser zu verstehen, müssen wir uns etwas mit dem Islam beschäftigen.

Die sogenannten fünf Säulen des Islam sind erstens das öffentliche Glaubensbekenntnis, daß Allah der eine und einzige Gott und Mohammed sein Prophet ist, zweitens die festgelegten fünf täglichen Gebete zu unterschiedlichen Tageszeiten, drittens das Almosengeben (je nach verfügbaren Mitteln und anonym!), viertens das Fasten (tagsüber) im Monat Ramadan (ausgenommen sind unter anderem Kleinkinder, werdende und stillende Mütter oder Kranke) und fünftens die nach Möglichkeit einmal im Leben zu machende Pilgerfahrt nach Mekka (Hadsch). Darüber hinaus gehört der Besuch der Moschee dazu, zumindest an den Freitagen oder Hochfesten so wie ja auch Juden samstags (Sabbath) und Christen sonntäglich und an ihren jeweiligen Festtagen in die Synagoge beziehungsweise Kirche gehen. Das alles hört sich nicht so spektakulär an und könnte von jedermann (und jeder Frau) problemlos überall auf der Welt durchgeführt werden, ohne andere Menschen in ihrer Lebensweise empfindlich zu stören.

Im Islam, wie im Christentum, haben die Gläubigen allerdings auch eine gewisse Verpflichtung, ihren Glauben an andere weiterzutragen. Man nennt das missionarisch tätig sein. Jesus zum

---

[117] Es gibt unter unseren Mitbürgern nahöstlicher/nordafrikanischer Herkunft sicher viele, die mit Religion wenig bis nichts am Hut haben, trotzdem mehr oder weniger an tradierten gesellschaftlichen Vorstellungen festhalten.

Beispiel beauftragte seine Jünger, in alle Welt zu gehen, zu lehren und zu taufen (Matth.28, 18ff u.a.). Im Koran wird ebenso zur Bekehrung der Menschheit aufgerufen. Über die Verbreitung des Christentums, auch und gerade über die diesbezüglichen Schattenseiten, haben wir gesprochen. Menschliches Fehlverhalten und Herrschsucht spielten dabei eine Rolle und die Tatsache, daß man mit der Bibel in der Hand leider so ziemlich alles rechtfertigen kann, wenn man sich das passende Zitat herauspickt, aus dem Zusammenhang reißt oder abenteuerliche Interpretationen zuläßt. Auch der Koran ist zunächst einmal nur ein solches Buch.

Wenn sich aber jemand Christ nennt, muß er sich in letzter Konsequenz am Beispiel Jesu orientieren, sprich wie dieser seine Lehre (laut den Evangelien als profundeste Quelle[118]) gelebt hat. Dessen Aussagen müssen dann eben im Zusammenhang mit der jeweiligen Situation betrachtet werden, damit keine Mißverständnisse und Fehlinterpretationen entstehen. Wenn man sich so am Vorbild Jesu ausrichtet, scheiden meines Erachtens Gewalt, Haß, Vergeltung, Machtstreben, Zwangsbekehrungen, Intoleranz, sture Gebotserfüllung und noch manches andere Übel als Verhaltensoptionen aus. Wie ist das nun im Islam mit dem Koran und im Falle Mohammeds? Wir werden sehen.

Als Mitte des 7. Jahrhunderts wilde Horden, aus der arabischen Wüste kommend, das oströmische Reich unerwartet heftig angegriffen und sogar Jerusalem eingenommen hatten (638), war von einer neuen Religion namens Islam noch nirgends etwas gehört worden. Zeitgenössische byzantinische Quellen sprechen von Landnahme, Zerstörung, Raub, Plünderungen und Unterwerfung unter die neuen Machthaber. Die Eroberer, laut besagten Quellen nicht nur arabische Stämme, sollen ziemlich arrogant und brutal

---

[118] Es gibt über Jesus und das frühe Christentum übrigens etliche außerbiblische Quellen, römische und jüdische.

agiert haben und prahlten mit der Erringung der Herrschaft über die ganze Welt. Seit den Zeiten Muawijas[119] erzählte man zwar, daß sein Vorgänger Omar friedlich auf einem Esel in Jerusalem wie ein Erlöser eingeritten sei, aber es läßt sich nicht bestreiten, daß sich unter den Omaijaden und anderen Dynastien der Islam mit kriegerischer Gewalt schnell ausbreitete, sogar bis nach Spanien hinein. Die Türken (Osmanen), nachdem sie Muslime geworden waren, eroberten später das restliche byzantinische Reich inklusive weiter Teile Südosteuropas. In Bosnien und Albanien hat sich der Islam bis heute gehalten. Mit dem Aufkommen der islamischen Reiche haben sich auch die arabische, die türkische und andere Hochkulturen entwickelt. Kunst und Wissenschaft blühten dort auf, bis fundamentalistische Strömungen oder auch militärische Niederlagen dem ein Ende setzten. Neben der kriegerischen Ausbreitung des Islam haben natürlich auch Händler viel zur Verbreitung beigetragen, vor allem in Südostasien, aber auch in weiten Teile Afrikas.

Islamischen Quellen zufolge begann alles mit Mohammed, der als junger Mann gegen Ende des sechsten Jahrhunderts unserer Zeitrechnung in Mekka lebte. Besagte Stadt soll damals ein Handelszentrum gewesen sein mit einem vielbesuchten Heiligtum (der Kaaba), in dem damals jedoch allerlei Gottheiten verehrt wurden. Er war als Kaufmann tätig, verheiratet und begann sich mit religiösen Fragen zu beschäftigen. Man muß dazusagen, daß seit den Tagen der Vertreibung der Juden aus ihrem Stammland sich im ganzen Nahen Osten Juden, Christen und allerlei Sektierer beider

---

[119] Dieser Kalif gehörte zu der bekannten Omaijadendynastie und residierte in Damaskus. Er ernannte sich 661 in Jerusalem zum König. Er war es auch, der 657 in der Schlacht von Siffin (im heutigen Irak) die Anhänger Alis besiegte. Letztgenannter beanspruchte die Führung aller Muslime aufgrund seiner Verwandtschaft mit Mohammed, während die später sogenannten Sunniten zunächst eher Nachfolger aus dem ideellen Umfeld Mohammeds als Anführer kürten. Die Schiiten, also die Parteigänger Alis, haben diese Episode bis heute nicht verwunden.

Richtungen in verschiedenen Enklaven aufhielten. In der arabischen Wüste sehr stark vertreten waren die sogenannten Nazarener, eine judenchristliche Sekte, die eine baldige Wiederkunft Jesu nach Jerusalem erwarteten und die damit verbundene Errichtung des Reiches Gottes auf der Erde. Diese Nazarener hielten Jesus allerdings nur für einen Propheten und lehnten dessen Gottessohnschaft ab, hatten also ein jüdisch geprägtes Gottesbild und verharrten auch stark in jüdischen Traditionen. Sie hatten ein eigenes Evangelium, eine Art Kurzfassung des Matthäusevangeliums, das dann auch ins Arabische übersetzt wurde, und lehnten die uns bekannten neutestamentlichen Schriften und deren Autoren praktisch alle ab. Nebenbei: das arabische Wort für Gott – Allah – hat seinen Ursprung im hebräischen Elohim, aramäisch Eloi oder Eli. Arabische Christen nannten und nennen bis heute Gott deshalb ebenso Allah. Die Christen, mit denen Mohammed laut Koran und den Erzählungen über sein Leben zunächst Kontakt hatte, waren mit hoher Wahrscheinlichkeit aber solche Nazarener. Wohl erst später lernte er die eigentlichen Christen kennen, die im Koran auch „Hinzufüger" benannt werden, die also dem einen Gott eine andere Person (Jesus) beigefügt hatten. Die Trinitätslehre, selbst für Christen eine geistige Herausforderung, wurde im Islam erst recht nie richtig verstanden.

Ab dem Jahr 610 soll Mohammed bei Gebeten und Meditationen in einer Höhle durch den Erzengel Gabriel zum Gesandten Gottes berufen worden sein und nach und nach die ersten Verse des Koran empfangen haben. Visionen und Eingebungen dieser Art hatte er auch später an anderen Orten. Aufgeschrieben haben sie übrigens andere, denn er konnte angeblich weder lesen noch schreiben. Wie er da zunächst als Kaufmann tätig gewesen sein soll, ist zumindest mir schleierhaft. Wie auch immer, da man die zeitliche Reihenfolge des Empfangs der Kapitel (Suren) im Nachhinein nicht mehr feststellen konnte, wurden im Koran, bis auf die Eingangssure, alle der jeweiligen Länge nach sortiert. Darüber hinaus erzählt man aber auch, daß Mohammed eines Nachts auf einem wundersamen Pferd von Medina via Jerusalem (ein Hufabdruck soll im Felsendom auf dem Tempelberg existieren) in den Himmel geritten sei, wo ihm der Koran in Gänze und in Hocharabisch eingegeben wurde. Wieder auf Erden angelangt, hätte er aber alles vergessen, weswegen ihm Gabriel das ganze Werk absatzweise wieder übermitteln mußte. Wie dem auch sei, der also vom Himmel gekommene Koran gilt daher als Gottes unmittelbarer Wille, das Wort Gottes schlechthin, und ist deshalb sakrosankt und darf nicht kritisiert oder relativiert werden. Sogar Übersetzungen in andere Sprachen sind fragwürdig.

Mit dieser neuen Lehre und dem damit verbundenen strengen Monotheismus müssen sich Mohammed und seine frühen Anhänger im polytheistischen Mekka offenbar so viele Feinde gemacht haben, daß es sogar zu einem Mordanschlag auf Mohammed und dann zur Flucht mit seinen Anhängern nach Medina kam. Der Tag dieser Flucht (Hedschra), die am 26. Juli 622 stattgefunden haben soll, wurde später von Mohammeds Nachfolger Omar zum Beginn der islamitischen Zeitrechnung erklärt.

In Medina scheint man ihn gerne aufgenommen zu haben, denn schon bald hatte er dort seine Herrschaft etabliert und viele, auch streitbare Anhänger gefunden. Gegen Kämpfer aus Mekka schlug er mehrere Schlachten, bis er letzlich seine Heimatstadt einnehmen konnte. Von dort verbreitete er mit seinen Anhängern und Verbündeten den Islam - meist kriegerisch - weiter, wobei es aber auch innerhalb der Bewegung später zu handfesten Auseinandersetzungen kam.

Nach dem Tod seiner Frau heiratete er erneut, zusätzlich mehrere Nebenfrauen. Letzteres hatte oft diplomatische Gründe, so wie wir dergleichen geschmiedete Ehen ja auch in der europäischen Geschichte kennen. Allerdings mußten sich christliche Herrscherhäuser schon genau überlegen, mit wem man einen Prinzen oder Fürsten verbandelte. Da gab es nämlich, sofern der Tod der Damen nicht frühzeitig eintrat, nur einen Versuch. Inoffizielle

Nebenfrauen, sogenannte Mätressen (zum Teil sehr einflußreiche Damen), waren in diesen Kreisen aber durchaus üblich.

Nachkommen, auf die es ankam, hatte Mohammed allerdings nur von einer der Frauen namens Chadidscha, nämlich seine Tochter Fatima. Es waren deren späterer Mann und Söhne, welche von den Schiiten als die eigentlichen Nachfolger in der Führung der Muslime anerkannt werden. Mit zweiundsechzig Jahren verstarb Mohammed dann und wurde in Medina begraben. Da ich kein Islamexperte bin, gebe ich hier nur wieder, was ich von muslimischer Seite ganz offiziell gehört und gelesen habe, lasse mich aber auch gern eines Besseren belehren, wo nötig. Ich würde dabei aber Wort und Schrift, möglichst gesittet, Bomben und Messerattacken vorziehen.

An dieser Stelle stoßen wir genau auf das Problem, das mich und sicher viele andere hierzulande umtreibt. Kritik, selbst kritisches Nachfragen, wird von maßgeblichen Kreisen innerhalb der Umma (Gemeinschaft aller Muslime) als Blasphemie gewertet und nicht selten mit drastischen Mitteln geahndet. Gestrenge Muslime sind sogar heute noch, offensichtlich aufgrund einiger Aussagen im Koran und dem Beispiel Mohammeds folgend, davon überzeugt, daß sie Gott bei der Bestrafung Nicht- oder Andersgläubiger quasi zur Hand gehen müßten. Es scheint, daß sie das dem allmächtigen Gott selbst entweder nicht zutrauen oder meinen, von ihm dazu ermächtigt worden zu sein. Hierbei handelt es sich übrigens nicht einfach nur um ein paar Radikale, denen man zugutehalten könnte, daß sie irgendetwas nicht richtig verstanden haben. Zum Beispiel wurde gegen den Schriftsteller Salman Rushdie, dessen Buch „Satanische Verse" bei strengen Muslimen - vermutlich zu Recht - Mißfallen erregt hatte, ein Rechtsgutachten (Fatwa) eingeholt, nach dem man ihn ungestraft umbringen durfte. Solche Fatwas werden nicht von Hinz oder Kunz verfaßt, sondern meist von Theologen und Kennern der Scharia an bedeutenden Universitäten. Vor einiger Zeit ist es ja in den USA jemanden beinahe gelungen, die gegen Rushdie erlassene Fatwa in die Tat umzusetzen.

Vor etlichen Jahren stand ich auf einem Marktplatz vor einem Stand eines Moscheevereins, an dem neben dem Koran diverse Bücher und Broschüren zu verschiedensten Themen feilgeboten wurden. Der Einband eines der Bücher zeigte eine absolut verschleierte Frau unter dem Titel „Mohammed – der Befreier der Frauen". Der Herr hinter dem Stand, der meine sicher äußerst skeptischen Blicke bemerkt hatte, lieferte schnell die aus seiner Sicht nötigen Erklärungen ab. So gekleidet, erklärte er, könne sich jede Frau ganz unbefangen überall bewegen, ohne die Blicke der Männer auf sich zu ziehen. Dadurch könnte nämlich verhindert werden, daß die Herren unnötig aufgereizt würden. Außerdem habe der Prophet die Rechte der Frauen innerhalb des Haushalts geregelt und deren Versorgung durch den Ehemann verpflichtend festgelegt. Nun weiß ich nicht, wie man in vorislamischer Zeit mit den Damen des Hauses in Arabien umgesprungen ist. Insofern mag es da Fortschritte gegeben haben. In vielen Dingen ähneln ja die islamischen Vorschriften und Verhaltensweisen dem, was wir in der Bibel und dort zum Beispiel in den mosaischen Gesetzen über die Lebensweise der Israeliten finden. Das ist nicht einmal verwunderlich. Im Islam - wie teilweise auch im orthodoxen Judentum - hat man alte Bräuche und Lebensweisen der Völker dieses Kulturraumes zu dann allgemeingültigen religiösen Geboten erhoben. Da der Islam - im Unterschied zum Judentum - aber Universalität beansprucht, kommt er so mit anderen gewachsenen Kulturen unweigerlich in Konflikt, denn manche dieser orientalischen Traditionen sind offeneren, moderneren Gesellschaften einfach nicht zu vermitteln.

Im Falle der Verschleierung der Frauen - wie weitgehend auch immer - staune ich aber zunächst über das Bild des Mannes im Islam. Ich halte auch dafür, daß Menschen sich prinzipiell ordentlich gekleidet in der Öffentlichkeit bewegen. Es ist eigentlich grotesk, wenn sich manche Frauen, notdürftigst ihre Reize bedeckend, über anzügliche Blicke und entsprechende Sprüche beschweren. Aber selbst wenn eine Frau nackt vor einem Manne stünde, ist es dann zu rechtfertigen, daß er ungefragt über sie herfallen und ihr allein dann auch noch die Schuld dafür geben kann?

Wie man in fundamentalistischen Kreisen generell mit Frauen und Mädchen umgeht, die sich nicht der Autorität von Vätern, Brüdern oder Ehemännern klaglos unterordnen oder sogar ein Leben außerhalb dieses Regiments suchen, haben wir sogar hierzulande leider schon öfters erleben müssen. Das reicht bis zu Mord auf offener Straße[120]. Bei all solchen Vorkommnissen bis hin zu den gewaltigen Terroranschlägen hört man dann von gemäßigter Seite, daß das nicht der wahre Islam ist, sondern Verblendung oder nicht überwundene archaische Traditionen. *„Die Botschaft hör' ich wohl, allein, mir fehlt der Glaube"*, würde wohl mancher da sagen. Die sicher große Zahl von Muslimen, die derartige Exzesse ebenso ablehnen, verschließt so meines Erachtens die Augen vor dieser Seite ihrer Religion und unsere dem Relativismus weitgehend verfallene Gesellschaft läßt sich mit solchen, dankbar angenommenen Versicherungen gerne beschwichtigen.

Ich möchte hier einen Gedanken aus einem Buch von Dr. Mark Gabriel[121] aufgreifen. Man muß dazu wissen, daß Mark Gabriel ein gebürtiger Ägypter ist, in seinen frühen Jahren eine strenge Koran-Schule besuchte, dann an der ebenfalls konservativen und hochangesehenen Al-Azhar-Universität in Kairo den Islam studierte und sogar einige Zeit dort Islamische Geschichte lehrte. Gleichzeitig war er Imam einer Moschee in Gizeh. Eher einer friedlichen

---

[120] Zum Vergleich: Im Johannesevangelium (Kap.8) wird berichtet, daß ein Mob eine Ehebrecherin zu Jesus brachte, damit er sie verurteile. Den Ehebrecher hatte man interessanterweise nicht mitgebracht. Jesus kommentierte nicht einmal das Gesetz, das als Strafe die Steinigung vorsah, sondern sagte in die Runde: „Wer ohne Sünde ist, werfe den ersten Stein". Nachdem sich der Haufen verzogen hatte, sprach er zu der Frau, daß er sie auch nicht verurteile, sie aber zukünftig die Sünde meiden solle.

[121] Seine Bücher „Jesus und Mohammed" sowie „Islam und Terrorismus" (deutsche Übersetzung aus dem Englischen) sind m.E. absolut lesenswert.

Koranauslegung zugetan, geriet er in Konflikt mit damals verstärkt auftauchenden djihadistischen Schülern. Aufkommende Zweifel brachten ihn dem christlichen Glauben näher. Nachdem er folgerichtig seine Professur verlor und sogar einige Zeit im Gefängnis saß, brach seine Familie mit ihm und er floh ins Ausland. Er konvertierte und studierte dann christliche Theologie, schrieb Bücher (weswegen er einen christlichen Namen annahm) und lehrt seitdem an christlichen Hochschulen. Sein Gedanke, um den es mir hier geht, ist folgender: Wenn Christen - angeblich im Namen Gottes- Menschen verfolgen, unterdrücken und sogar töten, gegebenenfalls auch Kriege führen, können sie sich dabei nicht auf Jesus Christus und seine Lehre der Liebe berufen. Es ist schlicht nicht christlich, so zu handeln. Wenn Muslime das Gleiche tun, können sie sich aber sehr wohl auf den Koran und erst recht auf das Vorbild Mohammed berufen. Nicht nur deshalb behaupten Muslime, die Christen hätten die Schriften verfälscht. Der Jesus der Evangelien paßt nicht zu dem, was Mohammed über ihn lehrte.

Der Islam ähnelt in seiner Gesetzesstrenge nicht von ungefähr dem Judentum. Wir kommen noch auf die Gründe zu sprechen. Das alttestamentliche „Auge um Auge, Zahn um Zahn" - immerhin ein nicht unwesentlicher Fortschritt, was die Verhältnismäßigkeit von Vergeltungsmaßnahmen anbelangt - haben Juden und Muslime gemeinsam. Daher wird es im Nahen Osten wohl auch nie Ruhe geben, denn wer sozusagen angefangen hat, ist strittig, und so zieht jede Vergeltung die nächste nach sich. Leider befleißigen sich darin, spätestens seit den Anschlägen von 2001, auch viele Amerikaner samt ihren Präsidenten, was wahrscheinlich mit deren konservativ-evangelikalem, meines Erachtens pseudochristlichem Background zu tun hat. Ich denke, gerade in Anbetracht des zwanzigjährigen, im Grunde sinnlosen Einsatzes in Afghanistan und des ebenfalls gescheiterten Eingreifens im Irak, es wäre uns allen manches erspart geblieben, wenn die ach so christlichen USA nach 9/11 einfach mal nicht „zurückgeschossen" hätten.

Doch zurück zum Islam, der übrigens in einer wichtigen Sache über ein rein religiöses Leben weit hinausgeht und damit einen Punkt erreicht, von dem ab man ihn eigentlich eine Ideologie nennen müßte. Er beansprucht nämlich auch die Staatsgewalt und hat ein eigenes, „gottgegebenes" Recht, dem kein menschengemachtes entgegenstehen darf. Daher ist es ja oft auch so schwierig für Muslime, einen säkularen Staat mit demokratisch beschlossenen Gesetzen zu akzeptieren. Noch dazu, wenn solche diejenigen Menschen und Lebensweisen bewußt schützen, die laut Scharia strengstens bestraft werden müßten. Zum Thema Religionsfreiheit braucht man ebenfalls nicht viel zu sagen. Wie andere Religionen in islamischen Staaten behandelt werden, ist bekannt, und daß ein Muslim, der zum Beispiel zum Christentum konvertieren will, in solchen Ländern gesellschaftlich geächtet und nicht selten mit dem Tode bedroht wird, ist schlicht ein Skandal.

Man muß auch das Gottesbild des Islam betrachten. Nominell beten Muslime zu dem Gott, den Juden und Christen gleicherweise verehren. Aber der Koran beschreibt einen ganz anderen, im Grunde gesichts- und geschichtslosen, fernen Gott, der schlicht Unterwerfung unter seine Gebote verlangt, aber keine konkreten Heilszusagen macht, außer für Märtyrer. Nur zum Vergleich: auch christliche Märtyrer sterben für ihren Glauben, aber ohne andere Menschen dabei in die Luft zu sprengen oder dergleichen. (Die Kreuzritter des Mittelalters sind deshalb in diesem Sinne definitiv keine Märtyrer.)
Man könnte nun sagen, daß die Menschen mit dem Koran eine abschließende, schriftliche Willenserklärung Gottes und einen vor etwa vierzehnhundert Jahren verstorbenen Propheten haben, dem

keiner mehr nachkommen soll (Siegel der Propheten)[122]. Also schweigt Gott und überläßt den Kalifen, Imamen oder Mullahs alles Weitere?

Wir kommen hier letztlich an einen interessanten Punkt. Die neuere Islamforschung[123], die natürlich von den Fundamentalisten, leider auch von etlichen moderaten Muslimen in Bausch und Bogen verworfen wird, ist nämlich der Auffassung, daß sich im 6. Jahrhundert aus verschiedenen Gruppen in der religiös aufgeladenen Levante eine Bewegung gebildet hat, deren erfolgreiche Anführer (die Omaijaden) sich nach den Eroberungen von Damaskus und Jerusalem im 7. Jahrhundert als Herrscher etablierten und die damals noch nicht so gefestigten, zum Teil noch uneinheitlichen religiösen Vorstellungen der verschiedenen Sektierer zur Staaträson machten. Damit legitimierten sie sich im Nachhinein und grenzten sich außerdem von den christlichen Herrschern ab. Der Koran in seiner heutigen Form lag damals noch gar nicht vor. Die Erzählungen über den Propheten (Hadithe) wurden erst gesammelt oder entstanden, auch um das Vorgehen der Herrschenden zu legitimieren. Interessanterweise wird Mohammed im Koran nur vier- oder fünfmal erwähnt, während von Jesus (Isa), Maria (Maryam) und alttestamentlichen Gestalten wie Moses (Musa) oder Abraham (Ibrahim) vergleichsweise viel zu lesen ist. War Mohammed vielleicht nur der erste erfolgreiche Anführer der Krieger und wurde zunächst gar nicht für den herausragenden Propheten gehalten, zu dem ihn spätere Kalifen dann gemacht

---

[122] Eine nicht unbeträchtliche Gruppierung im Islam sind die Ahmadiyya, die zusätzlich den aus Indien stammenden Propheten Mirza Ghulam Ahmad verehren (der Gründer der Bewegung). Die Ahmadiyya sind der Meinung, daß Mohammed zwar der bedeutendste Prophet ist, aber nicht der letzte sein muß. Sie gelten deshalb als Häretiker im Islam.
[123] Ich fasse im Weiteren grob zusammen, was in dem Buch von Pierre-Marie Soubeyrand (Islam: Herausforderung oder Verhängnis – deutsche Übersetzung aus dem Französischen) darüber geschrieben steht. Der Autor bezieht sich dabei selbst auf viele weitere anerkannte Forscher und alte, in dem Buch angegebene Quellen.

haben? Hielt er sich selbst überhaupt dafür? Man weiß es nicht, denn es gibt darüber nur islamische Quellen aus späterer Zeit. Sicher dagegen ist, daß Mekka - wie wohl auch Medina - bis weit in das siebte Jahrhundert hinein relativ kleine, unbekannte und unwichtige Orte waren, weswegen sich anfangs die Menge beim Gebet nachweislich nach Jerusalem (Tempelberg) ausrichtete, was auf einen judenchristlichen Einfluß hinweisen würde. Muslime behaupten ja auch, daß König Salomon (Suleiman) eigentlich eine Moschee dort erbaut hatte, keinenTempel.

Übrigens, noch um 830 lagen dem Gelehrten Abd-al-Masin al-Kindi, einem christlichen Araber, verschiedene Versionen des Koran vor, weswegen er dieses seiner Auffassung nach von verschiedenen Autoren zusammengestückelte Werk voller Widersprüche und die wirr zusammengetragenen Geschichten als wohl kaum vom Himmel geoffenbart bezeichnete. Nun soll der Koran aber letztlich <u>das</u> Buch der Bücher, die absolute Wahrheit sein. (Juden und Christen hatten ja angeblich die Schriften verfälscht.) So bezieht er sich zwar oft auf die Schriften der Bibel, aber er hat keine historische Struktur wie diese, liefert stellenweise Versatzstücke aus Büchern des Alten Testaments und der Evangelien und erzählt, auch anders als die Bibel, keine Heilsgeschichte. Man kann das Wirken und Eingreifen Gottes in der Geschichte der Menschheit dort nicht erkennen. Eher könnte man den Koran für ein liturgisches Buch halten, aus dem bei Zusammenkünften vorgetragen werden sollte, so wie es die Juden in den Synagogen mit ihren Schriften tun. Letzt habe ich auch die Auffassung gehört, daß der Koran ein Buch des Dialogs zwischen Gott und den Menschen sei.

Wie auch immer; die vielerlei Ungereimtheiten erklären sich - laut besagter Forschung - mit der Herkunft dieser Bewegung aus den stark messianisch geprägten Nazarenern, manchmal auch Ebioniten genannt. Diese jüdischen Anhänger Jesu, die die Römer den Juden einfach gleichsetzten, waren ja nach den jüdischen Aufständen genauso aus dem israelischen Stammland vertrieben worden und hatten, ähnlich den Juden, die Sehnsucht nach dem Messias, der das Reich Gottes auf Erden aufbauen würde. Nach jüdischem und judenchristlichem Verständnis sollte das von Jerusalem aus geschehen. Die Nazarener verehrten Jesus ja als diesen bald wiederkommenden Messias, hatten sich aber über die Zeit theologisch von der Lehre der Apostel und der Kirche weit entfernt. Ganz in jüdischen Traditionen und Ansichten verharrend, wollten sie nun dem Messias kämpferisch den Weg bereiten. Dazu mußte zunächst Jerusalem wieder eingenommen werden. Ihre Überzeugungen konnten sie in der religiös aufgeladenen Zeit bei den dortigen Völkern leicht verbreiten und viele Anhänger unter den arabischen Stämmen gewinnen. Einer der namentlich bekannten Nazarener-Priester des sechsten Jahrhunderts war der Araber Waraqa Ibn Nawfal Ibn Assad, der mit hoher Wahrscheinlichkeit ein naher Verwandter Mohammeds war, zumindest aber wie dieser dem Stamm der Koreichiten angehörte. Laut alten Quellen war er es, der das hebräische (aramäische) Evangelium ins Arabische übersetzte und seinen Verwandten ein Lektionar (einen Koran) hinterließ. Auf dieser Schrift basieren wohl etliche der späteren Texte, die in den Koran eingegangen sind.

Nachdem Jerusalem erobert war, sich aber die messianische Erwartung nicht erfüllt hatte, zerbrach das Band zwischen den Judenchristen und Arabern und es kam zu Auseinandersetzungen, in denen die mehrheitlich arabischen Stämme die Oberhand behielten. Was blieb war der Wille, den eigenen Glauben kämpferisch über die ganze Welt zu verbreiten. Statt des nicht erschienenen Messias (Jesus) hob man nun einen eigenen Propheten auf den Schild, erklärte dessen Heimatstadt Mekka zum neuen Zentrum der Bewegung und setzte sich so nicht nur von der judenchristlichen, sondern auch der jüdischen Tradition ab. Das erklärt dann auch, warum in den frühen Suren Christen und Juden eher als Brüder im Geiste angesehen werden, in späteren Suren aber juden- und christenfeindliche Aussagen auftauchen. Alles andere ist Geschichte.

Nun kann man meines Erachtens glauben was und leben wie man will, solange man anderen dabei keinen Schaden zufügt. Jeder Religion haftet natürlich etwas Transdeszendales an. Sonst wäre sie ja keine. Aber wie das Christentum muß sich auch der Islam der kritischen Nachfrage durch die Wissenschaft stellen, will er nicht in den Verdacht geraten, daß mit Klauen und Zähnen irgendwelche Legenden und Fabeln verteidigt werden, um bestimmten Leuten Macht und Einfluß zu gewähren.

Zu dem Unternehmen einiger Islamgelehrter in Europa, den Islam zu einer toleranten, der Gewalt entsagenden Religion zu formen, wünsche ich von Herzen gutes Gelingen. Am Großteil der Gläubigen hier wird es vielleicht nicht einmal scheitern, denn auch Muslime wollen eigentlich und am liebsten in Ruhe und Frieden leben, gerade auch solche, die in ihren Heimatländern von radikalislamischen Gruppierungen verfolgt wurden. Dennoch bleiben, kaum verwunderlich, mehr oder minder offen ausgesprochene Vorbehalte im nichtmuslimischen Teil der Bevölkerung bestehen. Diesen nicht mit wohlfeilen Sprüchen aus dem Koran, sondern mit erkennbar gutem Willen und Taten des aufeinander Zugehens zu begegnen, wäre aber Aufgabe der Muslime hier wie andernorts, was zum Glück hie und da auch geschieht. Die gerade von PEGIDA-Anhängern oft ins Feld geführte Stärke des Islam müßte uns eigentlich nicht ängstigen, wenn es die schon an anderer Stelle beschriebene Schwäche des Christentums hierzulande nicht gäbe. Wenn wir uns im Christentum zusehends verbiegen und anbiedern, machen wir uns in den Augen der Muslime eigentlich nur lächerlich, was auch für die oft nicht mehr gläubige, säkulare Gesellschaft erst recht gilt.

Im Übrigen empfehle ich zu diesem Thema uns allen als Lektüre die sogenannte Ringparabel aus Gotthold Ephraim Lessings Drama

„Nathan, der Weise". Der deutsch-jüdische Autor (1729-81), der Aufklärung zuzurechnen, propagierte schon damals einen gesitteten Umgang mit den jeweils Andersgläubigen.

Da Sie deswegen womöglich nicht auch noch den „alten Schmöker" irgendwo ausgraben und lesen wollen, werde ich hier das zusammenfassen, worauf es mir dabei ankommt. Auf die Frage des Kalifen, welche der drei Religionen denn wohl die richtige sei, erzählt Nathan ihm in dem Drama eine Geschichte über drei Söhne, die sich über die Echtheit ihres jeweiligen Ringes streiten, den jeder von ihnen vom mittlerweile verstorbenen Vater persönlich erhalten zu haben behauptet. Ursprünglich gab es nämlich nur einen, dessen eingearbeiteter Edelstein, über Generationen vererbt, den jeweiligen Träger allseits beliebt machen soll. Der Vater hatte aber keinen seiner drei Söhne verprellen wollen und hatte insgeheim zwei exakte Kopien des Rings anfertigen lassen. Nach dem Tod des Vaters geraten die verdutzten Brüder also aneinander und gehen sogar vor Gericht. Welcher Ring, genauer Edelstein nun der ursprüngliche ist, kann der Richter aber auch nicht klären. Also spricht er am Ende zu den Streithähnen (Zitat):

„Wohlan! Es eifre jeder seiner unbestochnen, von Vorurteilen freien Liebe nach! Es strebe von euch jeder um die Wette, die Kraft des Steins in seinem Ring an Tag zu legen! Komme dieser Kraft mit Sanftmut, mit herzlicher Verträglichkeit, mit Wohltun, mit innigster Ergebenheit in Gott zu Hilf'! Und wenn sich dann der Steine Kräfte bei euern Kindes-Kindeskindern äußern: So lad' ich über tausend tausend Jahre sie wiederum vor diesen Stuhl. Da wird ein weisrer Mann auf diesem Stuhle sitzen als ich und sprechen."

14. Deutschland, einig' Vaterland?[124]

Für die meisten Menschen sind die Themen dieses und auch des vorigen Kapitels schon nicht mehr Geschichte, die man in Büchern liest oder im Schulunterricht durchnimmt. Ich selbst habe etwa die Hälfte meines bisherigen Lebens im geteilten Deutschland verbracht und zwar, wie Sie sicher bereits vermutet haben, im Westen. Als ich Anfang der 1980er in der Bundeswehr war, standen sich der Ost- und Westblock noch wie festgefügt und hochgerüstet gegenüber. Selbst als die Proteste in der DDR anfingen, hätte ich noch jeden für verrückt erklärt, der an eine baldige Wiedervereinigung Deutschlands glaubte.

Um die Geschehnisse, die nun hier noch betrachtet werden sollen, historisch möglichst objektiv darstellen und einordnen zu können, ist eigentlich ein größerer Abstand nötig. Haben wir bisher quasi mit einem Fernglas Ereignisse aus längst vergangenen Epochen angeschaut, müßten wir jetzt eigentlich, um einen Gedanken Joachim Fernaus aufzugreifen, das Fernglas herumdrehen, damit wir Nahes wie aus der Ferne betrachten können. Ich will versuchen objektiv zu bleiben.

Nach dem Ende der DDR-Diktatur war es ja in gewisser Weise wie bald nach der Nazizeit, die Kriegsgräuel ausgenommen. Die allermeisten schauten mehr oder minder freudig nach vorne und wollten nichts mehr mit Partei und Staatsdoktrin zu tun haben. Alte Kader bildeten schnell Seilschaften, um für sich zu retten, was noch zu retten war, darunter möglicherweise das Parteivermögen der SED. Diese wurde alsbald in PDS[125] umbenannt, so wie auch die

---

[124] aus der DDR-Hymne von Johannes R. Becher
[125] Partei des demokratischen Sozialismus, heute die LINKE.

NSDAP in den 1950er Jahren in der NPD[126] eine „würdige" Nachfolgeorganisation bekam. Wie weitreichend der Lerneffekt bei den jeweiligen Parteiangehörigen war oder ist, überlasse ich gerne der Beurteilung meiner Leserschaft oder des Amts für Verfassungsschutz. Aber es laufen mittlerweile bedauerlicherweise doch recht viele umher, die uns weismachen wollen, daß das mit den Diktaturen alles natürlich gar nicht so schlimm war.

Nicht alles lief gleich rund, manches dagegen eher „wie geschmiert", was in manchen Gegenden der neuen Bundesländer zu Verbitterung und im Westen bei vielen zu Unverständnis führte. Alsbald erhoben sich Stimmen, die meinten, daß man die Mauer am besten wieder hochziehen sollte. Unter anderem darüber kam dann auch der „Kanzler der Einheit" zu Fall und zunächst eine SPD-geführte Regierung zum Zuge.

Wie kam der „Sozialistische Verteidigungswall" denn überhaupt zu Fall? Nun, den Staaten des Ostblocks, vornehmlich der UdSSR, war bildlich gesprochen die Luft ausgegangen. Die Rüstungsspirale hatte sich über die Jahre munter weitergedreht, dem Gleichgewicht des Schreckens stand aber ein riesiges Ungleichgewicht wirtschaftlicher und finanzieller Möglichkeiten gegenüber. Die Unzufriedenheit der Leute brach sich langsam Bahn und der 1985 in der UdSSR an die Macht gekommene Michail Gorbatschow erkannte nicht nur das Dilemma, sondern wollte tatsächlich etwas ändern. Die von ihm in der Sowjetunion angestoßenen Reformen und Öffnungen schwappten natürlich auch auf die sowjetischen „Bruderländer" über. Die jeweiligen kommunistischen Machthaber, reformunwillig und auch -unfähig, mußten nun ohne russisches Eingreifen machtlos zusehen, wie ihnen allmählich die Felle wegschwammen. Die Proteste nahmen zu und speziell in der DDR versuchten viele frustrierte Leute, irgendwie in den Westen zu kommen. Etwas Ältere

---

[126] Nationaldemokratische Partei Deutschlands. Hat sich mittlerweile umbenannt, aber die meisten ihrer Anhänger sind inzwischen bei der AfD gelandet.

haben vielleicht noch die Bilder im Kopf, als Ungarn plötzlich die Grenze zu Österreich öffnete oder in der Prager BRD-Botschaft Außenminister Genscher den dort Gestrandeten die Ausreise in den Westen verkündete.

Diejenigen, die blieben, brachten es immerhin so weit, daß Erich Honecker endlich seinen Hut nehmen mußte. Der direkte Nachfolger, Egon Krenz, hatte gewiß keine Idee an eine Wiedervereinigung verschwendet. Selbst führende Köpfe der Bürgerbewegung wollten ja zunächst eine neue, bessere DDR aufbauen. Der Druck kam letztlich von der Straße, hätte aber sicher auch nicht genutzt, wenn die politischen Akteure andernorts nicht darauf eingegangen wären.

Dem damals schon umstrittenen Bundeskanzler Helmut Kohl konnte und hatte man später vieles vorgeworfen, aber in außenpolitischer Hinsicht war er hervorragend. Auch hatte er die deutsche Wiedervereinigung, im Gegensatz zu vielen Politikern im linken Spektrum, noch nicht ad acta gelegt. Zusammen mit dem damaligen Außenminister Hans Dietrich Genscher, auch dieser ein für uns eher seltener Glücksfall, nutzte Kohl das Tauwetter zwischen den Großmächten, um die Wiedervereinigung voranzutreiben. Dabei halfen ihm auch die guten, zum Teil sogar freundschaftlichen Kontakte zu den maßgebenden Staatschefs. Letztlich war sogar er überrascht, wie schnell die Mauer dann am 9. November 1989 fiel. Der Rest war außenpolitisches Handwerk, das er und Genscher zum Glück beherrschten. Am 3. Oktober 1990 konnte die Wiedervereinigung Deutschlands vollzogen werden.

Nun ist man hinterher immer schlauer als vorher. Hätte man das Ganze also nicht besser machen können? Wahrscheinlich. Manche Ostdeutsche oder Kohls politische Gegner würden sicher sagen: Bestimmt! Natürlich hat alles viel mehr gekostet, als man dachte und vor allem sagte. Das Ausmaß dessen, was man in vierzig Jahren sozialistischer Planwirtschaft alles herunterwirtschaften kann, hatten wohl auch viele Experten im Westen zunächst nicht für möglich gehalten, und blühende Landschaften entstanden sicher nicht sofort und überall. Daß darüber hinaus viele osteuropäische Märkte zusammenbrachen, war für den Erhalt ostdeutscher Betriebe auch nicht gerade hilfreich. Die von den meisten Menschen im Osten herbeigesehnte freie, soziale Marktwirtschaft blieb trotzdem eben Marktwirtschaft, und damit umzugehen, fiel nicht jedem leicht. Es gab viele Verlierer, deren Sorgen lange nicht entsprechend wahrgenommen wurden. Definitiv wurden grobe Fehler bei der Sanierung und Privatisierung der DDR-Betriebe gemacht (Stichwort Treuhand), die zu einer Deindustrialisierung großen Ausmaßes führten. So mancher Konzern aus dem Westen übernahm billig seinen Konkurrenten im Osten, sofern er ihn sogar nicht einfach loswurde. Die entstehende Massenarbeitslosigkeit in den einstigen Industriehochburgen wurde zu einem ernsthaften Problem, das trotz allmählicher Besserung bis heute nachwirkt.

Hätte man sich deshalb bei der Wiedervereinigung mehr Zeit lassen sollen? Auch das ist eine Frage, die man stellen kann. Heute läßt sich sagen, daß das Zeitfenster, in dem dieser Prozeß fast reibungslos über die Bühne gehen konnte, recht begrenzt war. In der UdSSR - wie überall in Osteuropa - fehlten Wirtschaftsexperten, die die Transformation des kommunistischen Staates in ein moderneres System hätten erfolgreich lenken und leiten können. Der alte Kitt hielt nicht mehr und die Länder des Warschauer Paktes gingen recht schnell eigene Wege, letztlich zerfiel auch die UdSSR. Gorbatschow fegte es deshalb hinweg, in Rußland wurden die politischen Verhältnisse schwierig und aus so mancher sozialistischen Teilrepublik wurde über Nacht eine orientalische Despotie. Die Verhandlungen wären dadurch sicher nicht einfacher geworden. Voraussetzung zur Wiedervereinigung war nämlich der Abschluß des sogenannten Zwei-plus-Vier-Vertrages.

Wir erinnern uns (Reichsbürger, noch einmal aufgepaßt!), daß, nachdem der Bundesrepublik 1955 ihre Souveränität zuerkannt worden war, die vier Siegermächte (USA, Großbritannien,

Frankreich und die UdSSR) sich lediglich einen Vorbehalt bezüglich Berlins und der zukünftigen Schaffung eines vereinigten Deutschlands eingeräumt hatten. Nur diese hatten also, international unbestritten, bei Deutschlandfragen überhaupt ein Wörtchen mitzureden. Ein gesonderter Friedensvertrag wurde nach dem Zweiten Weltkrieg wegen Uneinigkeit der Sieger ja nicht abgeschlossen; ein zusätzlicher Friedensvertrag ist nun aber von den Siegermächten auch für später nicht mehr geplant und wäre nach dem Abschluß des Zwei-plus-Vier-Vertrages, so die Siegermächte damals, auch völlig sinnlos. Alles, was ein Friedensvertrag füglich enthalten sollte, wurde geregelt. Der Zwei-plus-Vier-Vertrag würde damit kraft seines auf mehr als Frieden gerichteten Inhalts jeden Friedensvertrag mit den ehemaligen Kriegsgegnern ersetzen.

Im Zuge dieser Verhandlungen hätten andere, durch den Krieg geschädigte Staaten ja noch versuchen können, ihre Einsprüche - welcher Art auch immer - geltend zu machen. Das geschah damals aber nicht beziehungsweise wo es Forderungen gab, wurden diese offenbar in welcher Weise auch immer erfüllt. In diesem Vertrag zum Beispiel hatte Deutschland die ehemaligen deutschen Ostgebiete Polen verbindlich zuerkannt, das heißt, die „Oder-Neiße-Linie" zur offiziellen, von uns fürderhin anerkannten Grenze erklärt. Wenn heutzutage manche polnische Nationalisten wieder über Reparationen in gigantischer Höhe faseln, ist das deshalb nicht nur absurd, sondern politisch in vielerlei Hinsicht äußerst unklug[127]. Da im letzten Krieg in Polen viele Grausamkeiten verübt wurden, sollte man über sinnvolle Entschädigungsmaßnahmen natürlich reden.

Auch in Griechenland, das von deutschen Touristen über Jahrzehnte sicher recht gut profitiert hat und nicht zuletzt mit deutscher Zustimmung erst in die Eurozone aufgenommen wurde, dachte man überraschenderweise erst in den dadurch selbstverschuldeten

---

[127] Alternativ könnten die Ewiggestrigen in Polen ja mal versuchen, ihre ehemaligen Ostgebiete von Stalins Erben zurückzubekommen (Späßle!).

Krisenzeiten über Summen nach, die sich - wohl rein zufällig - in etwa der Höhe der eigenen Staatsverschuldung bewegten. Ein Schelm, wer Böses dabei denkt. Der Historiker und Griechenlandkenner Heinz A. Richter hatte übrigens - für viele überraschend - sogar herausgefunden, daß nach der Räumung Griechenlands gegen Kriegsende eigentlich die griechische Regierung bei der Deutschen Reichsbank mit 300 Millionen Reichsmark in der Kreide Stand. Die Bank hatte nämlich damals die inflationäre Drachme gestützt (Spiegel 7/2016).

Neben dem Verzicht auf eigene ABC-Waffen[128] wurde vertraglich auch die maximale Personalstärke der Bundeswehr in Friedenszeiten festgesetzt, die deutlich geringer ausfiel als beide deutsche Heere davor zusammengenommen. Selbst von dieser sind unsere Streitkräfte derzeit meilenweit entfernt und man muß dazusagen, daß wir diese relativ wenigen Einheiten seitdem trotzdem kaum vernünftig ausrüsten konnten oder wollten. Spätestens nach dem furiosen Ende des Afghanistaneinsatzes dürfte darüber wohl kaum noch ein Zweifel bestanden haben, wenn doch, dann sind solche mittlerweile bestimmt ausgeräumt. Immerhin durfte das vereinigte Deutschland der NATO angehören, was für den Kreml damals ganz sicher keine leichte Hürde dargestellt hatte. Übrigens: Kohl, Genscher und viele andere in Europa hatten sich wohl deshalb immer gegen eine Mitgliedschaft ehemaliger Warschauer-Pakt-Staaten in der NATO ausgesprochen. Man wollte so russischen Vorbehalten entgegenkommen oder fühlte sich, speziell in Deutschland, aus historischen Gründen dazu verpflichtet. Es waren die osteuropäischen Staaten selbst, die unbedingt in die NATO

---

[128] Ich wünschte, daß dieses ganze Zeug weltweit vernichtet würde, bin aber kein Traumtänzer. Allein die Existenz dieser Art Bedrohung sollte für uns Grund genug sein, mangels ausreichender (europäischer) Alternativen in der Nato zu bleiben.

aufgenommen werden wollten, nachdem sich in Rußland die politischen Verhältnisse nach der Ära Gorbatschow deutlich zu wandeln begannen, woran die Politik der USA jener Jahre (Bush jr., Rumsfeld, Cheney u.a.) sicher nicht ganz unschuldig war. <u>Vertraglich</u> wurde übrigens nie eine Osterweiterung der NATO ausgeschlossen, lediglich die Stationierung von Truppen und Waffensystemen in jenen Ländern wurde geregelt.

Als Resümee sei hier gesagt: Eine Revolution in einer Diktatur, ohne daß bei Anwesenheit von gut bewaffneter Polizei und Armee sowie russischer Besatzungstruppen ein Schuß gefallen war, mit anschließender Vereinigung zweier Landesteile, die sich über vierzig Jahre lang und aufgrund der Zugehörigkeit zu verfeindeten politischen Blöcken unterschiedlich entwickelt haben, ist allemal eine Seltenheit. Den mutigen Bürgern der Ex-DDR muß man dafür Respekt zollen, daß sie sich einem Regime entgegenstellten, das bis zu jenen Ereignissen nie zimperlich mit Kritikern umgegangen war. Aber auch einem Kanzler Kohl und seiner Regierung, die in einer einmaligen Situation, ihre Möglichkeiten nutzend, nicht fehlerlos, aber beherzt und geschickt gehandelt haben. Beides war nötig, um das geteilte Land politisch wieder zusammenzuführen.

An dieser Stelle beende ich unseren Gang durch die Geschichte, denn das, was seitdem geschah, ist schon (oder noch) zu gegenwärtig, als daß wir es jetzt abschließend beurteilen und einordnen können. Aber ich habe das Kapitel ja bewußt mit einer Frage überschrieben, über die wir einmal nachdenken sollten, wenn uns etwas an unserem Land liegt.
Die politische Einheit ist zwar vor über dreißig Jahren vollzogen worden, doch erleben wir, daß die Einheit der Menschen damit noch lange nicht geschaffen war. Ich werde hier jetzt trotzdem nicht auf all die Fehler, Mißverständnisse und Klagelieder über „Besserwessies" und „Jammerossies" nach der Wende eingehen. Es

bringt uns meines Erachtens auch nicht wirklich weiter. Die wirtschaftlichen Umbrüche seitdem haben nicht nur im Osten, sondern auch im Westen viele Leute betroffen, die ihren Unmut über sozialen Abstieg und die Vernachlässigung ganzer, meist ländlicher Gegenden, aber auch ehemaliger Industrieregionen immer lautstärker äußern. Es haben sich leider darüber hinaus auch noch andere Brüche in der Gesellschaft aufgetan und wir sehen, daß eine nicht unerhebliche Anzahl von Leuten offenbar massive Probleme mit der zugegebenermaßen ziemlich rasanten gesellschaftlichen und technischen Entwicklung haben. Ein Zurück in eine wie auch immer geartete „gute, alte Zeit" wird es allerdings nicht geben. Dazu kommt, daß sich zu den bislang ungelösten ökonomischen und ökologischen Problemen ganz neue internationale Herausforderungen ergeben haben, die unser Augenmerk erfordern. Davor die Augen zu verschließen und nur national oder gar regional zu denken und zu agieren, würde uns langfristig sicher noch teurer zu stehen kommen als die derzeitigen Verwerfungen durch die aktuellen politischen oder gar kriegerischen Konflikte. Wir werden uns aus vielen Gründen wirtschaftlich völlig neu aufstellen müssen und wir alle werden das ganz bestimmt in unseren Geldbeuteln merken. Inwieweit sich unsere gesamte Lebensweise wird ändern müssen, wird sich zeigen.

Unser Land, das es ja „erst" vor etwas mehr als tausend Jahren wurde, hat sich schon immer verändert - geographisch, kulturell, politisch und auch bevölkerungsmäßig. Einflüsse von außen wurden mal mehr, mal weniger aufgenommen, verarbeitet und die daraus entstehenden kulturellen Errungenschaften nicht selten auch wieder „exportiert"[129]. Das heutige Deutschland ist aber nicht mehr mit dem

---

[129] Dazu Peter Watson (The German Genius): „The USA and Great Britain may *speak* English but, more than they know, they *think* German," und ein Zitat von Erich Heller (im gleichen Buch): "Defeated in two world wars, Germany appeared to have invaded vast territories of the world's mind."

unserer Väter und Großväter vergleichbar. Es ist anders: bunter, offener, vielfältiger. Und wir sind in summa sicher nicht mehr die stets fleißigen, pünktlichen, korrekten, sauberen, gründlichen, gut organisierten, aber auch angeblich humorlosen Leute, für die man die Deutschen früher durchaus halten konnte. Menschen unterschiedlichster Couleur leben hier. Das kann man gut oder schlecht finden. Aber selbst, wenn wir die Migration irgendwie deutlich reduzieren oder gar stoppen könnten, läßt sich nichts daran ändern, daß wir „Biodeutschen" hier mit Menschen anderer Herkunft leben müssen, die allermeist, zum Teil schon vor Jahrzehnten, das Recht hier zu sein erworben haben. Und sie müssen auch mit uns zurechtkommen (wollen). Wir brauchen hier schon aus rein demoskopischen Gründen viel mehr junge Leute, die dann allerdings auch Hand anzulegen gewillt sind beziehungsweise dahingehend gebracht werden müssen. Wie soll unsere allmählich überalternde Gesellschaft den „Laden sonst am Laufen halten"? Und warum machen wir es uns dann eigentlich gegenseitig schwerer als nötig? Wir sollten aus dieser Situation endlich etwas Positives gewinnen! Was nämlich in vielen international agierenden Unternehmen schon gang und gäbe ist, müßte sich endlich auch in unserer Gesellschaft Bahn brechen. In solchen Firmen kümmert sich in der Regel jeder, woher er auch kommt, mit seinen Kräften und Gaben um das Erreichen eines gemeinsamen Zieles. Wir führen aber lieber ausgiebig gesellschaftlich unproduktive, Ressourcen verschwendende Debatten und lassen es zu, daß ein Keil nach dem anderen zwischen die verschiedenen Teile der Bevölkerung getrieben wird.

Da ist zum Beispiel die Idenditätspolitik, die dazu führt, daß sich in der Gesellschaft immer mehr und immer speziellere Gruppen bilden, die um verstärkte Aufmerksamkeit und „Respekt" buhlen. Ihnen gemeinsam ist, daß sie sich wie auch immer vernachlässigt, ausgeschlossen und diskriminiert fühlen. Ob es nun tatsächlich so ist, wird aber nicht unbedingt an objektiv meßbaren Zahlen und

Fakten festgemacht, sondern meist an subjektiv erlebten Geschehnissen. Wenn sich also jemand als Opfer fühlt, muß er oder sie es auch sein. Wehe dem, der widerspricht! Kommt hinzu, daß mittlerweile hinter jedem falschen Wort und jedem vielleicht nur verunglückten Witz ein Abgrund an Diskriminierung oder gar Rassismus konstatiert wird. Befeuert wird das alles durch die aus den USA zu uns herübergekommene „Critical Race Theory" (CRT) und einen völlig überdrehten Antikolonialismus. Diesen zufolge ist für alles Übel der Welt ausschließlich(!) der „Westen" verantwortlich. Kritik aus den USA oder Europa an unhaltbaren Zuständen in Ländern der sogenannten Dritten Welt gilt deshalb als übergriffig und bei Kritik an Kriminellen oder anderen Taugenichtsen mit wie auch immer pigmentierter Hautfarbe wird dann schnell „Rassismus!" gerufen. Völlig verrückt wird es zum Beispiel beim Tragen afrikanischer oder indigener Haar- oder Kleidertrachten oder beim Übersetzen von Texten nichtweißer Autoren durch Weiße, was beides als kulturelle Aneignung gebrandmarkt wird. Der Publizist Douglas Murray nennt das alles einen regelrechten Krieg gegen den Westen, also gegen heutzutage offene, demokratische Gesellschaften, die über die Zeit Fehler der Vergangenheit eingesehen und sehr weitgehend abgestellt haben und zu denen merkwürdigerweise alle Zuflucht suchen, die in den angeblich so von uns unterdrückten Ländern ihres Lebens nicht mehr sicher sind.

Der Politikwissenschaftler Francis Fukuyama sieht übrigens die Identitätspolitik als eine große Gefahr für das demokratische Miteinander an. Wenn man nämlich beginnt, so sagte er es 2019 in einer Rede, Politik um feststehende Identitäten zu organisieren, wird das Verhandeln schwierig. Es geht dann nämlich nicht mehr um konkrete Maßnahmen, sondern um Respekt. Eine Verletzung der eigenen Identität ist eine Verletzung der eigenen Würde – und die Wut darüber natürlich viel größer als bei einer

Meinungsverschiedenheit über Steuern zum Beispiel. Darüber verroht dann auch die Debattenkultur, wie wir es derzeit ja auch bei uns erleben. Verbales „Draufhauen" auf jeden unglücklich gewählten Ausdruck und gewolltes Mißverstehen und folglich eine „Cancel Culture", welche unliebsame Meinungen aus dem Diskurs verbannen will, sind an der Tagesordnung. Das alles muß endlich aufhören.

Meister in diesen Disziplinen ist heute die gesellschaftliche Linke, für die mittlerweile nicht mehr soziale und politökonomische Probleme im Mittelpunkt stehen, sondern Fragen des Lebensstils, der Konsumgewohnheiten und moralische Haltungsnoten, wie es Sahra Wagenknecht in ihrem Buch „Die Selbstgerechten" zu recht ausdrückt. Sie nennt diese Leute Lifestyle-Linke. Diese Kreise haben uns manches faule Ei ins Nest gelegt. Aufgrund der vielleicht interessanten, aber sicher auch fragwürdigen „gender studies" (Geschlechterforschung) wollen sie uns seit geraumer Zeit einreden, daß Geschlechter nicht genetisch bedingt, sondern nach Lust und Laune frei wählbar sind. Man braucht sich auch nicht unbedingt festzulegen, was den meisten Menschen bei einem Blick auf die dafür aussagekräftigen Körperteile sicher kaum noch zu vermitteln ist. Bei alledem wird auch hier in der Regel Gefühltes dem Faktischen vorgezogen. Wahrscheinlich erfreuen sich manche Chirurgen und spezielle Ärzte bald an einer Zunahme von operativen Geschlechtsumwandlungen, die ja nicht ohne sind. Sogar Minderjährige haben heute schon das Recht, sich auf diese Weise zu verändern. Das mag alles sein, wie es will, aber die Aufmerksamkeit, deren sich wie auch immer queere Personen heute erfreuen dürfen, steht in keinem Verhältnis zu der Größe dieser Personengruppe. Ich möchte nicht falsch verstanden werden! Jeder soll bei uns unbehelligt leben können, egal wie er/sie/es sich fühlt oder mit wem oder was die Wohnung oder das Bett geteilt wird. Aber man sollte dabei „die Kirche im Dorf lassen".

Linksintellektuelle Kreise versuchen uns des weiteren einzureden, daß unsere Sprache neuerdings Frauen und was es sonst an nicht eindeutig männlichen Personen gibt nicht genügend zur Geltung bringt. Also muß unsere durch Jahrhunderte gewachsene, durchaus klare deutsche Sprache künstlich verändert werden. Daß man sie deswegen bald nicht mehr flüssig lesen, geschweige denn sprechen kann, ist dabei offenbar nebensächlich. (Bereits die letzte, von oben verordnete Rechtschreibereform hatte für reichlich Verwirrung und berechtigte Kritik gesorgt, ohne daß es mit der dadurch anvisierten Rechtschreibefähigkeit seitdem besser geworden wäre.) Als Luther für die Bibel ein allgemein verständliches Deutsch quasi kreierte, war seine Maxime noch: „Man muß dem Volk aufs Maul schauen." Heutzutage wollen der Realität enteilte Intellektuelle dem gemeinen Menschen ihre Ideen von „sauberer" Sprache aufdrücken. Es erstaunt dabei, daß gerade Journalist*innen (oder muß man nun sagen Journalistierende), die unsere sprachlichen Gegebenheiten und deren Hintergründe eigentlich kennen sollten, nicht mehr zwischen biologischem und grammatikalischem Geschlecht unterscheiden können oder einzig aus ideologischen Gründen nicht mehr wollen. Auf die Wortungeheuer, mit denen wir angeblich anstößige Begriffe mittlerweile zu umschreiben genötigt werden, möchte ich gar nicht erst eingehen. Den Beweis, daß durch diesen „orwellianischen[130]" Irrsinn auch nur ein Mensch weniger diskriminiert wird, ist man bisher noch schuldig geblieben. In Ländern, in denen „Sprachfehler", wie wir sie sozusagen haben, gar nicht existieren, sieht es mit Diskriminierung und Rassismus ja auch nicht besser aus, eher schlechter. Nein, diese Probleme löst man nicht, indem man an der Sprache ohne Sinn und Verstand herumdoktert.

---

[130] George Orwell: „1984", darin sollten durch das „Neusprech" systemkritische Gedanken nicht mehr ausdrückbar sein.

Um das gesellschaftliche Miteinander zu fördern, wäre es zielführender, wenn wir es mit Selbstdisziplin im Umgang mit Anderen und besserer Erziehung der Kinder versuchen, inklusive einer sinn- und maßvollen Nutzung elektronischer Medien. Apropos, es gibt derzeit reihenweise fundierte Studien[131], die eindeutig belegen, daß entgegen dem Marktgeschrei der an diesen Dingen gut verdienenden Leute die täglich mehrstündige, oft unkontrollierte Nutzung von Smartphones, Playstations und Computern von Kindern und Jugendlichen definitiv der geistigen, ja sogar der körperlichen Entwicklung schadet. Vom Suchtpotential dieser Spielereien will ich gar nicht reden. (Selbst Lernprogramme, die für Schulen zum Beispiel entwickelt wurden, erreichen nicht die Ergebnisse, die klassisches Lernen immer noch zeitigt.) Wer nur halbwegs die Inhalte der von Kindern und Jugendlichen zumeist genutzten Computerspiele kennt, wird sich über zunehmende Empathielosigkeit, Gewaltbereitschaft, Aufmerksamkeitsstörungen und ähnlichen Verhaltensweisen bei jungen Leuten mit daraus folgenden Bewegungsdefiziten und Gewichtsproblemen nicht wundern. Der Gehirnforscher und Psychiater Manfred Spitzer rät wörtlich: „Wir haben nichts außer die Köpfe der nächsten Generation, wenn es um unseren Wohlstand und den Erhalt unserer Kultur geht. Hören wir auf, sie systematisch zu vermüllen!"

Der Kabarettist Andreas Rebers sagte einmal so treffend: „Eltern können durchaus ihre Kinder erziehen, wenn sie es wollen." Nicht zuletzt der früher oft noch gehörte Hinweis bezüglich eines gesitteten Benehmens: „Das gehört sich nicht!", scheint kaum noch Anwendung zu finden. Damit könnte man den Umgang miteinander deutlich erträglicher gestalten. So wie es jetzt läuft, kann es nicht weitergehen.

---

[131] Nachzulesen unter anderem in Manfred Spitzers Buch: Digitale Demenz

Ich fürchte, daß wir durch Debatten, die nur noch auf moralischer Ebene geführt werden und ausschließlich dem eigenen Befinden oder der Betroffenheit einzelner Raum geben, das eigentliche Ziel, das Wohl unseres Landes und der hier lebenden Menschen, nie erreichen werden. (Zum Gaudium derer, denen an einem schwachen Deutschland und damit letztlich schwachen Europa gelegen ist.) Ich habe darüber hinaus auch erhebliche Zweifel, ob die Art des Auftretens einiger Vertreter jener tatsächlich oder auch nur gefühlt diskriminierten Menschen ihrer Sache wirklich dienlich ist. Alle, die ihren Standpunkten nicht vorbehaltlos zustimmen, als „alte, weiße Männer" oder von solchen manipuliert (neudeutsch: token) zu bezeichnen, ist eigentlich eine Unverschämtheit.

Wir werden sicherlich mit einigen, hoffentlich weniger werdenden Leuten leben müssen, die nicht willens sind, aus ihrer nationalistischen, rassistischen, fundamentalistischen oder sonst wie gearteten Blase herauszukommen oder die in sehr eigenen, irrationalen Welten leben. Diesen sollte man zurufen, was Goethe seinen Mephisto zu Faust sagen läßt: „Verachte nur Vernunft und Wissenschaft, des Menschen allerhöchste Kraft. Laß nur in Blend- und Zauberwerken dich vom Lügengeist bestärken, so hab' ich dich schon unbedingt!"

Darüber hinaus erwarte ich mir gerade auch von einem Rechtsstaat schon deutlich mehr, als nach irgendwelchen Anschlägen zu hören, daß man den oder die Täter „schon länger im Visier hatte" oder nach ausufernden Protesten und Demonstrationen nur die Scherben zusammenzukehren. Es ist auf Dauer für eine freiheitliche Gesellschaft kontraproduktiv, wenn die Bürger merken, daß der Staat Recht, Ordnung und Sicherheit nicht mehr ausreichend gewährleisten kann. Wir haben doch angeblich (hoffentlich) eine wehrhafte Demokratie. Das sollte neben einer konsequenten Strafverfolgung schließlich auch bedeuten, daß Minderheiten - nach Ausschöpfung aller gewährten Rechte! - der Mehrheit nicht ständig und folgenlos auf der Nase herumtanzen dürfen.

Zum Thema Meinungsfreiheit hat jüngst Florian Schröder ein meines Erachtens überaus kluges und informatives Buch[132] geschrieben. Er kommt unter anderem zu dem Schluß, daß diejenigen, die sie immerfort laut einfordern, eigentlich nur Widerspruchsfreiheit für sich propagieren. Als gefühlte Opfer der Regierung, der Industrie, der „fehlgeleiteten" Mehrheitsgesellschaft oder im Verborgenen agierender, mächtiger und reicher Leute meinen sie das Recht zu haben, in alle Richtungen ohne Konsequenzen austeilen zu dürfen.

Bezüglich mächtiger, reicher Leute: Ich bin auch kein Fan von Multimilliardären, die ihren geradezu obszönen Reichtum oft fragwürdigen Geschäftsmodellen und -praktiken verdanken, unter Umständen noch gepaart mit mehr oder minder umstrittenen Spekulationen an den Finanzmärkten. Aber wenn man solche Leute schon verteufelt, warum dann nicht für das, was sie nachweislich auf dem Kerbholz haben. Da wäre zum einen, daß für ihre Geschäfte und Produkte an vielen Stellen Heerscharen von Leuten – nicht selten Kinder - in zum Himmel schreienden Verhältnissen schuften müssen zu einem Lohn, der bestenfalls erbärmlich bezeichnet werden kann. Zum anderen ist da noch der Umstand, daß sie durch konsequente Trickserei und mithilfe oft kleiner, man möchte fast sagen krimineller Staaten unseren Gemeinwesen gigantische Steuerzahlungen vorenthalten und darüber hinaus noch die Chuzpe besitzen, Subventionen von Regierungen zu verlangen, wenn sie irgendwo eine Niederlassung für ihre Unternehmen gründen wollen. Es hat mit Sozialismus nichts zu tun, wenn man dergleichen als das bezeichnet, was es ist: Ein geradezu abscheuliches Agieren, das unter anderem auch deshalb so gut funktioniert, weil für uns ja „Geiz geil ist", um einen bekannten Werbeslogan zu zitieren. Manche dieser Milliardäre, wie derzeit Elon Musk, agieren mittlerweile völlig außer Rand und Band. Ihnen ist ihr Reichtum bestimmt zu Kopfe gestiegen.

---

[132] Florian Schröder: „Schluß mit der Meinungsfreiheit!" (dtv)

Nicht erst die Flüchtlingskrise, die Corona Pandemie oder die jüngsten Überflutungen haben uns gezeigt, was hierzulande alles dringend reformiert werden muß, vom Krieg in der Ukraine gar nicht zu reden. Systemrelevanz wird jetzt oft ganz anders definiert. Während wir deshalb vor einigen Jahren Banken mit Milliardenbeträgen gerettet und gut- bis offensichtlich überbezahlten Leuten ihre Jobs erhalten haben, meinen wir leider nun, die wirklich wichtigen Leute mit Beifall von den Balkonen und dergleichen abfinden zu können. Darüber hinaus haben wir ein Dickicht an Zuständigkeiten, Bürokratie und Handlungsauflagen kultiviert, das alles lähmt und dazu führt, daß wir im internationalen Vergleich immer weiter zurückfallen. Und es ist oft nicht zu fassen, für welchen Schnickschnack wir Geld auszugeben bereit sind und welche essentiellen Dinge erstaunlicherweise dabei auf der Strecke bleiben. Nebenbei: muß es in dem geographisch doch eher kleinen Deutschland wirklich so viele Bundesländer, geschweige denn gar Stadtstaaten geben?

Man muß freilich nicht alles machen, was irgendwie möglich ist. Es gibt ethische Grenzen, die nicht zuletzt dem christlichen Menschenbild entspringen. Aber unsere seit den 1970er Jahren stets gesteigerte Bedenkenträgerei und Industriefeindlichkeit haben immer wieder dazu geführt, daß neue Entwicklungen und Technologien - oft sogar aus deutschen Forschungslaboren - von anderen schnell aufgenommen, erfolgreich vermarktet und gewinnbringend angewandt wurden. Gekauft und genutzt haben wir diese Dinge am Ende ja doch. Damit verbunden ist leider auch eine nicht unerhebliche Abwanderung deutscher Experten in andere Länder (vorwiegend den USA), die neuen Ideen ungleich aufgeschlossener gegenüberstehen als unsere Scharen von Verhinderungsbürokraten. Und gerade jetzt, wo uns ökologisch das Wasser fast wortwörtlich schon bis zum Hals steht, müssen wir neue Technologien endlich einmal aktiv mit viel Elan und Geld vorantreiben, statt ständig auf der Bremse zu stehen. Nicht nur wie, sondern wovon wir in Zukunft eigentlich leben wollen, muß dringend geklärt werden.

Vielleicht doch noch ein paar Sätze zum Thema Bildung. Dieser unglaubliche Flickenteppich, den wir uns da leisten, dürfte eigentlich keine Ländersache mehr sein. Persönlich habe ich die seit Jahrzehnten gehaltenen Sonntagsreden satt, nach denen entweder nichts passierte oder alles sogar noch schlimmer wurde. Corona hat nun endlich sichtbar für alle den Offenbarungseid des Bildungssystems provoziert. Es fühlt sich fast an wie eine Konkursverschleppung. Meist schicken ja gerade die dafür verantwortlichen Politiker und gutsituierten Menschenfreunde ihre eigenen Kinder gerne in Privatschulen, Internate oder ausländische Bildungseinrichtungen, um jenen die Probleme hiesiger, öffentlicher Schulen zu ersparen, wie Mangel an qualifiziertem und motiviertem Lehrpersonal, schlechte Ausstattung, Inklusion, Integration, Furor respektloser Schüler und „besorgter" Eltern und so weiter, also letztlich dadurch provozierter Bildungslücken und -rückstände. Wollen wir uns also in Zukunft wie die großen Fußballvereine die „Topstürmer" nur noch aus dem Ausland zukaufen? Das kann nicht der Anspruch eines Industrielandes sein, das über keine eigenen, teuren Rohstoffe verfügt. Die soziale Frage ist ja damit eng verknüpft. Gutbezahlte Arbeitsplätze, auch und gerade im von uns lange unterschätzten Handwerk, sind ohne gute Ausbildung kaum noch zu bekommen. Hier müssen wir für alle Chancen eröffnen, vielleicht auch den einen oder anderen ein bißchen zu seinem Glück zwingen. Nur so werden wir das alte Versprechen Ludwig Erhards - Wohlstand für alle - erfüllen beziehungsweise erhalten können. Damit eröffnen wir dann auch für die sogenannten einfacheren, aber nicht zu verachtenden Arbeiten, die ja ebenso gemacht werden müssen, Möglichkeiten einer besseren Vergütung. Langfristig werden wir mit Bildung, sozialer Gerechtigkeit und auch einem gewissen Pflichtbewußtsein eher Ausgrenzungen und Diskriminierungen entgegenwirken als mit der Findung immer neuer und spezieller Opfergruppen, auf die und deren Befindlichkeiten von der Mehrheitsgesellschaft immer penetranter und lautstärker Rücksichtnahme eingefordert wird.

Zu guter Letzt kommen wir noch einmal auf das Thema Europäische Union zu sprechen. Angesichts wirtschaftlicher und vor allem militärischer Giganten wie den USA, China und das nicht so ferne Rußland, die alle zunehmend aggressiver agieren, muß man allmählich am Verstand der leider noch viel zu vielen Leute zweifeln, die sich hier in Europa an eine Nationalstaatlichkeit klammern, daß es einen graust. Wenn ich mir etwas wünschen dürfte, dann daß wir morgen endlich die Vereinigten Staaten von Europa gründen würden mit gemeinsamer Regierung, gemeinsamer Wirtschafts-, Außen- und Sicherheitspolitik, sinnvollerweise mit außereuropäischen NATO-Staaten und Demokratien als Verbündete koordiniert, und einer für alle verbindlichen Amtssprache, am besten Englisch, das ohnehin praktisch überall schon genutzt wird. In den einzelnen Ländern mag dann noch dies oder das separat geregelt und die Landessprache und lokale Eigenheiten gepflegt werden können.
Aber ich bin kein Träumer. Wenn man wenigstens die leidige Einstimmigkeit bei Beschlüssen durch Mehrheitsentscheide in den Gremien ersetzen und den Herrschaften in Brüssel oder Straßburg eindeutige Kompetenzen übertragen würde, samt entsprechender Mittel natürlich, wäre uns allen vermutlich schon geholfen. Das setzte allerdings auch voraus, daß die besagten Herrschaften nicht abgehalfterte, drittklassige oder in ihren Herkunftsländern überflüssig gewordene Politiker sind, sondern von ihrem Metier auch etwas verstehen und Europa voranbringen wollen. Dazu gehört übrigens nicht die Beschäftigung mit so „weltbewegenden" Themen wie die Art und Weise der Pommes-frites-zubereitung in

Restaurants, ob Apfelwein tatsächlich Apfelwein heißen darf, über wieviel Watt ein Staubsauger maximal zu verfügen hat und dergleichen Firlefanz.

Demokraten werden bestimmt kein Problem haben, sich einer Mehrheit zu beugen, wenn alle Argumente ausgetauscht wurden und schlimmstenfalls noch ein Rechtsweg offensteht. Aber die Bürger, vor allem deren politische Führer, von Ländern, die sich um Rechtsstaatlichkeit einen Dreck scheren und denen es offensichtlich nur um finanzielle, am besten unkontrollierte Zuwendungen der EU geht, darf man schon fragen, ob für sie ein Verbleib in dieser Wertegemeinschaft noch gerechtfertigt ist beziehungsweise ob sie meinen, mit ihren Allüren und ihrem Querulantentum wirklich auf Dauer besser dazustehen, gegebenenfalls auch außerhalb der EU. Nationalistische Politiker, vorwiegend aus Osteuropa, fühlten sich zuletzt sogar bemüßigt, vor einem neuen deutschen IV. Reich zu warnen. Unser heutiges Deutschland betrachtend, müßte man sich bei dem Gedanken eigentlich vor Lachen krümmen, wäre das Gerede solcher „Volksvertreter" nicht zum Haare raufen. Dabei haben wir nicht weit unserer östlichen Grenzen jemanden sitzen, der mittlerweile ganz ungeniert von einem neuen russischen Reich redet und seinen zukünftigen Einflußbereich definitiv weiter nach Westen auszudehnen gewillt ist. Da die innerrussischen Verhältnisse mittlerweile nicht einmal ansatzweise unseren demokratischen Vorstellungen und unserer Lebensweise entsprechen, fragt sich doch, ob wir dieser offensichtlichen Bedrohung nicht endlich gemeinsam etwas entgegensetzen sollten.

Wir erinnern uns: Das im Mittelalter entstandene Heilige Römische Reich Deutscher Nation, eigentlich recht gut mit der heutigen Europäischen Union vergleichbar, ist an Kleinstaaterei und am Festhalten an kurzsichtigen Partikularinteressen gescheitert. Es wurde so zum Spielball anderer Mächte und letztlich auch zu deren Schlachtfeld, bis es ein mächtiger Aggressor am Ende ganz hinwegfegte. Die Geschichte, sagte einst Indira Gandhi, ist der beste Lehrmeister, allerdings mit den unaufmerksamsten Schülern. Wenn wir also überhaupt noch willens sind, Lehren aus der Vergangenheit zu ziehen, dann sollte in diesen Tagen - und nicht nur uns Deutschen - die Geschichte jenes alten Reiches Warnung genug sein. Persönlich hoffe ich, daß wir diese Lehren nicht irgendwann auf die harte Tour ziehen müssen. Die Chancen dafür stehen bei Abfassung dieser Zeilen leider wieder einmal nicht schlecht. Im Kreml ist man bereits dabei Fakten im Osten Europas zu schaffen, genauso wie es Bismarck einstmals beschrieben hat: mit Blut und Eisen. Im Gegensatz dazu arbeitet die kommunistische Führung Chinas mit weitaus effektiveren und mittlerweile immer robusteren Methoden an ihrer angestrebten Vormachtstellung in der Welt. Bis weit nach Europa hinein bestehen schon Abhängigkeiten von chinesischem Kapital und diese werden immer mehr Möglichkeiten bieten uns in Europa politisch zu erpressen, auseinander zu bringen, gegebenenfalls sogar zu strangulieren.

Keiner Großmacht, auch nicht den USA, ist an einem starken, geeinten Europa gelegen. Und da Donald Trump und mit ihm eine eiskalte Politik nun wieder ins Weiße Haus eingezogen ist, werden wir uns in Europa ziemlich warm anziehen müssen. Leider haben wir es seit den 1990er Jahren versäumt uns zu emanzipieren und außerdem einen zu großen amerikanischen Einfluß auf die europäische Politik zugelassen. Rußland hat sich unter Putin politisch von Europa distanziert und sich sogar zu einem Feind entwickelt, mit nun leider gravierenden Folgen für die Ukraine, die EU und vieles andere darüber hinaus. Die politische Beeinflussung aus dem Kreml, offen wie verdeckt, ist mittlerweile gewaltig. Gezielte Sabotageaktionen häufen sich. Ein Zusammenwachsen Europas, gerade auch sicherheitspolitisch, wird leider durch die wirtschaftlichen Turbulenzen und den verstärkt aufkommenden Nationalismus kaum einfacher, aber immer nötiger, eigentlich überlebenswichtig, wenn wir in Europa dereinst nicht völlig abhängig von den immer unberechenbareren USA werden oder gar als politische Verfügungsmasse, Touristenattraktionen, Entwicklungsländer oder schlimmstenfalls unter der Fuchtel Chinas, Rußlands oder beider enden wollen.

Was ich noch zu sagen hätte....

Wenn ich die vor uns liegenden, über das kleine Europa weit hinausgehenden, gewaltigen Aufgaben ökologischer, ökonomischer und politischer Natur und deren Komplexität betrachte, alsdann die Trägheit, Sturheit oder auch die Verblendung eines nicht gerade kleinen Teils der Menschheit, und mehr noch deren politischer Führer, danebenstelle, regen sich immer mehr Zweifel in mir, ob sich die vielbeschworene Vernunft noch rechtzeitig durchsetzt beziehungsweise ob beste Absichten und all unsere Fertigkeiten für die Bewältigung der Probleme überhaupt noch ausreichen.

Wir gehen interessanten Zeiten entgegen. Ein Ziel sollten wir trotzdem immer im Auge behalten, nämlich ein für alle auskömmliches, warum nicht sogar angenehmes Leben auf dieser Erde. Ich zumindest will deshalb stets versuchen zu tun, was mir persönlich dazu möglich ist. Es ist sicher wenig genug. Darüber hinaus halte ich es allerdings mit den alten, weisen Psalmworten: *„Befiehl dem Herrn deine Wege und hoffe auf ihn!"*

Danksagung

Es würde mir schwerfallen, die vielen Menschen aufzuzählen, die über die Jahre und Jahrzehnte zwangsläufig unwissentlich zu der Entstehung dieses Buches beigetragen haben. Mein Geschichtsinteresse wurde natürlich bereits durch mein Elternhaus und auch durch einige Lehrer in der Schule geweckt, besonders aber durch einen sehr guten, geradezu väterlichen Freund, der leider auch schon verstorben ist („Danke Hermann, wir sehen uns!"). Da dieses Buch über weite Strecken im Grunde ein Extrakt dessen ist, was ich über den Schulunterricht hinaus in vielen Büchern gelesen und durch Dokumentationen, Reisen, Besichtigungen, Vorträgen und in Gesprächen mit fachkundigen Menschen erfahren habe, möchte ich mich zum einen ganz herzlich bei den diversen, nur zum Teil erwähnten Autoren (auch posthum) bedanken, die in ihre Werke noch unbeschreiblich viel mehr Zeit und Energie gesteckt haben, als ich dann beim Erstellen dieses Buches aufbringen mußte. Ich danke zum anderen nicht minder herzlich den unzähligen Reiseleitern, Stadt-, Burg-, Schloß- und Museumsführern überall für ihr tolles Engagement. Da ich selbst mittlerweile auch als Schloßführer tätig bin, kann ich den Umfang und die Herausforderungen dieser Aufgaben durchaus ermessen.

Ein ganz besonderer Dank geht an Elke Willmann, liebe Freundin und engagierte Deutschlehrerin, für ihr Korrektorat. Da ich nach Abschluß ihres Wirkens an der einen und anderen Stelle noch Änderungen vorgenommen habe, bitte ich deshalb vielleicht doch vorhandene Fehler meinem Unvermögen anzulasten. Ich bedanke mich ebenfalls für die unterschiedlichen, aber ausnahmslos wichtigen Rückmeldungen meiner Probeleser im Kollegen- und Freundeskreis. Es ist schön, als debütierender Autor von wohlwollenden Menschen unterstützt zu werden, die normalerweise andere Dinge zu tun haben. Selbstverständlich gilt mein Dank auch denjenigen, die eben genau solche Dinge zu tun haben, sprich den diversen Mitarbeitern des Verlags.

Zu guter Letzt muß ich mich bei meiner lieben Ehefrau bedanken, vor allem für ihre Geduld und „Leidensfähigkeit". Ich bin mir sicher, daß sie auf unseren Reisen manch lange Exkursion statt durch mehr oder minder alte Gemäuer in für sie eher interessante Läden oder Kaufhäuser gemacht hätte.

Literaturverzeichnis

Die hier aufgeführten Bücher sind mehr oder minder direkt in die Erstellung dieses Buches eingeflossen, zum Teil wurden sie in den entsprechenden Kapiteln bereits erwähnt. Darüber hinaus gab es natürlich noch sehr viel mehr Quellen, aus denen ich über die Jahrzehnte geschöpft habe.

Geschichte:

Afflerbach, Holger	*Auf Messers Schneide*	(C.H.Beck)
Attard, Joseph	*The Knights Of Malta*	(peg Ltd.)
Bayreuth, Wilhelmine von	*Memoiren*	(insel taschenbuch)
Buch zur Ausstellung im Reichstag	*Fragen an die Deutsche Geschichte*	
Clark, Christopher	*Von Zeit und Macht*	(DVA)
Clark, Christopher	*Wilhelm II.*	(Pantheon)
Clark, Christopher	*Die Schlafwandler*	(Pantheon)
Cyran, Eberhard	*Zeit läßt steigen dich und stürzen (über Kaiser Friedrich II.)*	(Albatros)
Dieckhoff, Hans Heinrich	*Roosevelt auf Kriegskurs*	(Arndt)
Fabian, Frank	*Die geheim gehaltene Geschichte Deutschlands*	(Bassermann)
Fernau, Joachim	*Sprechen wir über Preußen*	(Goldmann)
Fernau, Joachim	*"Deutschland, Deutschland über alles ..."*	(Goldmann)

Fernau, Joachim	*Disteln für Hagen*	
Fernau, Joachim	*Halleluja - Die Geschichte der USA*	(Goldmann)
Fernau, Joachim	*Caesar läßt grüßen - Die Geschichte der Römer*	(Ullstein)
Fest, Joachim	*Ich nicht*	(rowohlt)
Franzel, Emil	*Die Sudetendeutschen*	(Aufstieg-Verlag)
Friedrich der Große	*Geschichte meiner Zeit*	(Verlag Lothar Borowsky)
Giegold, Heinrich	*Tschechen und Deutsche*	(Frankenpost Verlag)
Graig, Gordon A.	*Königgrätz*	(Bastei Lübbe)
Haffner, Sebastian	*Geschichte eines Deutschen*	(DVA)
Hoggan, David L.	*Der erzwungene Krieg*	(Grabert-Verlag Tübingen)
Horowski, Leonhard	*Das Europa der Könige*	(rororo)
Huch, Ricarda	*Der Dreißigjährige Krieg (Band 1+2)*	(insel taschenbuch)
Knappich, Wilhelm	*Die Habsburger Chronik*	(Verlag Das Bergland Buch)
Koch, Hannsjoachim W.	*A History Of Prussia*	(Longman)
Kohlhammer, Katja (Hrsg.)	*DAMALS Galerie: Deutsch-Französischer Krieg*	(Konradin Medien)
Loos, Volker	*Die Armen Ritter Christi vom Tempel Salomonis zu Jerusalem (Geschichte der Templer)*	(Frieling)
MacGregor, Neil	*Germany - Memories of a Nation*	(Peguin Books)
Mann, Golo u.a.	*Unser Jahrhundert im Bild*	(C. Bertelsmann)
Meier, Mischa	*Geschichte der Völkerwanderung*	(C.H.Beck)
Middlebrook, Martin	*The First Day On The Somme*	(Penguin Books)
Milger, Peter	*Gegen Land und Leute*	(C. Bertelsmann)
Milger, Peter	*Die Kreuzzüge*	(C. Bertelsmann)
Mosier, John	*The Myth Of The Great War*	(Harper Collins)
Norwich, John Julius	*Byzanz (3 Bände)*	(Bechtermünz)
Riehl, Hans	*Die Völkerwanderung*	(Ludwig)
Rill, Bernd und Majoros, Ferenc	*Das Osmanische Reich 1300-1922*	(Bechtermünz)
Scholten, Gerhard F.	*Als die Sonne nicht unterging (über Karl V.)*	(Amalthea)
Stein, Dieter (Hrsg.)	*Helden der Nation (Interviews zum 20. Juli 1944)*	(Edition JF)
Tacitus	*Germania (Ausgabe Latein/Deutsch)*	(vma-Verlag Wiesbaden)
Ustinov, Peter	*Mein Rußland*	(Scherz)

Religion und Wissenschaft:

Bey, Essad	*Mohammed (eine Biographie)*	(Aufbau Taschenbuch Verlag)
Clausewitz, Carl von	*Vom Kriege*	(area)
Davies, Paul	*Gott und die moderne Physik*	(Bechtermünz)
Demas, Jan	*Große Denker des Mittelalters*	(Herder)
Ditfurth, Hoimar von	*Im Anfang war der Wasserstoff*	(dtv)
Ditfurth, Hoimar von	*Innenansichten eines Artgenossen*	(dtv)
Ditfurth, Hoimar von	*Wir sind nicht nur von dieser Welt*	(Hoffmann und Campe)
Feiner, J. / Vischer, L. (Hrsg.)	*Neues Glaubensbuch*	(Herder)
Gabriel, Mark A.	*Islam und Terrorismus*	(Resch)
Gabriel, Mark A.	*Jesus und Mohammed*	(Resch)
Hawking, Stephen	*Das Universum in der Nußschale*	(Hoffmann und Campe)
Hawking, Stephen	*Eine kurze Geschichte der Zeit*	(Rowohlt)
Heiliger Geist u.a.	*Die Bibel*	
Kant, Immanuel	*Die Grundlagen des kritischen Denkens*	(Bertelsmann)
Keller, Werner	*Und die Bibel hat doch recht*	(Econ)
Lüke, Ulrich	*Evolutionäre Erkenntnistheorie und Theologie*	(S. Hirzel Stuttgart)
Ratzinger, Joseph (Benedikt XVI.)	*Gott und die Vernunft*	(Sankt Ulrich Verlag)
Ratzinger, Joseph (Benedikt XVI.)	*Jesus von Nazareth (Prolog, I + II)*	(Herder)
Soubeyrand, Pierre-Marie	*Islam - Herausforderung oder Verhängnis?*	(fe-medien)
Spengler, Oswald	*Der Untergang des Abendlandes*	(C.H.Beck)
Teilhard de Chardin, Pierre	*Der Mensch im Kosmos*	(dtv)
Wallner, Karl Josef	*Sinn und Glück im Glauben*	(media maria)
Wallner, Karl Josef	*Wie ist Gott?*	(media maria)
Zink, Jörg	*Vom Geist des frühen Christentums*	(Herder)

Politik und Gesellschaft:

Abdel-Samad, Hamad	*Integration*	(Droemer)
Albright, Madelaine	*Faschismus - Eine Warnung*	(Dumont)
Anders, Rayk	*Eure Dummheit kotzt mich an*	(dtv)
Chomsky, Noam	*Who Rules The World?*	(Penguin Books)
Dönhoff, Marion Gräfin	*Amerikanische Wechselbäder*	(DVA)

Dönhoff, Marion Gräfin	*Macht und Moral*	(KiWi)
Dönhoff, Marion Gräfin	*Im Wartesaal der Geschichte*	(Knaur)
Finkelstein, Norman G.	*Die Holocaust-Industrie*	(Piper)
Friedrich, Sabine	*Wer wir sind (Über den deutschen Widerstand)*	(dtv)
Hamilton, Clive & Ohlberg, Mareike	*Die lautlose Eroberung (über Chinas Politik)*	(Pantheon)
Hawthorne, Nathaniel	*Dr. Heidegger's Experiment and other Stories*	(Könemann)
Jacques, Martin	*When China Rules The World*	(Penguin Books)
Kissinger, Henry	*Weltordnung*	(C. Bertelsmann)
König, Johann-Günther	*Die spinnen, die Briten (Das Buch zum BREXIT)*	(rororo)
Levitzky, Steven & Ziblatt, Daniel	*How Democracies Die*	(Crown)
Lüders, Michael	*Krieg ohne Ende?*	(Goldmann)
Mailer, Norman	*Why Are We At War?*	(Random House)
Morgner, Christoph	*Paßt der Islam zu Deutschland?*	(media Kern)
Murray, Douglas	*The War On The West*	(Harper Collins)
Reich-Ranicki, Marcel	*Mein Leben*	(dtv)
Repgow, Eike von	*Der Sachsenspiegel (Auswahl mit Erläuterungen)*	(insel taschenbuch)
Sarrazin, Thilo	*Die Vernunft und ihre Feinde*	(LMV)
Schmidt, Helmut	*Menschen und Mächte*	(Siedler Verlag)
Schmidt, Helmut und Stern, Fritz	*Unser Jahrhundert - Ein Gespräch*	(C.H.Beck)
Schmidt, Susanne	*Markt ohne Moral*	(Droemer)
Schroeder, Florian	*Schluß mit der Meinungsfreiheit*	(dtv)
Spitzer, Manfred	*Digitale Demenz*	(Droemer)
Staël, Germaine de	*Über Deutschland*	(Reclam)
Tellkamp, Uwe	*Der Turm*	(Suhrkamp)
Topçu, Canan	*Nicht mein Rassismus*	(Quadriga)
Tuchmann, Barbara	*Die Torheit der Regierenden*	(Fischer)
Tucholsky, Kurt	*Deutsches Tempo*	(rororo)
Tucholsky, Kurt	*Deutschland, Deutschland über alles*	(rororo)
Walter, Norbert	*Europa*	(Campus)
Watson, Peter	*The German Genius*	(Simon & Schuster)